KiWi

KiWi 77 Günter Wallraff
Bild-Störung

Günter Wallraff

Bild-Störung

Ein Handbuch

Kiepenheuer & Witsch

Ich danke allen,
die am Zustandekommen dieses Buches
beteiligt waren und ohne deren Mithilfe
ich diese Arbeit
längst aufgegeben hätte.

© 1981 by Konkret Literatur Verlag, Hamburg
© 1985 by Verlag Kiepenheuer & Witsch, Köln, mit freundlicher
Genehmigung des Konkret Literatur Verlages, Hamburg
(Lizenzausgabe)
Umschlag Hannes Jähn, Köln
Gesamtherstellung Clausen & Bosse, Leck
ISBN 3 462 01676 8

Inhalt

VIERTER TEIL

Vorwort

Dies ist innerhalb von vier Jahren das dritte Buch über BILD. Das war so nicht geplant. Aber die publizistische Großmacht BILD und der hinter ihr stehende Springer-Verlag haben mich dazu gezwungen, mich immer weiter mit ihnen zu befassen. Sie haben, seit ich bei BILD Hans Esser war, in einer unvorstellbaren Weise in mein Privatleben eingegriffen. Bekannte, Freunde und Verwandte wurden aufgesucht, belästigt und bespitzelt. Ich selbst wurde fast zwei Jahre lang durch Spitzel überwacht, die der Springer-Verlag bezahlte. Schließlich wurde in der BILD-Redaktion nach für mich offenkundiger »Amtshilfe« des Bundesnachrichtendienstes mein Telefon abgehört. Springer-Journalisten wurden deshalb vor Gericht gestellt.

Der BND blieb im Dunkeln.

Dann wurde ich mit Prozessen überzogen, die über Jahre meine ganze Zeit und Kreativität mit Beschlag belegten. So war es zwangsläufig und naheliegend, daß aus der Beschäftigung mit BILD und dem Springer-Verlag, aus der täglichen Abwehr gegen diesen Meinungsgiganten, nun das dritte Buch wurde. Es soll das Ende der Trilogie sein.

Man kann meine Arbeit über BILD vergleichen mit der Arbeitsweise in der Medizin, wo man ebenfalls stufenweise an eine Krankheit – hier ist BILD nur vergleichbar mit einer Krebsgeschwulst – herangeht. »Der Aufmacher«, das war vergleichbar einer Anamnese, einer Erforschung der Vorgeschichte. Ich habe sie im Selbstversuch betrieben. Dieses Gift BILD ist gefährlich. Ich habe Jahre gebraucht, um die psychischen Wirkungen dieser Krankheit wieder abzubauen.

»Zeugen der Anklage« – das war die Diagnose. Hier wurde sichtbar, wie weit in das Leben der Menschen in unserem Land BILD hineinwirkt, wo überall seine Metastasen wuchern. Wo überall in Politik und Kultur, Sport und Alltagsleben, im Verein, in der Gewerkschaft und in der Familie BILD mit seinen Fälschungen und Verdrehungen, Verleumdungen und Lügen hineingreift. Wie BILD Menschen erniedrigt und demütigt, dem Gespött und Neid von Mitmenschen aussetzt, Existenzen vernichtet, in Scham und Angst und schließlich sogar in den Tod treibt. All das ist belegt.

»Das BILD-Handbuch« schließlich, das ich hier vorlege, setzt diese Diagnose fort und mündet in die Therapie. Was kann man gegen BILD und Springer tun? Gegen BILD hilft vor allem Aufklärung. Man muß wissen, wo überall der Springer-Verlag beteiligt ist, um zu wissen, wann er wo wirkt, warum seine Zeitungen und vor allem BILD sich etwa für ein bestimmtes Fernsehen einsetzen. Aber dabei kann der Kampf gegen BILD nicht enden. Auch wenn BILD manche Richter in der Tasche zu haben scheint, auch wenn die Justiz gegen diese Meinungsmacht oft besonders entgegenkommend operiert, auch BILD fürchtet seit einiger Zeit die

Gerichte. Wie man sich mit dem Presserecht gegen die Springer-Zeitungen wehren kann und wieviel Geld BILD dabei schon bezahlen mußte, auch das soll im BILD-Handbuch aufgezeigt werden. Denn am Geldbeutel kann man auch die Mächtigsten auf die Dauer empfindlich treffen.

Und Boykott macht auch BILD zu schaffen. Schon weigern sich viele Schriftsteller und Journalisten, für Springer zu arbeiten. Nun wollen auch Politiker für BILD nicht mehr zu sprechen sein. In gewisser Weise beginnt also der Kampf gegen BILD erst richtig. Und da werde ich auch künftig dabei sein. Auch nach diesem dritten Anti-BILD-Buch wird mich BILD also nicht los sein. Dafür sorgen die in vielen Städten selbständig arbeitenden GegenBILDstellen, der Rechtshilfefonds für BILD-Geschädigte und Gewerkschaftsinitiativen.

Erster Teil

Der Kronzeuge

Am 18. März 1980 wurde Heinz Willmann in seiner Kölner Wohnung, Mevissenstraße 16, tot aufgefunden. Der ehemalige BILD-Redakteur lag neben seinem Bett. Im Schlafzimmer, in der Küche und im Bad waren Blutspuren. Eine *sofort* von der Polizei veranlaßte Obduktion der Leiche ergab eine »natürliche Todesursache«: »Fettzirrhose der Leber, geplatzte Krampfadern in der Speiseröhre, inneres und äußeres Verbluten, stundenlanges, qualvolles Sterben bei vollem Bewußtsein.«

Daß die Polizei *sofort* eine Obduktion anordnete, hat seinen Grund darin, daß Heinz Willmann Freunden gegenüber geäußert hatte, falls man ihn demnächst tot auffinden sollte, sei er umgebracht worden. Daß er sich bedroht fühlte und bedroht worden war, war auch der Polizei bekannt.

In auffallender Eile wurde noch für den 18. März ins Kölner Polizeipräsidium eine Pressekonferenz einberufen. Der Pressesprecher der Polizei erklärte: »Die Umstände haben uns veranlaßt, Sie zusammenzurufen, um von vornherein Spekulationen über den Tod ihres Kollegen die Spitze zu nehmen.«

Zwei Beamte, die beim Auffinden der Leiche und der Obduktion zugegen waren, gaben den fragenden Journalisten ausführlich Antwort. Die Frage, ob Willmann in seinem Zustand noch in der Lage gewesen wäre, das neben seinem Bett stehende Telefon zu betätigen, wurde eindeutig bejaht, »da der Tod ja nicht rapide, sondern innerhalb mehrerer, unter Umständen bis zu 20 Stunden Todeskampf« eingetreten sei. Nicht beantworten konnten die Beamten die naheliegende Frage, warum Heinz Willmann trotz entsetzlicher Schmerzen keine Hilfe herbeitelefonierte und nicht einmal den Hörer abnahm, als am 17. März und in der Nacht zum 18. März seine Verwandten immer wieder bei ihm anriefen.

Wenn man naiv oder abgestumpft genug ist, sich mit offiziellen Verlautbarungen abzufinden, könnte man hier den Bericht beenden, die Akten schließen und zur Tagesordnung übergehen. Aber schon bis zu diesem Punkt des Berichtes über den Tod von Heinz Willmann gibt es einige Fakten, die nachdenklich stimmen müssen.

Zunächst ein Zeitplan über das Geschehen am 18. März 1980:

Ca. 11.00 Uhr: Hausmeister Schnippering klopft bei Heinz Willmann, mit dem er sich angefreundet hat. Er macht sich Sorgen, weil er Willmann lange nicht gesehen hat. Als sich Willmann nicht rührt, benachrichtigt Schnippering die Polizei.

ca. 13.00 Uhr: Eintreffen der Polizeibeamten und Öffnung der Wohnung.
ca. 16.45 Uhr: Obduktion der Leiche von Heinz Willmann.
18.30 Uhr: Pressekonferenz im Polizeipräsidium.

Das Urteil »natürliche Todesursache«, das die Polizeibeamten in der Pressekonferenz als Ergebnis der Obduktion referieren, ist mindestens zu diesem Zeitpunkt ein Vorurteil. Denn zu dieser Zeit kann das Ergebnis toxikologischer Untersuchungen der Leiche Willmanns noch nicht vorliegen. Wenn die Polizei dennoch die Presse entsprechend informiert, muß sie einen Grund haben. Darüber kann man nur spekulieren. Man kann aber auch die Frage stellen, wem diese Verlautbarung nützte oder anders, wem der Tod von Willmann nützte. Die Polizei und andere Sicherheitsinstitutionen der Bundesrepublik waren darüber informiert, daß Willmann sich bedroht fühlte und bedroht worden ist. Das wird noch darzulegen sein. Und Willmann war der Kronzeuge der Anklage in einem Prozeß gegen die Spitze der Kölner BILD-Redaktion, man kann schon sagen in einem Prozeß gegen die BILD-Zeitung. Er hatte nicht nur zahllose Fälschungen der BILD-Zeitung öffentlich im Fernsehen enttarnt, er hatte auch den Abhör-Prozeß gegen die BILD-Redaktion wegen des heimlichen Abhörens meines Telefons in Gang gebracht.

Deshalb kann ich nicht einfach eine offizielle Verlautbarung der Polizei zur Kenntnis nehmen und zur Tagesordnung übergehen. Denn die Erfahrungen, die Heinz Willmann und ich während unserer Zusammenarbeit gegen BILD gemacht haben, lassen jede Skepsis angebracht erscheinen. Nicht erst die Tatsache, daß sich zwei weitere Zeugen gegen BILD nach Willmanns Tod aus Furcht vor »einem plötzlichen ganz natürlichen Tod« ärztliche Atteste über ihren Gesundheitszustand ausstellen ließen, sind Anlaß für mich, die Vorgeschichte des Todes von Willmann zu untersuchen und zu dokumentieren.

Heinz Willmann lernte ich 1979 kennen, als ich mich in der Endphase der Recherchen zu »Zeugen der Anklage« befand. Ein gemeinsamer Bekannter stellte den Kontakt her. Anfangs war ich Willmann gegenüber äußerst mißtrauisch. Es war die Zeit, als ich über undichte Stellen aus der Zentrale des Springer-Konzerns Dokumente zugespielt bekam, aus denen hervorging, daß jemand aus meinem Freundeskreis seit zwei Jahren von Springer für über 100 000 Mark Lohn auf mich angesetzt worden war. Dafür lieferte er regelmäßig Observationsberichte an den Konzern. (s. »Zeugen der Anklage«, Kapitel: »Der Spitzel«)

Eine Zeitlang ging ich davon aus, daß Heinz Willmann nun als Nachfolger des Enttarnten vom Konzern geschickt sein könnte. Immerhin hatte die Gegenseite schon soweit Erfolg, daß ich seitdem neue Kontakte nicht mehr unbefangen und unverstellt eingehen konnte.

Hinzu kam noch, daß Willmann nach Erscheinen des »Aufmacher« im Jahre 1977 der Leiter des Spürtrupps war, der für eine BILD-Serie über mich meine Vergangenheit durchforstete, meiner Mutter in der Wohnung stand, Jugendfreunde »interviewte« und bis in meine früheste Kindheit zurück nach »Belastungsmaterial« forschte, – ziemlich erfolglos übrigens.

Es dauerte einige Zeit, bis ich Willmann Glauben schenkte und auch begriff, daß seine Unterlagen über die Kölner Abhöraktion echt waren. Zuerst hielt ich sie für Spielmaterial des Springer-Konzerns, um mit »vergifteten« Ködern das damals entstehende Buch »Zeugen der Anklage« nach Erscheinen sofort verbieten lassen zu können.

Als ich jedoch Willmanns Motive, sich von BILD abzusetzen, nach und nach kennenlernen und überprüfen konnte, entstand eine Vertrauensbasis. Trotz unterschiedlicher politischer Positionen – Willmann war bis zuletzt CSU-Mitglied – haben wir uns in vielem gut verstanden und wären nach allem, was bis zu seinem Tod passierte, heute vielleicht sogar Freunde geworden. Daß diese Annäherung möglich wurde, lag einmal daran, daß Willmann sein ihm von BILD über mich mit auf den Weg gegebenes Feindbild durch die Realität widerlegt fand und zum anderen durch einen Vorfall, der ihn zum Nachdenken brachte.

Der entscheidende Bruch in der bis dahin reibungslos gelaufenen Karriere des Heinz Willmann ereignete sich, als er von seinem Kölner Redaktionsleiter einen etwas heiklen Auftrag bekam: Der weit über Kölner Grenzen hinaus bekannte Kölner Richter Somoskeoy, bekannt wegen extrem rechter Haltung und einer endlosen Latte von Verleumdungsklagen gerade gegen Journalisten, sollte einen Dämpfer bekommen. Willmann vermutete eine Absprache zwischen kommunalen SPD-Größen und der Kölner Redaktionsspitze.

Er tat wie ihm geheißen, sammelte die Somoskeoy-Skandale aus dem Archiv und schrieb einen für BILD erstaunlichen Artikel über die Ausländerfeindlichkeit des berühmt-berüchtigten Somoskeoy. Es kam, wie es kommen mußte: Somoskeoy zögerte keinen Moment und klagte gegen BILD. Angesichts dieser Klage von Somoskeoy mochte BILD-Köln zu ihrem einzigen guten Artikel nicht länger stehen. Willmann habe, so der Kölner Redaktionsboß auf die Klage hin, ihn arglistig getäuscht und den Artikel untergeschoben. Die Verantwortung liege mithin allein bei ihm. Er werde den Prozeß allein ausbaden müssen.

Intern sollte die Geschichte selbstverständlich kulant geregelt werden. BILD übernimmt die Kosten; für Willmann ein Schulterklopfen und die eventuell zu kassierende Vorstrafe. Willmann war empört: Mit mir nicht, ließ er seinen Redaktions-Chef wissen, das laß ich mir nicht anhängen. Der Konflikt eskalierte. Willmann wurde im März 1979 gefeuert.

Unser erstes Treffen fand in der Nähe von Willmanns Wohnung, in dem italienischen Restaurant »Fischerhütte« an der Rheinuferstraße statt. Wir setzten uns etwas abseits, um ungestört sprechen zu können. Heinz Willmann erzählte mir, seit seinem Ausscheiden von BILD passierten seltsame Dinge. Häufig, auch spät abends, werde bei ihm angerufen und nachdem er sich gemeldet habe, am anderen Ende wortlos wieder aufgelegt.

Ich berichtete von gleichen Erfahrungen, während ich durch die politische Polizei observiert wurde. In den Akten, die dann später in meinen Besitz gelangten, war dann jeweils unter dem Vermerk: »Aufenthaltshinweis« z. B. notiert: »22. 7. 23.15 h – W. befindet sich in seiner Wohnung.«

Dann erzählte Willmann noch, daß ihm vor zwei Tagen etwas Merkwürdiges aufgefallen sei. Ein Mann habe in einem etwas abseits von seinem Hauseingang geparkten BMW den ganzen Tag über gesessen. Als Willmann am späten Nachmittag noch einmal an ihm vorbeigegangen sei, habe der Mann

13

noch den gleichen »Kölner Express«, den er morgens schon gelesen habe, erneut vors Gesicht gehalten.

Wir unterhielten uns seit etwa einer Stunde, als am Nebentisch eine Festgesellschaft Platz nahm. Soweit ich mich erinnere, waren es vier bis sechs Männer mittleren Alters und zwei oder drei Frauen ca. Ende zwanzig. Was sie feierten, wurde uns nicht so recht klar, weil sie keinen besonders fröhlichen Eindruck machten. Außer Gläserklirren und einigen Trinksprüchen bekamen wir von ihnen nichts mit. Gefeiert jedoch wurde allem Anschein nach, denn was uns auffiel, war der Fotograf, der dabei war und der die Gruppe immer wieder aus allen Positionen heraus aufnahm. Einmal knipste er auch in unsere Richtung und ich machte Willmann gegenüber noch den Scherz: »So raffiniert müßten unsere Beschatter es einfädeln, indem sie als Kulisse eine Festgesellschaft arrangieren, um uns in aller Ruhe fotografieren zu können.« Wir lachten noch gemeinsam darüber, auf welch abwegige Gedanken einen die vorausgegangenen Bespitzelungen bringen könnten.

Drei Monate später, als Willmann das erste Mal in seiner Wohnung heimgesucht und bedroht wurde, bekam er zu spüren, daß damals kein Grund zum Lachen bestanden hatte: Ihm wurde das Foto unseres Treffens in dem italienischen Restaurant mit der Bemerkung vorgelegt: »Uns kannst du nichts vormachen. Wir wußten von Anfang an Bescheid.«

Bereits vor Erscheinen von »Zeugen der Anklage« war uns klar, daß Heinz Willmann in größter Gefahr war. Nicht allein, daß er die Fließbandfälschungen der Kölner Redaktion belegte, und als Kronzeuge der BILD-Abhöraktion die Beweismittel zusammen mit einer Eidesstattlichen Erklärung bei einem Kölner Notar hinterlegte. Er offenbarte mir auch, daß er vor Jahren selbst einmal für den BND gearbeitet hätte und durch seine indirekte Schuld ein algerischer Diplomat bei einem Sprengstoff-Attentat schwer verletzt worden sei. Dies sei für ihn dann so ein Schock gewesen, daß er einen Schlußstrich unter diese Tätigkeit gezogen und die Kontakte abgebrochen habe.

Ebenfalls berichtete Willmann über einen Kölner Rechtsanwalt, der diskriminierendes Material vom BND über das Privatleben sozialdemokratischer Spitzenpolitiker an BILD zwecks Veröffentlichung geliefert hätte.

Um seine früheren Auftraggeber aus der Reserve zu locken, wollte Willmann im Buch »Zeugen der Anklage« unter dem Pseudonym »Behnde« (Be-EN-De) vorkommen. Gleichzeitig betrieb er seine Übersiedlung in die Schweiz, wo er Freunde hatte und journalistisch neu anfangen wollte.

Um Heinz Willmann wenigstens vorübergehend in Sicherheit zu bringen und seine Magengeschwüre auskurieren zu lassen, vermittelten wir ihn in eine Spezialklinik im Ausland. Heinz war noch nicht einen Tag zurück, da passierte folgendes (aus seinen Aufzeichnungen):

»Nach einem dreiwöchigen Kuraufenthalt kam ich am 6. September gegen 22 Uhr nach Köln in meine Wohnung zurück. Am nächsten Tag morgens, gegen 9.30 Uhr wollte ich bei der Filiale der Kölner Stadtsparkasse am Reichensperger Platz einen Euro-Scheck einlösen. Die Scheckformulare hatte ich zusammen mit einem Vertrag, den ich mit dem Kölner Schriftsteller Günter Wallraff abgeschlossen hatte, in einer banküblichen Plastikmappe in meinem Sekretär aufbewahrt. Diese Plastikmappe war nicht aufzufinden. Obwohl ich *den ganzen Sekretär Blatt für Blatt meiner Unterlagen absuchte, war das Ergebnis negativ. Schon am Abend vorher, also dem 6. 9., etwa gegen 22 Uhr erhielt ich einen Anruf von Frau V. S., der Redakionssekretärin bei der BILD-Ausgabe Hannover. Frau S. erkundigte sich, wo ich denn so lange gesteckt habe. Am 7. 9. gegen neun Uhr erhielt ich einen Telefonanruf von Herrn Krott*. Herr Krott ist Inhaber eines privaten Pressebüros. Mit ihm hatte ich über einen ehemaligen BILD-Kollegen schon vor etwa sechs Wochen einmal telefonisch Kontakt aufgenommen. Herr Krott bot mir erneut eine Stelle als freier Mitarbeiter in seinem Pressebüro an und bot mir als Honorar 200 DM pro Tag. Ich sagte eine Besprechung für diesen Tag in Düsseldorf zu.*

Frau P. (Wallraff's Mitarbeiterin) bot mir an, daß sie mich in ihrem Wagen nach Düsseldorf fahren würde, gegen 15 Uhr rief ich aus einer Telefonzelle Herrn Krott an und vereinbarte mit ihm einen Treff um etwa 15.30 Uhr in seinem Büro. Frau P. machte im Verlauf des Gesprächs die Beobachtung, daß Herr Krott mit der BILD-Redaktion Düsseldorf telefonierte. Gegen 18.30 Uhr waren wir wieder in meiner Wohnung. Mir fiel sofort beim Betreten der Wohnung auf, daß an meinem Sekretär im Wohnzimmer der Schlüssel steckte. Ich bin völlig sicher, daß ich diesen Schlüssel vorher in ein Zigarettenkästchen, das auf einem Regal in der Diele stand, gelegt hatte.

Als ich den Sekretär öffnete, war der Plastikumschlag mit den Euroschecks und darunter der Vertrag mit Günter Wallraff wieder da.«

Soweit der Bericht von Heinz Willmann. Gleichzeitig mit dem hier geschilderten Vorgang verschwanden aus meinem Kölner Arbeitsraum zwei Dokumente und die Zweitschrift meines Vertrages mit Willmann.

Krott spielte auch in der Folgezeit noch eine merkwürdige Rolle. Er trat immer dann in Erscheinung, wenn Willmann zuvor durch Einschüchterungsversuche, tätliche Angriffe, Drohungen und Psychoterror fertig gemacht worden war. Krott gab ihm dann gut gemeinte Ratschläge, bot ihm Geld und Stellung an. Nur war das jeweils mit ein paar kleinen Auflagen verbunden. Und jedesmal zeigte Krott sich tief enttäuscht, wenn Willmann sich partout nicht helfen lassen wollte, obwohl er so einem »liebenswürdigen« Menschen und talentierten Journalisten herzensgerne unter die Arme gegriffen hätte.

Einen der ersten Krott-Besuche schildert Willmann in einem Brief vom 1. 11. 1979 an seinen Bruder so:

»Am Sonntag erhielt ich – das sagte ich schon am Telefon – Besuch von einem Herrn K.

Das Wortprotokoll liegt wieder bei dem Notar Luxembourg, er wohnt hier gleich um die Ecke.

Die Kernsätze waren: ›Warum haben Sie das getan. Ich hielt Sie immer für so eine ›liebe, nette Jong‹? Ihre ehemaligen Kameraden verstehen das nicht. Sie gehen jetzt, um immer einen Zeugen zu haben, nur zu zweit aus und sagen: hoffentlich passiert dem Willmann nichts. Keiner möchte haben, daß Sie in Leverkusen aus dem Rhein gezogen werden.‹

Ich ging an das Telefon, rief M. (seine Freundin, G. W.) an und sagte: ›Ich lege jetzt den Hörer daneben, wenn aufgelegt wird, ohne daß ich mich nochmals melde, rufe die Polizei.

* Der Name wurde von mir geändert. (G. W.)

Das hat gewirkt. Er verabschiedete sich sehr schnell.«

Aber Krott ist nicht nachtragend. Knapp drei Wochen später bietet er Willmann als Vermittler eine hochbezahlte »Lebensstellung« an. Als kleines Entgegenkommen soll Willmann ihm lediglich ein Papier unterschreiben, in dem er sich von Aussagen zu distanzieren hat, die wenige Tage später in Monitor gesendet werden sollen. Er soll unterschreiben »Wallraff habe ihn zu den Aussagen überrumpelt und genötigt.« Willmann lehnt dankend ab.

Am 20. 11. 79 wird der Monitor-Beitrag dann gesendet. Willmann sagt gegen BILD aus. Er belegt eine Reihe der in BILD-Köln praktizierten Fälschungen und bezeugt die Abhöraktion. Die Sendung lebt von seiner Aussage. Ohne seine Mitwirkung wäre der Beitrag nicht gesendet worden.

In der gleichen Sendung kommt auch der stellvertretende BILD-Chefredakteur Bilges zu Wort. Im Beisein der Justitiarin Damm braucht er mehrere Stunden, bis seine wenigen Sätze vor der Fernsehkamera nach ständig wiederholten Anläufen das o.k. von Springers Aufsichtsdame bekommen.

Am Tag nach der Sendung wird Willmann in seiner Stammkneipe zum »Fröhlichen Meineid« (Zum Appellhof) gegenüber vom Gericht von ehemaligen Kollegen mit vollen Biergläsern beworfen und als »Kameradenschwein« beschimpft.

Am folgenden Tag passiert folgendes: (Ich zitiere aus der Eidesstattlichen Erklärung von Dorlies Pollmann, der sich Willmann später anvertraut hat)

»Am Donnerstag, den 22. 11. 79 rief ich um ca. 16 Uhr Herrn Willmann von Saarbrücken aus in seiner Kölner Wohnung an. Es meldete sich eine Männerstimme, die sich mit »Brunk«, »Bruhn«, »Bunke« oder ähnlich vorstellte, und auch mich nach meinem Namen fragte. Ich sagte daraufhin nur, daß ich Henry sprechen wolle. Als ich darauf bestand, gab er Herrn Willmann schließlich das Telefon. Heinz Willmann war etwas merkwürdig, zumindest im Vergleich zu seiner sonstigen Art am Telefon. Ich fragte ihn nach den Leuten in seiner Wohnung. Seine Antwort war sinngemäß: »Das ist ein Montage-Trupp, den habe ich mitgebracht, um mir die Zeit zu vertreiben.« Ich meinte noch dazu, ob das etwas »komische Leute« seien, aber er wiegelte das Gespräch ab. Ich verabredete mich mit ihm für ein Telefonat am darauffolgenden Tag, wenn Günter und ich wieder in Köln wären.

Am Samstag, den 24. 11. 79 war er dann ab morgens ca. 11 h in unserer Wohnung. Wir hatten den ganzen Nachmittag über Gespräche, bei denen er erklärte, daß er am Tag zuvor in seiner Wohnung bedroht worden sei. Namen nannte er nicht, womit, wodurch und wie er bedroht worden war, sagte er auch nicht. Er hatte offensichtlich Angst und war zum Schweigen verdonnert worden.

Aus Andeutungen konnte ich entnehmen:

In seinem Appartmenthaus wird die Heizung repariert. Ein dementsprechendes Schild hängt im Eingang. Das war für Heinz Willmann der Grund, warum er sich zunächst einmal nicht weiter wunderte, als eine Gruppe von – ich glaube 3 Männern – in seine Wohnung wollte und sich als »Montage-Trupp« vorstellte. Sie haben dann wohl eine Art Befragungs- und Verhör-Situation hergestellt, nachdem sie ihn erst von Kopf bis Fuß nach etwaigen Tonbändern abgesucht hatten.

Er hatte große Angst. Man habe sein Leben bedroht sagte er, indem er die Strophe eines bayrischen Liedes zitierte, in dem ein geschickter Mord über Nacht vorkommt. Auch von seiner Leiche im Rhein bei Leverkusen war die Rede.

Offensichtlich wurde er auch bei seiner bisherigen und nie aufgegebenen politischen Haltung und seiner CSU-Mitgliedschaft gepackt.«

Der Besuch verfehlte seine Wirkung nicht. Wie mir Heinz Willmann später in seiner Wohnung mitteilte, verbrannte er daraufhin zwei Notizbücher und verschiedene Unterlagen, die das Zusammenspiel von Springer-Konzern und Bundesnachrichtendienst dokumentieren sollten. Er sprach mir gegenüber nur äußerst zögernd und in Andeutungen von diesem Besuch. Als ich nachbohrte und wissen wollte, ob er geschlagen worden sei, entgegnete er in seiner üblichen betont abwiegelnd-schnoddrigen Art: außer einer »leichten körperlichen Verwarnung auf die Nase« sei nichts gewesen.

Er teilte mir noch mit, daß er mich nicht mehr treffen dürfe und daß das Profis gewesen seien, mit denen nicht zu spaßen sei. Sie hätten ihm das Foto aus dem italienischen Restaurant vorgelegt und seien über Dinge informiert gewesen, die er nur am Telefon besprochen hätte. Um ihn zu wahrheitsgemäßen Aussagen zu zwingen, hätten sie sich wertvolle Antiquitäten von ihm gegenseitig zugeworfen und eine alt-chinesische Vase aus dem Fenster gehalten, mit der Androhung, sie fallen zu lassen, falls er nicht mit der Sprache herausrücke. Ich bot Heinz an, ihn bei Freunden, u. U. auch im Ausland in Sicherheit zu bringen. Aber er lehnte mit dem Argument ab, von einer beruflich an Köln gebundenen Freundin nicht getrennt leben zu wollen. Ich konnte ihn gerade dazu überreden, sich mit mir für eine Woche in ein versteckt liegendes Haus im Bergischen Land zurückzuziehen. Er kaufte sich einen Trainingsanzug und Laufschuhe und im Indianertrab (ein Stück laufen, ein Stück gehen) streiften wir durch die umliegende Landschaft.

In der Zwischenzeit steckte ihm Krott schon mal Geldbeträge zu, mal einen Scheck über 400,– DM (z. B. am 22. 11. 79) mal einen über 200,– DM (z. B. am 28. 11. 79). Er kaufte Willmann jeweils uralte Geschichten ab und Willmann wunderte sich, daß die Geschichten nirgendwo erschienen.

Ich stellte einen Kontakt zu meinem Verleger Reinhold NevenDuMont her, der sich an dem Plan von Heinz Willmann interessiert zeigte, in Krimiform einen Schlüsselroman über das Zusammenwirken von BND und BILD-Zeitung zu Papier zu bringen. Nachdem Heinz ein Exposé entwarf, wurde auch eine langfristige Finanzierung des Projekts vereinbart.

Ich versuchte Heinz von der Notwendigkeit zu überzeugen, ihm zu seinem Schutz einen ständigen Body-Guard zur Seite zu stellen. Er lehnte mit der Begründung ab, daß gerade dies seine Beschatter mitbekämen und sich dann zu weiteren Gewaltanwendungen veranlaßt sähen.

Mein Vorschlag, für ihn eine in Karate ausgebildete Frau zu finden, die er in der Öffentlichkeit ja als neue Freundin ausgeben könne, wollte er durchdenken, sah aber Schwierigkeiten mit seiner echten Freundin auf sich zukommen.

Der nächste Schritt könnte dem Drehbuch des »Paten« entnommen sein. Wie sich später herausstellte, wurde Willmann auf Schritt und Tritt verfolgt.

Im Fahrstuhl des Hochhauses, in dem er wohnte, lauerten ihm am 3. Dezember 1979 mehrere Männer auf. Zwei nahmen ihn in die Mangel, schlugen ihn zusammen und drückten glühende Zigaretten an ihm aus, während einer den Fahrstuhl rauf und runter betätigte. Ein oder zwei Tage später erschien – wieder der reine Zufall – erneut Krott bei ihm und bot 20 000,– DM und einen Flug nach Übersee für sein Verschwinden. Willmann lehnte ab und tauchte stattdessen für ein paar Wochen im Landhaus des Verlegers Neven-DuMont unter.

Aus eidesstattlichen Erklärungen weiterer Augen- und Ohrenzeugen:

Dem Berliner Filmemacher Jörg Gfrörer vertraute sich Willmann am 4. 12. 79 an:

»Am Abend des 4. 12. 79 kam Herr Heinz-Werner Willmann in die Wohnung von G. Wallraff. Er erklärte mir, daß er sich bedroht fühle und sofort aus Köln verreisen wolle.

Herr Willmann hatte sein Gepäck gleich mitgebracht und fürchtete sich, in seine eigene Wohnung zurückzukehren. Deshalb übernachtete er dann für eine Nacht in der Wohnung von G. Wallraff. Herr Willmann hatte eine geschwollene Nase, die von einem Schlag herzurühren schien, einen bläulich verfärbten und stark geschwollenen Daumen an der linken Hand. Dazu zeigte er mir eine etwa handflächengroße Schwellung unterhalb des linken Rippenbogens, in deren Mitte eine Brandwunde mit Aschenresten deutlich zu erkennen war. Herr Willmann erklärte mir dazu, er könne es verstehen, wenn man ihm »einen vor den Kopf haut«, aber es wäre zuviel, wenn man ihn auch noch »als Aschenbecher benutze«.

Im Verlaufe des Abends gab er noch folgende Erklärung ab: Er sei am Abend des 3. 12. in seiner Stammkneipe gewesen und anschließend in den Fahrstuhl seines Wohnkomplexes gestiegen. Dort seien dann drei ihm nicht bekannte Männer zugestiegen, die ihn auf der Fahrt zum dritten Stockwerk zusammengeschlagen hatten, und ihm die beschriebenen Verletzungen zugefügt hätten. Im dritten Stock sei er vermutlich aus dem Fahrstuhl hinausgeworfen worden. Genauere Angaben könne er nicht machen, da er überhaupt keine Möglichkeit gehabt hatte, sich gegen die Schläge seiner Angreifer zu schützen. Er könne lediglich sagen, daß es sich nicht um Jugendliche gehandelt habe. Da er nun um weitere Tätigkeiten fürchten müsse, wäre es nun wichtig für ihn, aus Köln zu verschwinden. Er habe auch keine Lust, als Leiche aufgefunden zu werden.«

Stella Z., die sich bereitfand, Heinz zu seinem Schutz eine zeitlang zu begleiten, erinnert sich:

Am 2. Dezember 79 traf ich zum ersten mal mit Herrn Willmann zusammen. Ich hatte den Eindruck, er wäre der Meinung, nicht unbedingt eine Begleiterin zu brauchen. Er schien mir allerdings in sehr labiler Verfassung. Noch in der gleichen Nacht rief er mich zu Hause an und lehnte meine Begleitung ab.

Am 4. 12. 79 tauchte Herr Willmann in Begleitung von Herrn Reglin bei meiner Arbeitsstelle auf, um eine Tinktur für seinen verletzten Daumen, den er mir zeigte, zu kaufen. Er machte einen sehr nervösen Eindruck.

Noch am gleichen Abend wurde ich vom Büro Wallraff angerufen und es wurde mir mitgeteilt, daß Herr Willmann meine Begleitung plötzlich doch

wünsche und er so schnell wie möglich abreisen wolle. Als Reisetermin vereinbarten wir den 5. 12. 79, mittags.
   Ich traf Herrn Willmann am 5. 12. vormittags in der Wohnung von Günter Wallraff. Gegen Mittag fuhren wir mit dem Zug Richtung München.
   Im Zug erzählte mir Herr Willmann, daß er am Dienstag eigentlich schon in Bad Oldesloe hätte sein müssen. Er zeigte mir noch einen blauen Fleck auf der linken Lendenseite. In der Mitte des Flecks befand sich eine Kruste und er sagte, man hätte eine Zigarette dort ausgedrückt. Diese Verletzungen seien ihm beim Nachhausekommen im Aufzug seines Wohnhauses von drei Männern zugefügt worden.
   In diesem Zusammenhang ließ er erkennen, daß er Angst um sein Leben habe und sich in Köln nicht mehr sicher fühle.« . . .
   Uns wurde klar, daß sich Heinz in akuter Lebensgefahr befand. Wir versuchten, ihn zu überreden, Anzeige zu erstatten und Polizeischutz zu beantragen. Aber die andauernden Bedrohungen hatten bereits ihre Wirkung getan. Die Angst überwog. Er lehnte ab. Daraufhin suchte ich den Obmann der SPD im Innenausschuß des Bundestages, Hugo Brandt auf, der mit für die Kontrolle der Geheimdienste zuständig ist. Ich schilderte ihm den Fall und bat um Hilfe, und darum, eventuell auch ohne Willmanns Wissen Polizeischutz zu beantragen.
   Brandt nahm die Vorfälle sehr ernst, nahm Verbindung mit verschiedenen Stellen auf, so auch mit dem Kölner Polizeipräsidenten. Ergebnis: negativ. Ohne ausdrücklichen eigenen Antrag Willmanns könne kein Polizeischutz stattfinden. Das gleiche Problem bestehe z. B. auch bei Wehner, der es stets ablehne, sich gegen Terroristen schützen zu lassen. Obwohl es sich bei Wehner ja nun nicht um eine akute Bedrohung handelte, standen Verordnungen den Erfordernissen entgegen.
   Ebenso Fehlanzeige, über den Staatssekretär im Bundesinnenministerium Andreas von Schöler etwas zu erreichen. – Ein letzter Versuch, Willmann über einen früheren, inzwischen reumütigen BILD-Kollegen mit dem SPD-Abgeordneten und Geheimdienstexperten Wilhelm Nöbel zusammenzubringen, gelingt zwar, aber Willmann hat Angst, in die Einzelheiten zu gehen. – Vielleicht auch, weil Nöbel in der falschen Partei ist, aber wer von der CDU oder CSU hätte denn hier überhaupt ein Interesse an Aufklärung gehabt?! Willmann brach vorübergehend jeden Kontakt zu mir ab.
   Andererseits arbeitete er an seinem Schlüsselroman weiter. Er machte es sich zur Angewohnheit, in seiner Wohnung grundsätzlich hinter sich abzuschließen. Inzwischen trug er sich mit dem Gedanken, ein verlockendes Angebot eines Springer nahestehenden süddeutschen Zeitungsverlages anzunehmen. Die Voraussetzung dafür war: Keinerlei Aussagen und öffentliche Auftritte mehr gegen seinen früheren Arbeitgeber. Nach mehrwöchiger Bedenkzeit lehnte er schließlich ab. Er wolle nicht von Köln weg, er hänge zu sehr an der Stadt, begründete er die Absage.
   Statt dessen begleitete er mich, weil er sich zu Hause nicht mehr sicher fühlte, auf einer Anti-BILD-Veranstaltungsreise durch Süddeutschland. Es kam vor, daß Willmann auf Gewerkschaftsveranstaltungen, z. B., wenn jemand Zweifel anmeldete, spontan in die Diskussion eingriff und sich als

ehemaliger BILD-Redakteur zu erkennen gab. Einige Male machte er sich auch seinen Spaß daraus, wenn wir uns spät abends noch mit den Veranstaltern in einer Kneipe zusammensetzten, zu vorgerückter Stunde plötzlich seinen CSU-Parteiausweis auf den Tisch zu hauen und damit einige Verwirrung auszulösen.

Etwa einen Monat vor seinem Tod rief er mich einmal nachts gegen 1 Uhr zu Hause an, weil ein Unbekannter vor seiner Tür stand und ihn wegen einer dringenden Angelegenheit unbedingt sprechen wollte. Ich riet Heinz, ihn auf keinen Fall reinzulassen, aber zu versuchen, ihn unter einem Vorwand auf eine halbe Stunde später zu vertrösten. Ich raste zu Willmann, überfuhr einige Rotampeln und war ca. 15 Minuten später in seiner Wohnung. Aber der Fremde kam nicht wieder.

Ich erfuhr von Heinz' Tod außerhalb Kölns. Die Pressekonferenz hatte da bereits stattgefunden. Freunde hatten sie wahrgenommen und alles auf Tonband mitgeschnitten. Der Leiter der BILD-Redaktion von NRW, der auch in den Abhörfall mit verwickelt war, gab im Kollegenkreis die folgende Stellungnahme ab: »Ich halte mich an das chinesische Sprichwort: Bleibe am Ufer des Flusses sitzen und warte, bis deine Feinde als Leichen vorbeitreiben.«

Ein ehemaliger Freund von Heinz Willmann, ein Parteiassistent der CDU, wandte sich nach Willmanns Tod an die Kölner Staatsanwaltschaft und gab folgende eidesstattliche Erklärung ab:

Karl Hermann S▮▮▮▮▮

581o Witten

Eidesstattliche Versicherung

In Kenntnis der Strafbarkeit einer falschen eidesstattlichen Erklärung und ggfs. zur Vorlage bei
Gericht versichere ich hiermit an Eides statt:

Am 9. September 1979 gegen 21.oo Uhr habe ich mit
Herrn Heinz Willmann, Mevissenstr. 16, 5 Köln 1,
das Lokal "FROH am Dom", Köln, aufgesucht, um dort
zu speisen. Als wir das ▮ Lokal unmittelbar nach
dem Abendessen verlassen haben, trat uns unmittelbar
neben dem Ausgang der Gaststätte "FROH" ein junger
Mann entgegen, der wie folgt beschrieben wird:

Etwa 25 - 27 Jahre alt, Größe ca. 178 cm,
ausgeprägtes Gesicht, dunkles Haar,
schmal aber muskulös.

Dieser Mann ging auf Heinz Willmann zu und bedrohte
Herrn Willmann dergestalt, mit Worten:

"Wenn Du im Prozeß einen Ton aussagst,
kriegst Du was auf die Fresse, wir
schlagen Dich kaputt!"

Herr Willmann und ich gingen zu unserem Fahrzeug, das
am Kölner Hauptbahnhof geparkt war und bemerkten,
daß uns die zuvor genannte Person folgte. Als wir unser
Fahrzeug (SU-C 3o8) bestiegen hatten bemerkten wir,
daß der zuvor Genannte ebenfalls in ein helles Fahrzeug
(Renault R 5, amtl. Kz. K-KM ..?) stieg und uns folgte.
Unter Mißbeachtung aller Verkehrszeichen gelang es mir,
das Fahrzeug abzuschütteln, da ich selbst Angst hatte.

Auf Umwegen konnte ich dann Herrn Willmann in seiner
Wohnung Mevissenstr. 16 absetzen.
Danach wurden mir wiederholt persönlich von Herrn
Willmann Fälle bekannt, wo er bedroht und zusammenge-
schlagen worden ist.

Diese Angaben entsprechen der Wahrheit und ich bin
bereit, diese auch zu beeiden.

Köln, den 27. März 198o

K. S. ist der einzige Zeuge, der eine Personenbeschreibung eines der potentiellen Täter abgeben könnte.

Weiterhin sagte er in der staatsanwaltschaftlichen Vernehmung aus: »Ich war anwesend, als Heinz Willmann ein längeres Telefongespräch von seinem Anschluß führte. Als er aufgelegt hatte, klingelte das Telefon unmittelbar danach. Willmann ließ mich mithören, indem er die Ohrmuschel des Apparats drehte. Der Gesprächsteilnehmer äußerte, Willmann habe wieder mit dem ›Einen‹ gesprochen, er, Willmann, würde dafür ›was auf die Fresse kriegen‹.«

Unmittelbar, nachdem er sich mit mir und der Staatsanwaltschaft in Verbindung gesetzt hatte, wurde er selber bedroht. Seine Aussage dazu aus den Akten der Staatsanwaltschaft:

»Der Anrufer sagte sinngemäß folgendes: ›Du warst bei Wallraff. Und wenn du einen Ton darüber verlauten läßt, was du gesehen und erlebt hast, lebst du nicht mehr lange.‹ Dann hat der Anrufer aufgelegt.

Ich habe Herrn Rechtsanwalt Körmann in Witten, Kurt-Schumacher Str. diesen Sachverhalt mitgeteilt. Rechtsanwalt Körmann hat sodann Strafanzeige gegen Unbekannt bei der StA Bochum gestellt.« Soweit K. S.

Um Aufklärung zu erlangen, habe ich in den beiden größten Tageszeitungen Kölns »Kölner Stadtanzeiger« und »Express« je eine viertelseitige Annonce aufgegeben.

Es meldete sich jemand beim Verlag, der vorgab, Hintergründe zu wissen, aber es kam zu keinem Treffen.

Willmanns Vater, früherer Bürgermeister der CSU in Neu-Ulm, ermittelt seit dem Tod des Sohnes auf eigene Faust weiter. Auch er findet sich mit der offiziellen Version nicht ab. Solange die Täter nicht gefunden sind, die Heinz bedroht, mißhandelt und verfolgt haben, bleiben auch die Umstände seines plötzlichen Todes rätselhaft.

Seine Eltern erinnern sich an wiederholte anonyme Anrufe ab September 1979. Eine Männerstimme riet ihnen eindringlich, dafür zu sorgen, daß ihr Sohn aus dem »Kölner Einfluß« herauskäme. »Sorgen Sie dafür, daß Sie Ihren Sohn wieder zu sich nach Hause aufnehmen, sonst könnte ihm etwas zustoßen.«

Alois Willmann führte einen Prozeß mit der Lebensversicherung seines Sohnes. Die wollte nicht zahlen, weil sie sich auf den Standpunkt stellte, Heinz müsse sie bei den Angaben über seinen Gesundheitszustand getäuscht haben, indem er einen schweren Leberschaden einfach unterschlug.

Vater Willmann gewann diesen Prozeß. Er konnte ärztliche Untersuchungsergebnisse beibringen, die belegen, daß die Leberwerte seines Sohnes noch zweieinhalb Jahre vor seinem Tode normal waren. Der Alkoholkonsum war zwar nicht unerheblich. In meinem Beisein hatte er ausschließlich Bier getrunken, an einem Abend an die 4 bis 5 Flaschen, scharfe Sachen rührte er nicht an.

Um diesen Widerspruch – normale Leberwerte und zweieinhalb Jahre später schwere Leberschäden – zu klären, habe ich mich mit Fachärzten in Verbindung gesetzt. Ihre Ansicht: Bei einem solchen Alkohol-Konsum zersetze sich eine Leber nicht innerhalb von zwei bis drei Jahren. Es sei denn, es komme eine schwere Infektion hinzu oder die Verabreichung von Gift. Hier relativiert sich nun die Auskunft der Kölner Polizei am Todestag von Willmann. Denn das später vorgelegte toxische Obduktionsgutachten hat infrarotspektroskopisch eine Substanz im Blute des Toten entdeckt, die »nicht identifiziert werden konnte«.

Ich habe das Obduktionsergebnis Gerichtsmedizinern vorgelegt. Sie hielten es für »unwahrscheinlich, aber nicht für unmöglich«, daß diese nicht erkannte Substanz ein seltenes, exotisches Gift ist, das in der »toxikologischen Reihe« bei Obduktionen nicht erfaßt ist. Wann aber haben es deutsche Gerichtsmediziner schon mit Giften zu tun, die zum Repertoire von Geheimdiensten gehören und ein ähnliches Krankheitsbild wie Leberzirrhosse oder Fettleber erzeugen?

Eine andere Erklärung wäre die, man hätte Heinz nicht töten wollen, sondern ihm einen weiteren Denkzettel verpassen wollen. Bei seinem labilen Gesundheitszustand genügten u. U. einige stumpfe Schläge in die Leber und an den Hals, um den »Blutsturz« auszulösen. Jedoch unabhängig davon, ob sein Tod im juristischen Sinne durch »Fremdverschulden« herbeigeführt wurde oder nicht: ein Jahr in ständiger Angst und unter enormem psychischen Druck hat er nicht überlebt.

Springer und gewisse Geheimdienstkreise konnten erst einmal aufatmen.

Die Frage, die sein Vater stellt, lautet: »Warum hat er die Wohnung nicht geöffnet und warum hat er nicht zum Telefonhörer gegriffen? Er ist in der Wohnung umhergeirrt. Das beweisen die vorgefundenen Blutspuren. Der Tod muß qualvoll gewesen sein. Er ist spät eingetreten, weil die Leichenstarre beim Auffinden noch nicht vollständig eingetreten war. Er lag demnach bis zu 20 Stunden ohne Hilfe. Die Wohnungstür war nicht abgeschlossen. Der Schlüssel steckte von innen. (Aktenkundig.) Obwohl es sich Heinz, nach dem, was ihm passiert war, zur Gewohnheit gemacht hatte, die Wohnungstür hinter sich abzuschließen.«

Ein Foto, das Willmanns Vater nach Öffnung der Wohnung seines Sohnes gemacht hat, zeigt hinter dem Schrank am Fußboden eine aufgeschnittene Tapete und eine geöffnete Telefonverteilerdose.

»Es ist anzunehmen, daß hier eine Abhörvorrichtung installiert war«, vermutet Alois Willmann.

In einer Stellungnahme des Fernmeldeamts 2 Köln wird amtlicherseits mitgeteilt: »Weder die Wandtapete wurde von uns aufgeschnitten noch die Verteilerdose geöffnet.«

Von Heinz Willmanns Schlüsselroman in Krimiform liegen mehrere stark fragmentarische Entwürfe vor, in denen er offensichtlich autobiographische Momente verarbeitet hat. Sein letzter Entwurf beginnt so:

»Im Jahre 2069 arbeitet ein Student der Publizistik nach seinem Examen an seiner Doktorarbeit. Er will herausfinden, wie es vor hundert Jahren möglich war, daß ein großer Zeitungskonzern die Möglichkeit besaß, auf Entscheidungen der damaligen Regierung Einfluß zu nehmen, ja sogar ihre Außenpolitik beeinflussen konnte.
Seine Recherchen führten zunächst zu nichts. Kein Bundestagsprotokoll, ja sogar die längst freigegebenen offiziellen Berichte eines damaligen Nachrichtendienstes bringen ihn nicht weiter. Bis er auf die Tagebuchaufzeichnungen eines Redakteurs stößt, der unter merkwürdigen Umständen ums Leben kam.
Dieser Mann, der nichts anderes wollte, als ein bürgerliches Leben zu führen, war in einen Teufelskreis geraten:
Nach einem abgebrochenen Studium war er freiwillig nach dem Mauerbau Fluchthelfer in Berlin. Dort geriet er in Kontakt mit einem Nachrichtendienst, den es heute schon lange nicht mehr gibt. Dieser Dienst, dessen Aufgabe es ist, »Schaden von der Bundesrepublik abzuwenden und ihren Nutzen zu mehren«, die gleiche Eidesformel, wie sie der Bundeskanzler bei seiner Vereidigung sprechen mußte, hatte möglicherweise Schaden von der Republik abgewendet, dafür aber einige Mitarbeiter an Leib und Seele zerbrochen.«

Letztes Foto von Heinz
Willmann, Januar 1980,
zwei Monate vor seinem Tod.

Inzwischen liegen Dokumente über die Geschäfte des Herrn Krott vor. Er betrieb einige Jahre in Lateinamerika die »Krott-Air«, eine private Fluggesellschaft, flog Einsätze, u. a. auch Waffen nach Panama, Paraguay und Bolivien. Aus dieser Zeit stammt auch sein »Ehrendoktor« der Universität La Paz, den er sich von Fall zu Fall auch in der Bundesrepublik zulegt. Der Handel mit falschen Titeln wurde ihm gerichtlicherseits untersagt. Das hindert ihn nicht daran, sich selbst den Professoren-Titel zuzulegen, wenn er sich bei seinen Geschäften davon Vorteil verspricht. Er ist in mehrere Betrugsverfahren verwickelt, verfügt nicht nur über hervorragende Beziehungen zum BND, sondern ebenso zur Polizei. Er ist von allen Journalisten oft der erste, der am Tatort eintrifft. In seinem Gästebuch steht auch der Name des früheren stellvertretenden Redaktionsleiters Distel* verewigt. Jener Distel, der bei der Kölner Abhöraktion mit 7000,– DM Bußgeld davonkam. Die beiden kannten sich gut und standen in ständigem Kontakt. Beide haben es vorgezogen, bei Neueintragungen im Telefonbuch vor einem Jahr diskret nur unter ihrem Nachnamen zu firmieren. »Krott« und »Distel«, keine Vornamen, keine Straße, keine Berufsbezeichnung. Sie werden wissen, warum.

Aus einem Brief von Heinz Willmann vom 1. 11. 1979:

»Gestern gegen drei Uhr war ich eingeschlafen und hatte vergessen, das Radio auszuschalten. Plötzlich ein Getrampel von mehreren Männern vor meiner Tür.

Erste Stimme: ›Da spielt doch noch das Radio.‹

Zweite Stimme: ›Das ist der Willmann, den kenne ich.‹

Gewaltiger Lärm auf dem Flur.

Mein erster Gedanke: ›Mit was schlägst du zu, wenn die Tür eingetreten wird.‹

Immer noch Gepolter im Flur.

Kein Licht an. Ich schließe vorsichtig die Türe auf. Im Flur nur Notbeleuchtung. Ich linse durch die offene Tür. Plötzlich flammt die Flurbeleuchtung auf, der Aufzug öffnet sich und zwei Männer schleppen hochkant einen Sarg hinaus. Ich war sehr erschrocken. Hinter den beiden Sargträgern kommt bleich der Hausmeister Rudolf Schnippering, sieht mich und sagt: ›Heinz, stell dir vor, was passiert ist, die Frau (Name habe ich schon wieder vergessen) in der Nachbarwohnung hat Selbstmord begangen.‹

Ich kann mich an diese Frau nicht erinnern. Möglicherweise habe ich sie ein paar Mal gesehen. Schnippering sagte mir gestern früh, der Selbstmord mit Tabletten sei wohl schon am Sonntag passiert. Sie soll in der Badewanne gelegen haben. Sie hatte vorher Abschiedsbriefe an ihre Eltern und wohl an den Freund, der sie verlassen hat (wahrscheinlich das Motiv) geschrieben, aber früher hat sich wohl keiner bei der Kölner Kripo gemeldet. Möglicherweise haben sie es nicht ernst genommen.

Ich habe festgestellt, daß meine Nerven auch nicht mehr die besten sind.«

---

* Der Name wurde von mir geändert. (G. W.)

Einmal ist fast keinmal

Milde und Irrtümer der Justiz gegen BILD-Lauscher

◆ *»Zuviele Zufälle. Ich fordere Aufklärung. Und ich stelle Strafantrag. Am*
◆ *17. November verjährt die Strafbarkeit der Abhöraktion anläßlich der*
◆ *Biermann-Ausbürgerung. Es geht mir nicht um die Distels. Ich will die*
◆ *wirklichen Verantwortlichen kennenlernen. Ich fordere eine Untersuchung*
◆ *über die Zusammenarbeit von Kleinkriminellen im Springer-Auftrag mit*
◆ *den Geheimdiensten und Justizbehörden der Bundesrepublik Deutsch-*
◆ *land.«*

So endete mein Buch »Zeugen der Anklage. Die ›BILD‹-Beschreibung wird
fortgesetzt.« Es erschien im Herbst 1979. Vor zwei Jahren. Die Strafanzeige,
die ich wegen der Abhörung meines Telefons in der Kölner BILD-Redaktion
während der Tage stellte, als Wolf Biermann von der DDR ausgebürgert
wurde, fand am 19. Juni 1981, fast anderthalb Jahre später, vor einem
erweiterten Kölner Schöffengericht ihr vorläufiges Ende.

Vorläufig deshalb, weil das Verfahren gegen den einstigen Kölner BILD-
Redaktionsleiter Heinz Horrmann – heute Redakteur der Springer-Zeitung
»DIE WELT« – und den einstigen BILD-Redakteur Distel gegen die
Zahlung von Geldbußen von 9000 und 7000 Mark nur vorläufig eingestellt wurde. Schön wäre es auch, wenn das Verfahren auch deshalb nur ein
vorläufiges Ende gefunden hätte, weil sich ein parlamentarischer Untersu-
chungsausschuß mit der Sache befassen wollte. Anlaß dazu gibt es, wie die
Ermittlungen gegen BILD und das Verfahren gezeigt haben. Anlaß könnte
auch der immer noch nicht restlos geklärte Tod von Heinz Willmann sein.

Denn mit Heinz Willmann fing für mich die BILD-Abhöraffäre an. Bis
März 1979 war Heinz Willmann – drei Jahre lang – Redakteur bei BILD in
Köln, ehe er fristlos entlassen wurde. Angeblich soll er das Ansehen der
Zeitung geschädigt haben, wobei offen bleibt, wie man das überhaupt noch
kann. Er selbst sagt, er habe sich geweigert, weiterhin unwahre und manipulierte Berichte für BILD zu schreiben. Arbeitslos geworden, suchte sich
Willmann hilfesuchend an einen früheren Kollegen. Dem erzählte er auch von
der Abhör-Affäre in der BILD-Redaktion. Über einen dritten Kollegen erfuhr
ich schließlich davon und kam mit Willmann in Kontakt.

Seit erste Informationen über die BILD-Aktion in »Zeugen der Anklage«
standen, seit Willmann mit einer eidesstattlichen Erklärung, niedergelegt bei
einem Notar, als Kronzeuge gegen BILD erkennbar wurde, hat sich offenbar
der Springer-Verlag, hat sich die Chefredaktion von BILD wahrscheinlich
unter Beihilfe der inzwischen gerichtsnotorischen »Rechtsabteilung Redaktionen« an eine Doppelstrategie gehalten.

25

Grundsatz Nr. 1: Wir geben immer nur soviel zu, wie man uns beweisen kann.

Grundsatz Nr. 2: Der Willmann muß als Zeuge mit allen Mitteln unglaubwürdig gemacht und zum Schweigen gebracht werden.

Den fälligen Part »Desinformation« übernahm dabei von der BILD-Chefredaktion Hans-Erich Bilges, nach eigenem Bekenntnis *»aus dem geistigen Lager kommend«* und *»praktizierender Christ«*. In der Fernseh-Sendung »Monitor« vom 22. 11. 1979 zeigt Bilges, daß er sein Handwerk versteht. Lügengeschichten in BILD, die ihm der Fernsehmoderator Volker Happel vorhält, kontert Bilges mit der Plattitüde »Aber wir sind auch nur Menschen – wir machen Fehler«. Auf die Abhör-Affäre angesprochen, weiß Bilges: »Beim Wählen der Nummer Wallraffs ist die Kölner Redaktion *einmal* in ein Telefongespräch mit Wallraff hineingeraten.« Als der Moderator antwortet: »Sie hat durch Zufall ein einziges Gespräch mit . . .« Bestätigt Bilges: »Die Kölner Redaktion ist durch Zufall in *ein* Telefongespräch hineingeraten. Und Sie wissen, daß dies durchaus möglich ist, also üblich ist, daß dies viele tausendmal in der Bundesrepublik geschieht.«

Noch einmal erhält Bilges eine Chance, die Wahrheit zu sagen, als Moderator Happel dazwischenfragt: »Es waren nicht mehrere Gespräche – und es wurde nicht mehrere Stunden mitgehört . . . und es wurde auch nicht auf Tonband mitgeschnitten . . .?«

Darauf wieder Bilges im Fernsehen: »Ich glaube, ich habe mich doch klar ausgedrückt. Ich habe Ihnen eine präzise Auskunft gegeben. Dies ist der Kenntnisstand der Chefredaktion.«

Und nach der Arroganz des Springer-Journalisten folgt der Versuch einer Verleumdung: »Es läuft ein Ermittlungsverfahren und daran sind wir ganz besonders interessiert. Wir möchten wissen, was hat sich damals wirklich abgespielt, wer hat abgehört. Möglicherweise, ich weiß es nicht, hat Herr Wallraff alle seine Gespräche, die er geführt hat, selbst auf Tonband aufgenommen.«

Dazu Happel: »Das ist natürlich eine ungeheuerliche Anschuldigung.« Und Bilges hat vorläufig das letzte Wort: »Das Ermittlungsverfahren wird Aufschluß darüber geben, wer was gemacht hat.« Da hat er fast Recht.

Im Gegensatz zum Interesse, das Bilges für seinen Verlag an dem Ermittlungsverfahren bekundet, steht das Verhalten des Verlages. Als Kripo und Staatsanwaltschaft, um ladungsfähige Anschriften von BILD-Mitarbeitern zur Zeit der Abhöraffäre vom Springer-Verlag baten, mauerte die Rechtsabteilung Redaktionen. Frau Renate Damm gab nur die Anschriften der Redakteure Heinz Horrmann und Heinz Sünder bekannt, die im Impressum standen.

Pikanterweise stützte sich ausgerechnet die Rechtsvertreterin von BILD, einer Gazette, die permanent in jeder Form gegen die Achtung der Privatsphäre verstößt, auf das »Datenschutzgesetz«. Ansonsten bläst BILD ständig – in Wort und Foto – zur Verfolgungsjagd von angeblichen Rechtsverletzern. Wenn es um die eigenen Leute geht, die kriminell tätig wurden bzw. dessen verdächtigt werden, da ziert sich Frau Damm: »Bei den übrigen Mitarbeitern der Axel Springer Verlag AG können die Anschriften aus arbeitsrechtlichen Gründen und wegen des bestehenden Datenschutzgesetzes seitens der Axel Springer Verlag AG nicht herausgegeben werden.«

Erst als das 14. Kommissariat, das politische, sich einschaltete, wurde man fündig. Fast zweieinhalb Monate war die Staatsanwaltschaft allein auf der Suche nach Anschriften von acht BILD-Mitarbeitern gewesen. Auch ein Indiz dafür, wie ernst die Justiz ein Abhörverfahren nimmt.

Fünfeinhalb Monate ließ sich die Ermittlungsbehörde Zeit, um einem Artikel in der »Kölnischen Rundschau« nachzugehen, wonach zwei Mitarbeiter des Bundesnachrichtendienstes BND mein Telefon angezapft haben. Das ist vielleicht ein Hinweis darauf, wie schwer es sich für die Ermittlungsbehörden erweisen kann, in den Dschungel der Nachrichtendienste einzudringen. Dabei hatte schon am 29. November 1979 der SPD-Bundestagsabgeordnete Norbert Gansel aus Kiel eine Anfrage im Bonner Parlament eingebracht:

Haben nach Kenntnis der Bundesregierung staatliche Sicherheitsdienste oder einzelne Bundesbeamte dem Springer-Konzern beim Abhören s Schriftstellers Wallraff ›Amtshilfe‹ geleistet?

Herr Staatsekretär.

von Schoeler, Parl. Staatssekretär: Herr Kollege e Antwort lautet nein.

Vizepräsident Leber: Haben Sie eine Zusatzfrage, err Kollege Gansel?

Gansel (SPD): Herr Staatssekretär, nachdem der Schriftsteller Wallraff schon einmal Objekt oder pfer einer Abhöraktion gewesen ist, frage ich: Hat as Bundesinnenministerium danach eine besonere Veranlassung gehabt, den öffentlich erhobenen orwurf, der BND habe bei einer Abhöraktion, die offenbar stattgefunden hat — Zufall kann es wohl um gewesen sein —, Hilfe geleistet, im Gespräch it dem Schriftsteller zu klären?

Vizepräsident Leber: Herr Kollege Gansel, Ihre age enthält zwei Feststellungen. Ich bitte Sie, sich f Fragen zu beschränken, und ich bitte den Herrn aatssekretär, nur die Frage zu beantworten.

von Schoeler, Parl. Staatssekretär: Herr Kollege, würde Sie bitten, die Frage zu wiederholen, weil h sie nicht verstanden habe.

Gansel (SPD): Herr Staatssekretär, hat das Bunsinnenministerium den Vorwurf des Schriftstellers Wallraff, er sei Opfer einer Abhöraktion in Zummenarbeit zwischen der Redaktion der Bild-Zeing und dem Bundesnachrichtendienst gewesen, m Anlaß genommen, ihn mit diesem Schriftsteller erörtern, nachdem dieser als Objekt oder Opfer ner vorangegangenen Abhöraktion diesen Vorrf möglicherweise nicht ganz grundlos erhoben ben könnte?

von Schoeler, Parl. Staatssekretär: Herr Kollege nsel, den ersten Teil Ihrer Frage beantworte ich Nein. Zum zweiten Teil Ihrer Frage muß ich darhinweisen, daß ich Ihre Ausgangsfrage ganz klar antwortet habe: Nach Kenntnis der Bundesregierung haben staatliche Sicherheitsdienste oder eine Bundesbeamte bei der von Ihnen erwähnten höraktion in keiner Weise mitgewirkt.

Vizepräsident Leber: Eine weitere Zusatzfrage, Herr Kollege Gansel.

Gansel (SPD): Herr Staatssekretär, da durch die Abhöraktion offenbar in das Postgeheimnis eines Staatsbürgers eingegriffen worden ist und damit Grundrechte und die Verfassung verletzt worden sind, frage ich: Ist dies zum Anlaß genommen worden, diesen Vorgang durch die für den Schutz der Verfassung zuständigen Behörden technisch und politisch untersuchen zu lassen?

von Schoeler, Parl. Staatssekretär: Ja, Herr Kollege Gansel. Der Staatssekretär des Postministeriums hat im Innenausschuß zu der Frage Stellung genommen, ob eine Fehlschaltung über einen so langen Zeitraum, wie sie von der Redaktion der Bild-Zeitung behauptet wurde, geschehen könne. Er hat dazu gesagt, daß so etwas sehr selten möglich sei, daß Wiederholungsfälle noch seltener seien und daß eine Dauerwiederholung über mehrere Stunden unmöglich sei. Er hat außerdem mitgeteilt, daß der Postminister einen Spezialtrupp einsetzen will, der die Telefonleitung Wallraffs auf technische Veränderungen überprüfen soll.

Vizepräsident Leber: Eine weitere Zusatzfrage, Herr Kollege Voigt.

Voigt (Frankfurt) (SPD): Herr Staatssekretär, ist das bekanntgewordene verfassungswidrige Verhalten des Springer-Verlages für die Bundesregierung Anlaß gewesen, den Springer-Verlag oder einzelne Bedienstete in die Beobachtung durch den Verfassungsschutz einzubeziehen?

(Beifall bei der SPD — Lachen bei der CDU/CSU)

von Schoeler, Parl. Staatssekretär: Herr Kollege Voigt, diese Frage ist Gegenstand eines strafrechtlichen Ermittlungsverfahrens. Unabhängig davon hat die Bundesregierung ein Interesse daran, daß der wahre Sachverhalt in dieser Frage voll aufgeklärt wird. Das, was sie dazu beitragen kann, wird sie tun.

Ein Leitender Kölner Oberstaatsanwalt machte, wenn auch mit einem halben Jahr Verspätung, die Probe auf's Exempel und schrieb an BND-Chef Dr. Kinkel, ein Mann, der dem Bundeskanzleramt untersteht. In dem Brief heißt es:

»Ich möchte Sie, sehr geehrter Herr Präsident, um Mitteilung bitten, ob und ggfls. welche weiteren Einzelheiten Ihnen bekannt sind, die zur Aufklärung des Sachverhalts beitragen. Insbesondere bitte ich, mir die Namen der beiden vorbezeichneten Mitarbeiter des BND oder, sofern diese nicht bekannt sind, geeignete Möglichkeiten zur Ermittlung dieser Personen mitzuteilen.«

Kinkels Antwort hier im Wortlaut:

Bundesnachrichtendienst   04. Juni 1980
- Der Präsident -

An die

Staatsanwaltschaft Köln
z.Hd. Herrn Ltd. OStA Feldmann -oViA-
Justizgebäude Krebsgasse 5 - 11

5000   K ö l n

Betr.: Ermittlungsverfahren wegen Verdachts eines Ver-
       gehens nach § 201 StGB zum Nachteil des Autors
       Günter Wallraff - 121 Js 285/79
Bezug: Schr. der Staatsanwaltschaft Köln vom 09. Mai 1980
       Geschäfts-Nr. 121 Js 285/79

Sehr geehrter Herr Feldmann!

Auf Ihre Anfrage teile ich Ihnen mit, daß hier keinerlei Anhaltspunkte dafür vorhanden sind, daß Mitarbeiter des Bundesnachrichtendienstes in dem angeblichen Abhörfall Wallraff tätig geworden sein könnten. - Dies ist auch auf frühere Anfragen der gleichen Art schon vielfach von hier erklärt worden.

Im übrigen sind die Möglichkeiten, illegal von dem Inhalt von Telefongesprächen Kenntnis zu nehmen, - wie auch im Bericht des 1. Untersuchungsausschusses des 8. Deutschen Bundestages in der sog. "Abhöraffäre Strauß/Scharnagl" festgestellt wird - verhältnismäßig groß. Im Ergebnis kann sich jeder technisch interessierte Laie Zugang verschaffen zu Bauteilen, technischem Material und Gerät, das geeignet ist, Telefongespräche illegal mitzuhören und mitzuschneiden.

(Dr. Kinkel)

Es ist die Antwort eines Bürokraten, der weiß, wie man Fallstricken aus dem Wege geht. Die Frage nämlich, wie der Leitende Oberstaatsanwalt »geeignete Möglichkeiten zur Ermittlung dieser Personen« erfahren kann, die wird nicht beantwortet. Und darum ging es doch. Denn daß bei einer »operativen Wildwuchs-Aktion« der BND und seine Chefs eben keine Information haben können, ist von vornherein klar. So funktioniert doch das System, so arbeiten Bürokraten: »Schaffe keinen Vorgang und man kann dir nichts nachweisen, wenn du dich nicht direkt ertappen läßt.« Bringt die Operation aber einen Erfolg, kann man immer noch nachträglich mit der »Beute« beim Chef auftauchen und nachträglich alles absegnen lassen.

Vielleicht wäre der Oberstaatsanwalt fündig geworden, wenn er den zweifachen dezenten Hinweis von Kinkel »*hier* keinerlei Anhaltspunkte« und »schon vielfach von *hier* erklärt worden« richtig verstanden und statt dessen in der Kölner BND-Filiale nachgehakt hätte. Auf diesen richtigen Weg hätte im Verfahren gegen die BILD-Leute aber schließlich noch der Anwalt kommen können, der Wolf Biermann und mich als Nebenkläger im Verfahren vertreten sollte.

Das ließ die Justiz nicht zu. In zwei Instanzen wurde es uns als Betroffene verwehrt, als Nebenkläger aufzutreten. So blieb auch ungefragt, ob nicht etwa – wie einst im Fall der illegalen Abhöraktion gegen Klaus Traube – auch hier mal wieder eigentlich der Verfassungsschutz abhören wollte und BND-Leute nur technische Amtshilfe geleistet haben. Vielleicht hat inzwischen auch der Verfassungsschutz bei soviel Abhör-Konjunktur eigene »Klempner«. Wir konnten das nicht fragen. Wir waren nur Zeugen im Verfahren. Ebenso ging es dem Hamburger Journalisten Otto Köhler, der Biermann im November 1976 bei mir angerufen hatte und dessen Gespräch ebenfalls abgehört worden war.

Am 16. Januar 1981 schließlich legt die Staatsanwaltschaft Köln ihre Anklageschrift vor. Von den acht BILD-Mitarbeitern, die zunächst beschuldigt wurden, kamen nur noch zwei auf die Anklagebank. Von der Abhöraktion, die zwei Tage gedauert hat, wurde nur noch ein Tag – der 18. November 1976 – zum Gegenstand der Anklage. Die Kölner Justiz, die etwa bei angeblichen Richterbeleidigungen wie im Falle Somoskeoy einen extensiven Verfolgungseifer an den Tag legt, zeigt sich bei einer Abhöraktion durch die mächtige BILD-Zeitung von einer beachtlichen Großzügigkeit. Eine Begründung dafür findet sich in der Anklageschrift nicht, wohl aber in einer internen Verfügung des Leitenden Oberstaatsanwalts. Hier werden neben den beiden nun Anzuklagenden acht weitere BILD-Mitarbeiter genannt, die auch die Gespräche abgehört haben. Dann heißt es weiter:

»Nach dem Ergebnis der Ermittlungen steht nicht hinreichend sicher fest, daß sie an der Planung und Durchführung der Abhöraktion beteiligt waren und bei der Aufzeichnung der Gespräche mitgewirkt haben. Vielmehr ist davon auszugehen, daß sie den Raum, in welchem die Gespräche aufgenommen wurden, möglicherweise zufällig betreten und dann einige Gespräche mitgehört haben. Es steht nicht fest, um welche Gespräche es sich insoweit handelt. Die vorbezeichneten Beschuldigten unterstanden dem Redaktionsleiter Horrmann.«

Der Angeklagte Heinz Horrmann (früher BILD, heute »Welt«) in einer Verhandlungspause während des Abhörprozesses am 19. 6. 1981 vor dem Amtsgericht Köln. Im Hintergrund (Bildmitte) Wolf Biermann und rechts G. W.

Hier irrt der Staatsanwalt. Mindestens ein BILD-Redakteur hat nicht »zufällig« den Abhörraum betreten »und dann einige Gespräche« mitgehört, sondern ist ganz gezielt nach Köln gereist, um die abgehörten Gespräche zu hören. Und er unterstand auch nicht dem Redaktionsleiter Horrmann, sondern war dessen Vorgesetzter. Es handelt sich um den damaligen Chef der BILD-Regionalredaktion Nordrhein-Westfalen und heutigen BILD-Nachrichtenchef in Hamburg, Heinz Sünder. Warum wurde hier eine höhere BILD-Charge aus der Schußlinie gerückt?

Und warum wurde die schon am 17. November 1976 laufende Abhöraktion nicht angeklagt. Dazu der interne Vermerk:

»Soweit den Bekundungen der damaligen Redakteure der BILD-Zeitung Willmann und F. zu entnehmen ist, daß der Telefonanschluß des Teilnehmers Wallraff bereits am 17. 11. 1976 von Horrmann abgehört worden sein soll, waren nähere Einzelheiten nicht zu ermitteln.« Die Aussagen von zwei Zeugen reichen der Staatsanwaltschaft nicht. Vielleicht, weil diese beiden *nicht mehr* bei BILD sind? Ist nicht gerade von solchen Zeugen – wie es sich im Frankfurter BILD-Prozeß wegen der »Vampir«-Stories deutlich erwiesen hat – die Wahrheit zu erwarten?

Und schließlich: Warum wurde den Aussagen eines Zeugen, der auch nicht mehr für BILD arbeitet, nicht verstärkt nachgegangen, wonach Horrmann auch im Jahre 1979 erneut Gespräche abgehört hat? Offenbar sind hier keine weiteren

Ermittlungen angestellt worden. Ist Abhören durch BILD für einen Kölner Staatsanwalt schon so alltäglich?

Dabei hatte sich die Staatsanwaltschaft von kompetenter Seite darüber sachkundig machen lassen, wie die technischen Bedingungen für ein Abhören in BILD-Manier sind. Ein Postgutachten durch das Fernmelde-technische Zentralamt Darmstadt kommt zum Ergebnis, daß eine Zusammenschaltung über das Postnetz »weitestgehend auszuschließen« sei, weil da mehrere Personen hätten mitwirken müssen. Möglich aber wären eine Abhörleitung oder ein Minispion. Beides hätte an meine Leitung angebracht werden müssen. Im Jahre 1976 setzte das besondere Kenntnis voraus, denn wenige Wochen vor Biermanns Ankunft hatte ich eine neue Telefon-Nummer bekommen, die absichtlich nicht im Telefonbuch stand und auch über die Auskunft nicht zu erfragen war.

Wer nun Abhörleitung oder Mini-Spion installiert hat, wird in der Anklageschrift der Staatsanwaltschaft Köln nicht weiter verfolgt. Ob die ja weisungsgebundenen Staatsanwälte die Denkgesetze hier aus eigenem oder fremdem Antrieb außer Wirkung gesetzt haben, das wissen sie am besten selbst. In der Anklage heißt es nur noch, es sei »mit einem Abhörgerät abgehört« worden und »beschlossen die Angeschuldigten Horrmann und Distel, Telefongespräche . . . abzuhören und auf Tonbänder aufzunehmen. Die Angeschuldigten wußten, daß am Telefonanschluß des Zeugen Wallraff eine nicht genehmigte Abhöreinrichtung angebaut worden war und daß . . . Gespräche . . . abgehört werden konnten«.

Im Verfahren selbst aber schien niemand mehr so recht ein Interesse daran zu haben, der Sache tiefer auf den Grund zu gehen. Geldbußen – 9000 Mark für spastisch gelähmte Kinder, 7000 Mark für die Verfahrenskosten – waren das vorläufige Ende. Auch Otto Köhler, Wolf Biermann und ich hatten kein Interesse an der Bestrafung *dieser* Angeklagten über die Bußen hinaus. Wir waren der Meinung, die im Prozeß Wolf Biermann formulierte: »Die beiden Angeklagten sind die letzten Glieder einer Kette, die letzten, die von den Hunden gebissen werden.« Und wir wollten nicht die Hunde sein, die die letzten beißen. Die anderen aber – Geheimdienstmitarbeiter und leitende BILD-Redakteure – saßen ja nicht auf der Anklagebank. Nicht als Nebenkläger zugelassen, konnten wir ihnen auch nichts anhaben. So wird der Stoßseufzer verständlich, mit dem ein leitender BILD-Redakteur seinem Chefredakteur und heutigen Redaktionsdirektor Günter Prinz den Ausgang des Kölner Prozesses kommentierte: »Da sind wir aber glimpflich davongekommen. Wenn das alles rausgekommen wäre.«

Der Frankfurter BILD-Prozeß

Eine Nachbetrachtung von Rechtsanwalt Peter Zimmermann*

Freiheitsstrafen bis zu 8 Monaten; deftige Geldbußen bis zu 15 000 Mark – wer letzten Endes bezahlt, darüber kann man mutmaßen – als Bewährungsauflage: So urteilte Anfang Januar 1981 die 29. Strafkammer des Frankfurter Landgerichts über mehrere Journalisten der BILD-Redaktion aus der Main-Metropole. 22 Sitzungstage bei einer Verhandlungsdauer von mehr als drei Monaten waren nötig, um bei solcher Prominenz auf der Anklagebank zum Urteil zu kommen. Dabei war letzten Endes ordinäre Kriminalität zu verhandeln: Hausfriedensbruch, Diebstahl, schwerer Diebstahl (Einbruch) und Hehlerei. Für solche Delikte eine außergewöhnliche Verhandlungsdauer. Von den sechs Angeklagten wurde einer freigesprochen, einer erhielt lediglich eine Geldstrafe. Die Urteile gegen diese beiden (Ex-)BILD-Mitarbeiter sind rechtskräftig geworden. Die anderen BILD-Redakteure hoffen noch auf eine Revision vor dem Bundesgerichtshof. So der Stand der Dinge Anfang September 1981.

Angefangen hatte alles mit einem Polizeibericht. Darin war von einem Schüler die Rede, der seinen Freundinnen Blut abgezapft und es dann getrunken haben soll. Außerdem bestand – so der Polizeibericht – der Verdacht, daß der Betreffende minderjährige Mädchen verführt habe. Es schien ein Fall wie maßgeschneidert für BILD. Bereits am nächsten und noch am darauffolgenden Tag konnte BILD Sensationelles vom »Tatort« berichten, garniert mit Fotos im Großformat, die den jungen Mann mit zahlreichen Motiven aus seinem Privatleben zeigten. Auch ein Porträt-Foto war darunter, auf dem jedermann erkennen konnte, um wen es sich bei dem mittlerweile zum »Vampir von Sachsenhausen« apostrophierten Schüler Michael K. handelte. Die Fotos stammten aus der Wohnung des jungen Mannes, der damals noch in Untersuchungshaft saß. BILD-Teams waren, wie das Landgericht feststellte, in diese eingedrungen, hatten die Tür gewaltsam geöffnet und sich reichlich bedient. Polizei und Staatsanwalt ermittelten und es bestand der Verdacht, daß insgesamt viermal eingebrochen worden war, davon einmal auch in eine frühere Wohnung von Michael K., der gerade beim Umzug war. Angeklagt wurden letztendlich nur zwei Einbrüche, begangen von zwei verschiedenen BILD-Teams (ein Team bestand jeweils aus einem Text- und einem Foto-

* Peter Zimmermann hat zusammen mit H.-J. Weider im Frankfurter BILD-Prozeß den Nebenkläger Michael K. vertreten.

Deutscher Schüler trank Mädchenblut

Täter: Michael K.

rb. Frankfurt, 5. Januar / „Vampir von Sachsenhausen" ist 22jähriger Abiturient. Er mixte sich / oft einen makabren Trank: ein Eßlöffel / Blut, das er jungen Mädchen abzapfte, / ein Eßlöffel Sherry, ein Eßlöffel schwar- / zer Tee. / „Ich habe manchmal auch reines Men- / schenblut getrunken, weil ich gelesen / hatte, daß man dann groß wird", sagt / der nur 1,68 Meter große Oberschüler mit / dem roten Vollbart. Er wurde jetzt ver- / haftet. / Ein einmaliger Fall in der deutschen Kriminalgeschichte. Weiter auf Seite 11.

Morgen lesen Sie:
Gerhard Löwen-
thal (ZDF-Magazin)
und seine Inge-
borg, die Ärztin aus
Berlin: zwei, die
zweimal geheiratet
haben und heute
sagen: Nach der er-
sten Scheidung fing
das Glück richtig

Vampir trank Mädchenblut

Von Seite 1

„Als ich noch Metzgerlehrling war, habe ich immer Ochsenblut getrunken", gestand „Vampir" Michael K., „seit ich aufs Gymnasium gehe, mußte ich mich auf Menschenblut umstellen."

In den letzten vier Monaten hat er mindestens 15 Mädchen aus einer Grundschule in Frankfurt-Sachsenhausen in seine Mansarden-Wohnung gelockt. „Ich mache da tolle Experimente", sagte er.

In der Wohnung servierte der „Vampir" den Mädchen oft Cola mit schweren Beruhigungsmitteln. Dann verging er sich an den betäubten Schülerinnen und saugte ihnen mit einer Spritze Blut aus den Armen.

Einige Mädchen ließen sich auch freiwillig „anzapfen", tranken freiwillig von seinem „Blut-Tee".

Michael K. hatte immer genügend Mädchenblut zu Hause — einmal schüttete er drei Liter weg, „weil sie so schrecklich rochen."

Jetzt hob die Polizei sein gespenstisches Laboratorium aus: Sie fand 280 Kubikzentimeter Menschenblut in kleinen Flaschen, 20 Spritzen, 800 Kanülen, vier Metzgermesser, einen blutverschmierten Arztkittel, eine sezierte Ratte — eine Spritze mit Blut, gegossen in Kunstharz.

reporter). Nicht geahndet wurde im übrigen auch der gravierende Verstoß gegen das Persönlichkeitsrecht des Schülers, der von BILD gleich in eine Reihe mit berüchtigten Triebtätern der Kriminalgeschichte gerückt worden war.

Alle in diese Richtung gehenden Ermittlungen mußten schließlich eingestellt werden. Die Gründe hierfür waren unterschiedlich. Zum einen verstand BILD es recht geschickt, die Verantwortlichkeit der einzelnen Redakteure für die »Vampir«-Veröffentlichungen zu verschleiern. So konnte nicht mehr mit einer für die Anklageerhebung ausreichenden Sicherheit festgestellt werden, welcher BILD-Mitarbeiter konkret sich gegenüber Michael K. der Beleidigung, der üblen Nachrede, Verleumdung etc. schuldig gemacht hatte. Zum anderen handelte es sich bei den »Vampir«-Veröffentlichungen um sog. Presseinhaltsdelikte, die nach den landesrechtlichen Pressegesetzen recht schnell verjähren, in Hessen beispielsweise nach sechs Monaten. Der Staatsanwaltschaft war dies natürlich bekannt. Um die drohende Verjährung zu verhindern, nahm sie Mitte des Jahres 1979 sog. verjährungsunterbrechende Handlungen gegen zahlreiche beschuldigte BILD-Mitarbeiter vor, nicht jedoch gegen diejenige Person, in der sie später den eigentlichen Drahtzieher der »Vampir«-Bericht-

33

erstattung sehen wollte, den damaligen Leiter der Bundesredaktion von BILD – Frankfurt. Dieser kam gleich zweimal gut davon. Ihn sprach die Strafkammer des Landgerichts Frankfurt als einzigen der Angeklagten »trotz erheblicher Zweifel« auch vom Vorwurf des mittäterschaftlichen Diebstahls und der Hehlerei frei, da die Beweise gegen ihn nach Auffassung des Gerichts nicht ganz ausreichten. Die Urteilsgründe machen allerdings deutlich: es ist ein »Freispruch dritter Klasse«, den der ehemals Verdächtige wahrlich nicht als Aushängeschild benutzen kann.

Zurück bleibt das ungute Gefühl, daß eine in ihrem Ausmaß kaum noch zu überbieten de Persönlichkeitsrechtsverletzung – die Verunglimpfung eines jungen Mannes als blutsaugender »Vampir«, der seine Opfer zuvor mit Drogen wehrlos macht, das Gleichsetzen mit Schreckensgestalten aus der Kriminalgeschichte wie etwa Fritz H. (26facher Frauenmörder) – daß ein solch brutaler Verstoß gegen die Menschenwürde eines einzelnen schutzlosen Bürgers strafrechtlich nicht mehr geahndet werden konnte.

Ähnliches gilt auch für den Einbruch in die frühere Wohnung von Michael K., der zu einer wahren Verwüstung des Mobiliars geführt hatte. Die Beschreibung eines roten Sofas, das sich in dieser Wohnung befunden hatte, in BILDs »Vampir«-Berichterstattung, begründete zwar den starken Verdacht, daß auch in diesem Falle BILD-Mitarbeiter tätig geworden waren. Doch wer es genau war, darüber fehlen gerichtsverwertbare Beweismittel.

Ende 1979 fand dann zunächst vor einem Einzelrichter des Frankfurter Amtsgerichts der Prozeß gegen Michael K. statt. Er endete mit einer Verwarnung wegen des Besitzes einer minimalen Menge Haschisch, die allenfalls ausgereicht hätte, ein paar Joints zu drehen. Nichts war übriggeblieben vom blutsaugenden »Vampir«, der seine jugendlichen »Opfer« mit Drogen betäubt und sie willenlos gemacht habe. Auch von einer »Verführung Minderjähriger«, wie es noch im Polizeipressebericht angeklungen war, war nun mit keinem Wort mehr die Rede. Michael K. entpuppte sich statt dessen als ein junger Mann, der sich gerne mit Freunden zum Tee traf und im übrigen als Hobby mit chemischen Versuchen experimentierte. Heraus kam ferner, daß Michael K. einmal einem drogenabhängigen Bekannten eine Dosis Heroin abgenommen und sie weggeworfen hatte. Als Entschädigung hatte er dem Freund

Vampir: Das Mädchen, das ihn hörig war, erzählt

Glatt und weich: Strumpfhosen aus Naturseide

kml. Hamburg, 4. 1. ...

Mini-Sender im Ski

Von DIETER GRABER
Frankfurt, 4. Januar

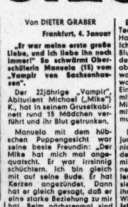

Ohne Stola wird Jackie bestra...

darüber hinaus seine Mithilfe bei der Suche nach einem Therapieplatz angeboten. Das also war der »Vampir«, den BILD seiner Leserschaft verkauft hatte.

Einen völlig anderen Weg als das Strafverfahren gegen Michael K. nahm das Verfahren gegen die für den Einbruch in Michael K.s Wohnung und die Veröffentlichung seiner Fotos in BILD Verantwortlichen. Sie wurden für ihr kriminelles Treiben wegen der besonderen Bedeutung des Falles vor einer Großen Strafkammer des Frankfurter Landgerichts zur Rechenschaft gezogen.

Der Prozeß hat in mehrfacher Hinsicht Schlaglichter geworfen. Gegenstand des Verfahrens waren natürlich in erster Linie die näheren Umstände krimineller »Recherchier«-Methoden und die anschließende Verwertung von gestohlenem Fotomaterial in der BILD-Redaktion – Vorgänge, die das Strafgesetzbuch als Hausfriedensbruch, Diebstahl im erschwerten Falle, sowie Hehlerei qualifiziert.

Der Sachverhalt schien denkbar einfach, so daß ein »kurzer« Prozeß erwartet werden konnte. Daß dann doch alles etwas anders kam, lag am Zusammentreffen mehrere Kuriositäten. Auf der Anklagebank saßen nicht »gewöhnliche« Diebe und Hehler, sondern Angehörige und Repräsentanten der Presse, der sog. Vierten Gewalt, und zwar ihrer einflußreichsten, aber wohl auch skrupellosesten Erscheinungsform, eben der BILD-Zeitung. Die spezifischen Anforderungen, denen sie als Mitarbeiter bei BILD ausgesetzt sind, mußten notwendigerweise im Interesse der Motiverhellung problematisiert und öffentlich gemacht werden. Auf dem Prüfstand der öffentlichen Kritik, den bohrenden Fragen ihrer Richter ausgesetzt, saßen also gerade die Personen, die sonst gewöhnt sind, selbst Herrschaft auszüüben – Herrschaft in Gestalt einer Meinungsfabrik, die die Macht besitzt, Politik zu machen, Schicksale zu bestimmen und auch zu zerstören.

Dies ist jedoch nur eine Erklärung, weshalb das Verfahren zu einem von der Öffentlichkeit mit größtem Interesse aufgenommenen der letzten Jahre wurde. Daß darüber hinaus ein »Krimi« mit vielen Fortsetzungen entstand, ist sicherlich auch auf die Verteidigungsstrategie der meisten angeklagten BILD-Redakteure zurückzuführen. Die bestand »global« gesagt – in erster Linie darin, BILD als Institution unter allen Umständen zu schonen. Das Problem lag nun für sie darin, daß das Interesse des Springer-Verlages, seinen ramponierten Ruf zumindest nicht noch weiter abbröckeln zu lassen, und das Interesse der Angeklagten an einem möglichst milden Urteil miteinander in Widerstreit standen. Deutlich wurde dieses Dilemma der Angeklagten bei der Frage nach der Arbeitssituation, unter der sie bei BILD tätig waren bzw. noch sind. Ihre spezifischen Arbeitsbedingungen als BILD-Journalisten mußten zwangsläufig Gegenstand des Prozesses werden, da man sich ohne ihre Einbeziehung keine hinreichende Aufklärung der Tatmotive, die zu dem Einbruch führten, versprechen durfte. In diesem Zusammenhang wurden nicht nur die Angeklagten befragt, sondern auch zahlreiche Zeugen, u. a. der Chefredakteur von BILD, Günter Prinz, den das Gericht auf einen entsprechenden Antrag der Nebenklage aus der Zentrale Hamburg anreisen ließ. Die wissenswertesten Informationen lieferte ohne Zweifel auch insoweit der

»abtrünnige« Peter K., der die tägliche Arbeitssituation aus der Sicht eines subalternen Fotoreporters schilderte. Die Öffentlichkeit bekam auf diese Weise aus dem Munde eines persönlich Betroffenen in frappierender Weise bestätigt, was der Schriftsteller Günter Wallraff bereits in seinen Untersuchungen und Erfahrungsberichten über BILD zusammengetragen hatte. Konkurrenzdruck unter den einzelnen Reportern, der von oben künstlich geschürt wurde; versteckte Entlassungsdrohungen, wenn man kein zum spezifischen BILD-Stil passendes Material beschaffte, wenn man sein Privatleben nicht rückhaltlos BILD unterordnete; all dies bei gleichzeitig attraktiver Bezahlung und einem an Großzügigkeit kaum zu überbietenden Fonds für »Spesen«, die im Zusammenhang mit der »Recherche« anfielen. Aber die Öffentlichkeit erfuhr auch, mit welch augenzwinkernder Schlitzohrigkeit BILD-Mitarbeiter ihre eigene Arbeitsweise zu beschönigen versuchen. Einer der Angeklagten brachte seine Berufsauffassung als Textreporter bei BILD mit den Worten auf den Begriff: »Ja wissen Sie, wenn ich recherchiere, laufe ich nicht mit dem Gesetzbuch unter dem Arm herum!«

Verbale Entgleisungen dieser Art, die für sich sprechen, bot das Verfahren vor der Frankfurter Strafkammer noch des öfteren. Es gab jedoch auch andere Kuriositäten zuhauf. Die Staatsanwaltschaft hatte ursprünglich gegen zahlreiche weitere BILD-Mitarbeiter ermittelt, ohne daß es insoweit offiziell zu einer Anklage kam. Inoffiziell hingegen gilt es in der Frankfurter Justizszene als offenes Geheimnis, daß derjenige Staatsanwalt, der die Ermittlungen mit Engagement eingeleitet hatte, jedoch nach ca. einem Dreivierteljahr abgelöst worden war, in erheblich größerem Umfang, insbesondere von einem weiteren Personenkreis, Strafgesetze verletzt sah. Es soll sogar, wie gut informierte Kreise zu berichten wissen, noch von diesem Staatsanwalt eine entsprechende weit umfassendere Anklageschrift als die später in den Prozeß eingeführte erstellt worden sein, die dann allerdings im eigenen Hause durch die Vorgesetzten aus dem Verkehr gezogen wurde.

Einige der BILD-Mitarbeiter, die auch aufgrund solch dubioser Vorgänge mit der Einstellung der Ermittlungen gegen sie noch einmal davongekommen waren, tauchten nun auf der Zeugenbank auf. Sie boten dort ein unrühmliches Schauspiel, das erkennbar dem Ziel dienen sollte, den arg lädierten Ruf des Hauses Springer zu retten wo es eben noch ging. Daß derartige Versuche letztlich scheiterten, ist vor allem das Verdienst des Gerichts unter Vorsitz von Dr. Gehrke, das sich in keiner Phase des Verfahrens an der Nase herumführen ließ und seine Linie konsequent beibehielt.

Dies tat das Gericht vor allem auch gegenüber den mannigfaltigen Versuchen einiger Verteidiger, dem Verfahren eine andere Richtung zu geben. Wäre es nach ihnen gegangen, hätte das Verfahren als Bagatelle bereits längstens eingestellt gehört. Daß es nicht so kam, sah die Verteidigung als ein Politikum, dessen Opfer die vielgeschmähte BILD-Zeitung sei, der gewisse Kreise schon lange an den Kragen wollten. Bezeichnend ist in diesem Zusammenhang eine Frage des Verteidigers des damaligen Redaktionsleiters Schindlbeck an den als Zeugen geladenen ursprünglich die Ermittlungen leitenden Staatsanwalt, ob er Günter Wallraff persönlich kenne.

Die Strategie der Verteidigung läßt sich kurz so skizzieren, daß zum einen die Tatbeteiligung der Angeklagten überhaupt in Frage gestellt, zum anderen – sozusagen »hilfsweise« – versucht wurde, die begangenen Delikte zu beschönigen, ja zu rechtfertigen. Zunächst stempelte man den geständigen Fotoreporter Peter K. zu einer Art Kameradenschwein, das letztlich nur seine eigene Karriere und seine eigene persönliche Bereicherung im Auge gehabt habe. Dieses Bild widersprach jedoch so eklatant dem Eindruck, den die übrigen Verfahrensbeteiligten gewonnen hatten, daß andere Rettungsanker bemüht werden mußten.

Die Attacken richteten sich in der Folge vor allem gegen die Person des Nebenklägers, gegen den durch die BILD-Veröffentlichungen über den angeblichen »Vampir von Sachsenhausen« in seinem Persönlichkeitsrecht auf schwerste verletzten Schüler Michael K. Michael K., der selbst als Zeuge auftrat – im wesentlichen, um die aus seiner Wohnung von BILD-Mitarbeitern gestohlenen Fotos als die seinigen zu identifizieren – mußte von seiten einiger Verteidiger wieder und wieder Fragen über sich ergehen lassen, ob er nicht doch der blutrünstige Vampir gewesen sei, als den ihn BILD zur Schau gestellt hatte.

Das Gericht unter Vorsitz von Dr. Gehrke ließ wegen fehlenden Sachzusammenhangs keine in diese Richtung zielende Frage zu, was eine der heftigsten Kontroversen mit der Verteidigung auslöste, auf deren Höhepunkt das Gericht sich mit zahlreichen Befangenheitsanträgen konfrontiert sah, die allerdings ausnahmslos erfolglos blieben. Die Verteidigung rügte in diesem Zusammenhang die angeblich unzulässige Beschränkung ihres Fragerechts gegenüber dem Nebenkläger Michael K., das Gericht hingegen warnte ausdrücklich vor einem Mißbrauch desselben.

Für strafprozessual erfahrene Beobachter zeichnete sich ab, daß zu diesen Vorgängen das letzte Wort sicherlich erst vom Bundesgerichtshof als Revisionsinstanz gesprochen werden dürfte. Unabhängig von der rein strafprozessualen Beurteilung waren die meist zahlreich erschienenen Besucher nahezu einhellig empört darüber, wie einige BILD-Verteidiger es offenbar ohne weiteres in Kauf nahmen, den von BILD schwer geschädigten Nebenkläger noch einmal vor den Augen der Öffentlichkeit durch ihre Befragung dem Ruf des »Vampirs« auszusetzen. Eigentlich ist es fast ein wenig zu bedauern, daß das Gericht – das insoweit völlig konsequent und rechtlich korrekt seine Linie beibehielt –, indem es solche Befragung des Nebenklägers unterband, diesem gleichzeitig die Gelegenheit nahm, in aller Öffentlichkeit deutlich zu machen, wie erlogen die Berichterstattung der BILD-Zeitung über ihn wirklich gewesen war. Michael fand im übrigen einige Monate nach Abschluß des Verfahrens gegen die BILD-Redakteure späte Genugtuung in zwei Zivilprozessen, die vor den Landgerichten in Frankfurt und Hamburg anhängig waren: DM 15 000,– Schmerzensgeld vom Springer-Verlag und darüber hinaus der Abdruck einer Erklärung in der BILD-Zeitung, daß die damals gegen ihn erhobenen Vorwürfe sich als »sämtlich unberechtigt« herausgestellt hatten.

Eine wichtige Rolle im BILD-Prozeß spielte von Beginn an der berüchtigte Polizeipressebericht, mit dem alles angefangen hatte. Noch zur Erinnerung: Am Morgen des 2. 1. 79 erschien in den Pressemitteilungen der Frankfurter Polizei unter der Überschrift »Unglaublicher Verdacht bestätigte sich« ein

Bericht über den kurz zuvor festgenommenen Michael K. und dessen Wohnung im Frankfurter Stadtteil Sachsenhausen. Es wurde der Verdacht geäußert, der Inhaftierte trinke Mädchenblut, nachdem er seine Opfer durch Drogen gefügig gemacht habe, seine Wohnung gleiche einem Gruselkabinett. Im Gegensatz zu den späteren Veröffentlichungen in der BILD-Zeitung stellte der Bericht – so anreißerisch er auch in Sprache und Ausdrucksweise gehalten sein mag – immerhin heraus, daß es sich eben nur um einen Verdacht handelte und daß dieser Verdacht auf Erzählungen und Vermutungen Dritter beruhte. Die Strafkammer des Landgerichts Frankfurt erkannte die Bedeutung dieses Polizeipresseberichtes für das Handeln der Angeklagten auch uneingeschränkt an und zwar als Strafmilderungsgrund. Das Gericht verurteilte ausdrücklich die »starke Stimmungsaufheizung und Sensationsanstachelung . . ., welche die Pressestelle der Frankfurter Polizei durch ihren ungewöhnlichen Pressebericht vom 2. 1. 79 bewirkt hat. Nicht zu folgen vermochte die Kammer hingegen der Behauptung zweier Angeklagter sowie eines bei BILD am SONNTAG beschäftigten Zeugen, der Leiter des Frankfurter Kommissariats K 44, Knut Stroh, habe ihnen gegenüber persönlich noch vor dem Einbruch die Worte fallen lassen wie: »Wenn euch die Wohnung interessiert, dann geht doch einfach rein!«

Der Vollständigkeit halber muß hier angefügt werden, daß der ebenfalls als Zeuge vernommene Kriminalbeamte Stroh derartige Äußerungen entschieden bestritt. Ob solche Auseinandersetzungen mehr dem Ansehen der BILD-Zeitung oder dem der Polizeibehörden geschadet haben, ist hier nicht wichtig. Zu vermuten und zu hoffen ist jedoch, daß es BILD-Reporter in Zukunft nicht mehr ganz so einfach haben werden, über die Polizei an Informationen zu gelangen, die ihnen ihre das Persönlichkeitsrecht des einzelnen mißachtende Sensationsberichterstattung erleichtern oder manchmal überhaupt erst ermöglichen.

Diese Erkenntnis sollte eine der zahlreichen schmerzlichen Erfahrungen sein, auf die der Springer-Verlag zurückblicken muß, läßt man das BILD-Verfahren einmal Revue passieren. Möglicherweise war es dann doch kein Zufall oder gar ein übler Scherz, wenn Verleger Axel Springer selbst in einem Interview mit dem ZEIT-Journalisten Ben Witter sein wachsendes Unbehagen über BILD so artikulierte: »Ich leide wie ein Hund darunter, daß manches in meinen Blättern steht, womit ich überhaupt nicht einverstanden bin. Und wie oft leide ich wenn ich morgens die BILD-Zeitung lese. In Hunderten von Briefen beschwor ich die Chefredaktion, alles zu unterlassen, was gegen die Würde des Menschen verstößt . . . Ich will auch gar nichts beschönigen.«

In dieser Hinsicht gab es übrigens bei den Angeklagten des BILD-Prozesses feine Unterschiede. Vom geständigen Fotoreporter Peter K. einmal abgesehen, ließ zumindest ein weiterer Angeklagter, interessanterweise der später auch als einziger freigesprochene damalige Chef des überregionalen Teils von BILD-Frankfurt, eine vorsichtige Distanzierung anklingen. Er will nämlich »Identifikationsschwierigkeiten« mit dem Blatt gehabt haben. Relativiert wurde dieses Lippenbekenntnis allerdings durch den simplen Umstand, daß der Betreffende schon längst in den Diensten eines anderen Brotherrn weilte und deshalb beim Springer-Verlag eigentlich nichts mehr zu verlieren hatte.

Die meisten Angeklagten hielten aber ihrem Arbeitgeber die Stange und überboten sich auf peinlich berührende Weise in Beteuerungen, wie gut es ihnen bei BILD gehe, wie angenehm die Arbeitssituation sei, etc. teils sogar, ohne daß jemand sie danach gefragt hätte. Kein Wort fiel aus dem Munde dieser Angeklagten dazu, daß gerade der Stil der BILD-Zeitung eine spezifische Form der Informationsbeschaffung und Berichterstattung bedingt, der sie sich auf Gedeih und Verderb anzupassen hatten und noch haben.

Auch war nichts zu hören von Konkurrenzdruck unter den Mitarbeitern und der Art und Weise, wie die einzelnen Teams »heiß« gemacht und auf Jagd geschickt werden. All dies erfuhren Gericht und Öffentlichkeit allein aus dem Mund des »Abtrünnigen«, des Fotoreporters Peter K., der von einem bestimmten Zeitpunkt an das Lügenspiel nicht mehr mitmachen konnte und wollte.

Er hatte gemerkt, daß er als Alleinschuldiger geopfert werden sollte. In der Rechtsabteilung des Springer-Verlages in Hamburg, wo K. seinen Anteil am Eindringen in die Wohnung des Nebenklägers schilderte und dabei stets »wir« sagte, wurde daraus stets »ich«. Verfertigt hat dieses Protokoll Frau Renate Damm, der Leiterin der Springer Rechtsabteilung Redaktionen. Vor Gericht in Frankfurt vom Vorsitzenden befragt, wie es zu diesem Singular gekommen sei, kamen Erklärungen, die den Gerichtsvorsitzenden Heinrich Gehrke zu dem Kommentar veranlaßten: »Wie sich diese Zeugin hier gewunden hat, war schon ein trauriges Beispiel für eine Rechtsanwältin in so gehobener Stellung.« Der Fotograf K. weigerte sich daher auch zu Recht, ein solches Protokoll zu unterschreiben.

Dabei hätte rein strafrechtlich gesehen, die Streß- und Drucksituation der einzelnen BILD-Journalisten für das Gericht sehr wohl als strafmildernder Umstand Bedeutung erlangen können, wenn die Angeklagten in ihren Erklärungen nur davon Gebrauch gemacht hätten. Sie lehnten diesen Weg jedoch ab und verschanzten sich lieber hinter fadenscheinigen Rechtfertigungen, deren Unhaltbarkeit offen zutage trat. Damit setzten sie gleichzeitig ihr eigenes natürliches Interesse an einer möglichst milden Strafe hinter das Interesse des Springer-Verlages, möglichst ungeschoren aus der dem eigenen Ruf nicht gerade förderlichen Affäre herauszukommen.

Der geständige Fotoreporter Peter K. hat seither die allergrößten Schwierigkeiten, beruflich wieder Fuß zu fassen. Er laboriert noch heute an den Folgen der Tat. Den anderen Verurteilten, die BILD die Treue gehalten haben, scheint es besser ergangen zu sein. Von beruflichen Nachteilen wie etwa einer Kündigung durch den Verlag ist nichts bekannt, offenbar wurde ihnen nicht einmal eine Rüge erteilt – von wem auch hätte eine solche kommen sollen?

Der Staatsanwalt schließlich, der mit Engagement und Entschlossenheit die Ermittlungen gegen BILD aufgenommen hatte, muß sich noch jetzt, wenn diese Zeilen geschrieben werden, auf rechtlichem Wege gegen den strafrechtlich relevanten Vorwurf der »Verfolgung Unschuldiger« zur Wehr setzen.

Dennoch ist das Urteil der 29. Strafkammer des Landgerichts Frankfurt ein Meilenstein in der Pressegeschichte der Bundesrepublik Deutschland. Es ist der dankenswerte Versuch, mit juristischen Mitteln kriminelle Methoden der Informationsbeschaffung durch gewisse Presseorgane Herr zu werden und dabei dem Persönlichkeitsrecht des einzelnen Bürgers den ihm gebührenden Schutz vor öffentlicher Herabwürdigung und Verunglimpfung zukommen zu lassen. Ob der Abschreckungseffekt des Urteils groß genug ist bzw. lange genug anhält, mag zweifelhaft sein. Die Verurteilten haben 3 Jahre Zeit, sich zu »bewähren« – bei BILD hat sich offenbar nichts verändert.

Hilfsfond

Wenn Bild lügt - kämpft dagegen

»BILD kämpft für Sie« heißt eine heuchlerische Kolumne in Springers Massenblatt. Jetzt gibt es einen Hilfsfond »Wenn BILD lügt – kämpft dagegen«, der geschädigten BILD-Lesern, die weder die finanziellen Mittel noch die juristische Kenntnis haben, ihr Recht mit Gegendarstellungen, Widerrufen, Unterlassungsverfügungen, Schadensersatz- und Schmerzensgeld-Forderungen durchzusetzen, kostenlose anwaltliche Beratung zur Verfügung stellt. Der Hilfsfond wird aus Buchhonoraren finanziert. Kontaktadresse für BILD-Opfer:

**Hilfsfond »Wenn BILD lügt – kämpft dagegen«
Günter Wallraff** c/o Kiepenheuer & Witsch Verlag
Rondorfer Straße 5, 5000 Köln 51

Spendenkonto 1155043300, BfG Köln (Stichwort »Hilfsfond«)

Hat die Justiz das letzte Wort?

Der Bundesgerichtshof (BGH) in Karlsruhe hat am 20. Januar 1981 über den »Fall Wallraff« entschieden. Verhandelt wurde die Revision einer Klage, die der Hamburger/Berliner Springer-Verlag und der Ex-Redaktionsleiter von BILD-Hannover Lothar Schindlbeck, von mir Thomas Schwindmann genannt, gegen mein Buch »Der Aufmacher. Der Mann, der bei BILD Hans Esser war« angestrengt hatten. Mein Verlag Kiepenheuer & Witsch hatte mit mir zusammen das höchte bundesdeutsche Zivilgericht angerufen gegen Urteile des Hamburger Land- und Oberlandesgerichts. Die BGH-Urteile, unter den Aktenzeichen VI ZR 162/79 und 163/79 gaben – so Jürgen Stahlberg in der Zeitschrift »Medium« – »Wallraff und seinem Verlag weitgehend recht«.

In diesen Prozessen ging es nicht um die Wahrheit gewisser Äusserungen im »Aufmacher«. Es ging um Rechtsfragen. Um die Frage des Öffentlichkeitswerts von Berichten und Informationen. Es ging um die Methode, gewisse Informationen überhaupt zu erlangen. »Einschleichen« heißt die dafür gebräuchliche Vokabel der Juristen. Prinzipiell aber ging es um die Streitfrage: Welches Recht ist höher einzuschätzen – das des Betriebseigentümers über die Organisations- und Informationsherrschaft in seinem Betrieb oder das des Arbeitnehmers, sich und seine Arbeit in der Öffentlichkeit darzustellen. Noch einfacher gefragt ging es darum, ob der Arbeitgeber uneingeschränkter Herr im eigenen Betrieb ist einschließlich allem, was seine Arbeitnehmer angeht, oder ob diese sich auch soweit aus der Leibeigenschaft früherer Zeiten befreit haben, daß sie berichten dürfen, was mit ihnen und durch sie am Arbeitsplatz geschieht, auch wenn es durch den Arbeitgeber bewirkt oder veranlaßt wird.

Das Urteil, genauer die zwei Urteile, des BGH sind so, wie man es in unserer kapital-orientierten Gesellschaft nicht anders erwarten kann. Journalisten können sich als »Faustregel« merken:
1. Einschleichen ist rechts- und sittenwidrig;
2. Geschäfts- und Betriebsgeheimnisse sind tabu;
3. Über Betriebsinterna darf man die Öffentlichkeit nur ausnahmsweise informieren. In meinem Fall war das gerechtfertigt, weil es beim »Aufmacher« um »Fehlentwicklungen des Journalismus« und »einschneidende Folgen der Meinungsmanipulation« durch BILD ging;
4. Man muß als Journalist zwischen Öffentlichkeitswert und Einschleichverbot »abwägen«;
5. Privatsphären sind tabu. Was einer in seinen eigenen vier Wänden spricht – ob wahr oder unwahr – darf nicht berichtet werden.

Über die juristischen Feinheiten der Urteile mögen sich die Juristen den Kopf zerbrechen. Für mich sind Kernsätze aus dem Urteil (163/79) wie folgt wichtig:

»Die Veröffentlichung deckt Tendenzen und Verfahrensweisen eines Journalismus auf, mit denen auch für Maßstäbe, die für eine Boulevardzeitung gelten, die Aufgaben zur wahrheitsmäßigen Unterrichtung der Leser kaum in Einklang zu bringen sind ... Durch derartige Mißstände, deren Aufklärung und Bewertung im Austausch der Meinungen zu den Aufgaben gehört, um derentwillen das Gesetz die Meinungsfreiheit garantiert, wird die Rechtsordnung wenigstens im Ergebnis stärker belastet als durch den Umstand, daß mit der Offenlegung solcher Sachverhalte die illegale Beschaffung dieser Information manifest wird.«

Im Gespräch mit Jürgen Stahlberg – das Interview wurde in Medium Nr. 3 von 1981 gedruckt – habe ich, noch unter dem unmittelbaren Eindruck des Urteils eine spontane, aber auch eine sehr direkte Beurteilungen der BGH-Entscheidungen gegeben. Mit freundlicher Erlaubnis des Verlages und des Interviewers Jürgen Stahlberg hier unser Gespräch um den Teil gekürzt, der sich mit meiner Arbeitsmethode und meinem Leben mit ihr befaßt. (G.W.)

Stahlberg: In den Zeitungen las ich, daß Sie vom Urteil »sehr beeindruckt« waren. Was meinen Sie damit?

Wallraff: Das war eine spontane Äußerung unmittelbar nach der Urteilsverkündung. Ich hatte nicht erwartet, daß der eher konservative Senat meine Arbeit so grundsätzlich auf die öffentliche Bedeutung hin analysiert und die verschiedenen Interessen gründlich gegeneinander abwägt. Ehrlich gesagt: Ich bin nach Karlsruhe gereist, weil ich davon ausging, daß der Prozeß daneben gehen würde. Dann hätte ich eine Chance gehabt, anschließend etwas zu sagen. Wäre ich davon ausgegangen, daß die Sache gut ausgeht, hätte ich mir den Weg erspart und das Urteil für sich sprechen lassen. Das meinte ich mit »beeindruckt« – das war gar nicht ironisch gemeint. Das Gericht hat sich viel Mühe gemacht, die Richter haben sich Zeit genommen und bis zuletzt diskutiert. Sie haben meine gesamte Arbeit herangezogen, d. h. auch meine früheren Bücher gelesen.

S.: *Die Figur der Rechtsgüterabwägung – Meinungsfreiheit plus Öffentlichkeitswert versus Arbeitgeberhausrecht – bedeutet doch aber, daß letztlich immer die Justiz inhaltlich und verbindlich über den Wert von Berichten entscheidet. Das ist doch wohl nicht der Sinn von Meinungs- und Pressefreiheit! Was ist Ihre Meinung zu diesem – ich möchte sagen – »Justizvorbehalt«?*

W.: Die Urteilsformel ist sehr auslegbar, dehnbar und interpretierungsbedürftig. Aber das hat auch Vorteile. Denn wäre ein absoluter Freibrief ausgestellt worden, könnte damit ja ein ungeheurer Mißbrauch getrieben werden, je nachdem welche Pressemacht der Journalist im Rücken hat. Ein Gericht kann nicht absolute Rechtssicherheit für alle Zeiten ausstellen.

S.: *Wenn wir das mal ein bißchen weg von der Legalitätsszene und hin zur Moralitätsebene sehen: Was sind Ihre moralischen subjektiven Prinzipien, die Sie in Hinblick auf die Methode für verallgemeinerungsfähig halten?*

W.: Die Rechtsgüterabwägung ist ja auch eine moralische Frage. Maßstab muß das Kräfteverhältnis sein. Wenn ein Schwächerer diese Informationsmethode gegenüber einem absolut Überlegenen anwendet, ist die Legitimation eher da, nie aber umgekehrt. Diese Legitimation verdichtet sich weiter, wenn ein einzelner gegenübersteht und wenn die persönlichen Schwächen und Macken des Gegenüber ausgeklammert werden und statt dessen gewissermaßen die Funktion aufgezeigt wird.

Die Arbeit, die ich seit über zehn Jahren mache, ist mir ja solange nachgesehen worden – zumindest hat man die Gerichte nicht wegen der Methode selbst bemüht –, wenn ich herabgestiegen bin in die »Niederungen der Gesellschaft«, in den »Parterre-Bereich«, also in ein Obdachlosenasyl, in eine Trinkerheilanstalt usw.; auch am Fließband, im Akkord war weniger die Methode das Anstößige. Sobald ich mich aber nach oben hin umsah, in die »Schaltzentralen« eindrang, fing das große Geschrei an. Es hieß: »unseriös«, »tut man nicht«. »unmoralisch«. Die hatten einen Abscheu. Obwohl es von der Methode her das gleiche wie vorher war.

S.: *Was Sie vorhin zur Legitimation sagten, entspricht ziemlich genau einer ethischen Verhaltensregel, die der bekannte Kriminologe Karl F. Schumann so formulierte: »Verdeckte Forschung ist zu rechtfertigen in direkter Proportionalität zu der Macht der zu untersuchenden Gruppe oder Organisation, Informationen über sich gegenüber der Öffentlichkeit zurückzuhalten und zu manipulieren.«*

W.: Ja, ähnlich wie für die Wissenschaft sollte es auch für die Journalisten die institutionalisierte Möglichkeit geben, in bestimmten Herrschaftsbereichen, die sehr wenig Öffentlichkeit und viel Macht haben, die Arbeitsstrukturen als teilnehmender Beobachter zu erleben. Aber das ist noch Utopie. Obwohl die Methode zum Teil ja die gleiche ist, hat die Wissenschaft einen ungeheuren Zugangsvorsprung. Sie ist dafür häufig aber auch sehr allgemein, sehr unverbindlich und oft wirkungslos.

S.: *Diese ethische Regel für den verdeckten Zugang muß man meines Erachtens noch weiter differenzieren. Allein auf die informationelle Geschlossenheit eines Systems kommt es nicht an. Zwischen einer Hausbesetzergruppe und dem Polizeipräsidium besteht ein Unterschied, der auch für die Zugangslegitimation wichtig ist. Ich will sagen, daß es moralisch zulässig ist, unerkannt eine Innenbeobachtung bei politischen und wirtschaftlichen Machtblöcken zu unternehmen, daß es aber ausgesprochen unfair und voyeuristisch wäre, verdeckt in Randgruppen, bei Verfolgten, Außenseitern und Unterprivilegierten zu stöbern.*

W.: Ich glaube, bei den zuletzt Genannten braucht man sich gar nicht zu verstellen. Die sind in der Regel offen genug, aufgeschlossenen Kollegen die Möglichkeit einzuräumen, dabei zu sein und mit ihnen die Probleme zu erörtern und zu erarbeiten.

S.: *Ja schon. Aber angenommen, es würde ein Journalist sich dennoch von vornherein unerkannt zwei Wochen in eine Hausbesetzergruppe begeben und später darüber schreiben?*

W.: Das sind ja einzelne, ungeschützte Individuen. Sie haben weder ein Kartell noch eine Firma noch eine Öffentlichkeitsabteilung noch einen Rechtsstab im Rücken. Gegenüber einer Veröffentlichung ist deren Privatsphäre völlig ungeschützt. Ich würde es als zutiefst unmoralisch empfinden, wenn sie nicht vorher informiert und gefragt werden.

S.: *Dieser Punkt führt uns wieder zum BGH-Urteil. In einem Bereich sind Sie ja unterlegen. Es betrifft die von Ihnen wiedergegebenen Gespräche mit dem Redaktionsleiter in dessen Privatwohnung. Was halten Sie von der BGH-Unterscheidung zwischen beruflicher und privater Sphäre?*

W.: Ich habe dem Gericht von Anfang an gesagt, daß ich keinen Freibrief möchte. Ich akzeptiere, daß ich in jenem Nebenpunkt unterlegen bin. Der BGH hat den Besuch in der Privatwohnung des Redaktionsleiters als Eindringen in die Privatsphäre eingestuft. Ich war der Meinung, daß es sich um die Fortsetzung des Einstellungsgesprächs handelte. Die Szene lebt auch eigentlich von meiner Angst, von meinen Schwächen, von der grotesken Situation, in der ich mich befand. Ich habe ihn auch nicht privat desavouiert, sondern eher noch positiv dargestellt – von einzelnen Äußerungen abgesehen, von denen ich glaubte, sie seien von überragendem öffentlichen Interesse.

Aber nachdem das nachträglich dennoch als geschützter Bereich angesehen wird, bin ich im Grunde genommen froh. Wenn dieser Bereich nämlich vom Gericht freigegeben worden wäre, gäbe es kein Kriterium mehr: Wo hört das auf, bis wohin kann man alles durchleuchten?

S.: *Sie werden also gegen diesen Urteilsteil, der zwar vom Umfang her gering, von der qualitativen Bedeutung her aber sehr wichtig ist, keine Verfassungsbeschwerde einlegen?*

W.: Auf gar keinen Fall. Ich gebe dem BGH hier völlig recht. Das Gericht kann gar nicht diese Differenzierung vornehmen: was Einstellungsgespräch und was

Privatbereich ist, geht ineinander über. Ich versuchte, das im Buch zu trennen; ich habe ja viele private Dinge bewußt rausgelassen. Aber der BGH mußte grundsätzlich entscheiden.

Wir haben jetzt aber sehr hypothetisch geredet. Umgekehrt ist diese Sphäre ja längst aufgehoben, ohne daß wir das vor Gericht verhandeln lassen können. Als bei BILD das große Geschrei anfing: »Einschleicher!« etc. – als ob ich in Springers Schlafzimmer eingedrungen wäre, und nicht in diese gigantische, professionelle Fälscherwerkstatt –, da hatten die längst meinen privatesten Bereich, nämlich meine gesamten Privatgespräche, tagelang abgehört, was ich zu dem Zeitpunkt als »Hans Esser« bei BILD noch gar nicht wußte. Das geschah über Telefon in der Kölner Redaktion und wurde auf Tonband aufgezeichnet. Demnächst wird darüber in Köln verhandelt.*

S.: *Vor dem Schöffengericht, zur Zeit ermittelt noch die Staatsanwaltschaft, so viel ich weiß.*

W.: Ja. Aber die wirklichen Hintermänner versuchen, weiterhin im Dunkeln zu bleiben. Es sind, wie ich inzwischen weiß, Männer des BND, die für *BILD* sozusagen auf der Ebene des »kleinen Dienstweges« als Amtshilfe den Kameraden die Fangschaltung frei Haus geliefert haben. Die technischen Möglichkeiten der Geheimdienste sind enorm. Viele Fälle in letzter Zeit zeigen, daß der Privatbereich längst durchsichtig gemacht worden ist, ohne daß die Betroffenen das jeweils merken – über Computererfassung, über schwarze Listen usw. Kein Gericht kommt da mehr ran.

S.: *Haben Sie für die erwähnte Zusammenarbeit von BND und BILD neues Beweismaterial?*

W.: Es gibt eine Aussage eines konservativen Chefreporters einer rechten Zeitung, der sagt, daß ihm ein seit Jahren als zuverlässig bekannter BND-Beamter jene Geschichte erzählte. Im Moment beruft er sich noch auf Informantenschutz. Aber es gibt einen Take bei *Monitor*, in dem er das wiederholt. Zu gegebener Zeit wird das wohl auch gesendet werden.

S.: *Ihrer bisherigen positiven Einschätzung des Urteils vom BGH stimme ich zu. Aber man darf auch die restriktiven Prinzipien, die der BGH aufgestellt hat, nicht übersehen: Erstens, das Einschleichen ist rechtswidrig; zweitens, die betriebliche Informationsherrschaft steht dem Grundsatz nach allein dem Betriebseigentümer zu. Außerdem bin ich nicht der Meinung der taz (23. 1. 81), die das Urteil als »grünes Licht für neue Enthüllungen durch Kollegen von Günter Wallraff« interpretiert. Meines Erachtens hat der BGH ein ziemlich schummriges Zwielicht gesetzt.*

W.: Bisher wurde ausschließlich nach jenen Grundsätzen der Betrieb abgeschirmt. Aber der BGH hat mit der Hineinnahme der »öffentlichen Belange« eine neue argumentative Schleuse geöffnet. Es ist das erste Mal, daß das als Ausnahmefall im betrieblichen Bereich zugelassen ist.

Man muß weiterhin berücksichtigen, daß der Informationsgehalt vom »Aufmacher« gar nicht so groß ist; da ist eher das Alltägliche und Banale drin. Die ganz großen Skandale und kriminellen Praktiken finden sich im zweiten Buch, »Zeugen der Anklage«. Wenn der BGH schon im »Aufmacher« ein überragendes öffentliches Interesse sieht, so ist der Rahmen sehr weit gesteckt. Erst recht wird das öffentliche Interesse vorhanden sein in einem soeben entstehenden Buch von jüngeren Kollegen, die ein Jahr lang einen Großkonzern durchleuchtet und schwerwiegende kriminelle Praktiken mit einer Vielzahl von Geschädigten aufdeckten. Wäre das Urteil anders, würde man jenes Buch wahrscheinlich gleich kassieren, ohne daß Zeugen gehört und sonstige Beweismittel begutachtet werden könnten.

Das Wichtigste ist, daß der BGH die Methode nicht kriminalisiert hat. Die

---

* Inzwischen ist vom Schöffengericht Köln gegen den früheren Redaktionsleiter von BILD Köln und einen früheren Bild-Redakteur verhandelt und geurteilt worden. Siehe »Der Abhörprozeß« S. 25 ff.

Methode ist und bleibt allerdings heikel. Aber die erforderliche Abwägung habe ich auch stets vorgenommen. »Der Zweck heiligt die Mittel« war nie meine Devise. Wenn man ein gewisses Risiko eingeht, muß man das notfalls auch vor Gericht verantworten können. Das macht der Gegner ja nicht. Er geht stets gegen einzelne vor, und keiner erfährt es. Nur durch Zufall ist der Frankfurter Einbruch bekannt geworden, das ist aber das tägliche Handwerkszeug von BILD. »Jeder gute BILD-Reporter hat schon einmal eingebrochen. Ich habe auch eingebrochen«, erklärte sinngemäß ein Chefreporter vor versammelter Mannschaft.

S.: *Gemessen an realistischen Erwartungen ist das BGH-Urteil optimal. Aber man muß sich auch mal von der Journalistenperspektive lösen, dann scheint ein ziemlich ideologischer Argumentationshintergrund des BGH auf. Wie sieht das denn ein Arbeitnehmer im Betrieb oder ein Organisationsmitglied? Die Informationsherrschaft des Betriebseigentümers ist ein feudales Relikt aus der Zeit der Territorialrechte, die die persönliche Abhängigkeit und Knechtschaft beinhalten. Das wurde in der frühkapitalistischen Zeit mit rüber und in die Fabrikhallen hineingezogen. In den heutigen entsprechenden Begriffen »Betriebsfrieden« und »vertrauensvolle Zusammenarbeit« versteckt sich leider eine recht umfassende Personen-Zwangsordnung.*

W.: Stimmt. Das muß man trennen. Ich habe bisher im Auge gehabt, was *BILD* mit einer völligen Freigabe machen könnte. Wenn die ihre Trupps losschicken zu fortschrittlichen Lehrern, Gewerkschaftlern, Pfarrern usw. Aber dem einzelnen Arbeiter und Angestellten wird mit der Informationsherrschaft der Mund verboten, selbst in der literarischen Bearbeitungsform. Obwohl – auch hier sagt das Gericht, es gebe Situationen, in denen man nicht nur darf, sondern sollte, wo also der Vertrauensbruch seitens des Geheimnisträgers geradezu gefordert wird.

S.: *Das sagte der Senatsvorsitzende mündlich mit dem Hinweis auf Watergate.*

W.: Aber es stimmt, daß hier natürlich der Arbeitsbereich primär vom Kapitalinteresse aus gesehen wird und nicht vom Erleben des einzelnen Individuums aus, das hier seine Identität, Phantasie und Existenz einbringt. Vielleicht wird das einmal anders. In Island z. B. ist jeder Zehnte ein aktiv Schreibender. Island – das Land mit den proportional meisten Dichtern. Es ist auch ein Ideal für unsere Gesellschaft, daß jeder Produzierender ist, vor allem im Bereich der Literatur.

Irgendwie steckt ja in meiner Methode auch ein Stück Utopie drin. In einer durchdemokratisierten Gesellschaft – falls es das überhaupt jemals geben sollte – wäre der »Rollentausch« institutionalisiert. Bei einem umschichtigen Arbeiten kommt man sich näher und lernt sich besser verstehen; Aggressionen und Machtmißbräuche werden abgebaut. Solange es aber »niedrige« und fremdbestimmte Arbeiten mit viel Schmutz und wenig Ansehen gibt, ist das kaum möglich. Immerhin würde ein umschichtiges Ausführen dieser Arbeiten auch diese eher erträglich und verkraftbar machen, z. B. indem man nur zwei Jahre oder jedes halbe Jahr mal am Fließband arbeitet.

S.: *Ich glaube, Sie deuten da eine Gesellschaftsform an, in der Sie Ihre besondere Informationsbeschaffungsmethode unnötig fänden und ablehnen würden. Wahrscheinlich wäre sie nicht einmal möglich, weil das Schild »Betreten verboten« nicht existieren dürfte. Aber von diesem utopischen Flug wieder zurück: Der wirkliche Weg ist – was Ihre Methoden betrifft – in gewisser Weise enger geworden. Nicht durch das BGH–Urteil. Ich meine die Strafverfahren, die vor Jahren gegen Sie angestrengt wurden wegen unbefugter Titelführung, Ausweismißbrauch und Urkundenfälschung. Das ging straffrei aus, weil man Ihnen Tatbestandsirrtum und unvermeidbaren Verbotsirrtum zubilligte. Damit geht die Justiz keineswegs verschwenderisch um;*

jedenfalls wird »Irren« ein zweites Mal nicht »unvermeidbar« sein. Wie ist Ihr ganz praktisches Verhältnis zur Legalität?

W.: Ich bin immer ›mit dem Strafgesetzbuch unter dem Arm herumgelaufen‹. Das Grundgesetz brauche ich nicht erst unterm Arm zu tragen. Ich glaube, das habe ich so im Kopf. Ich habe nicht vor, in Zukunft straffällig zu werden – jedenfalls nicht in unserer Gesellschaft, in der es genug legale Mittel gibt.

Es gibt ja auch noch die List. Bei BILD z. B. brauchte ich keine Papiere. Das war alles viel simpler, als man sich das gemeinhin so vorstellt. Die Papiere habe ich ersetzt durch eine List, indem ich angab, ich sei vorher Geheimnisträger bei der psychologischen Kriegsführung gewesen und Leutnant dort. Und das prädestinierte mich für den Posten bei *BILD*. Die sagten sich: ›So was machen wir auch‹. Ich habe dann einen Status gehabt, an dem man nicht rührte, bei dem man wohl meinte: ›Der hat ja sowieso eine Legende, eine gefälschte mit falschem Namen; da fragen wir nicht groß – der Esser ist unser Mann‹.

So ging ich ein und aus. Die haben nachher wahnsinnig danach gesucht, ob ich nicht irgendwo unterschrieben hatte. Das wär ja bereits Urkundenfälschung gewesen. Aber das hatte ich vermieden – bis auf eine Ausnahme, wenn ich beim Pförtner Tischtennisschläger holte und mit »Esser« unterschrieb – das ist jetzt, glaube ich, verjährt; das kann ich jetzt sagen.

Ich glaube, wenn jene, die Steckbriefe ausgeben und ihr Feindbild visuell – oder wie auch immer – gespeichert haben, mich schon nicht erkennen, so kann ich in anderen Bereichen um so eher unerkannt beobachten.

S.: Die Möglichkeiten werden nicht geringer?

W.: Ich kann mich z. B. adoptieren lassen. Nach einer Veranstaltung z. B. kam eine ältere Frau und sagte: »Wenn Sie einen anderen Namen brauchen, können Sie sofort mein Adoptivsohn werden.« Ähnliche Angebote kamen ebenso spontan.

S.: Wenn der legale Weg nicht schmaler geworden ist, so ist er doch zumindest sehr vage. Das politische Ermessen, das Richter in Ihren Prozessen immer haben, weil es hier kaum strikt Recht gibt, konkretisieren sie gerne in Richtung Status quo. Auch in der einschlägigen Presserechtsliteratur gibt es wenig Mobilität, wenige alternative juristische Lösungsvorschläge. Wie sind Ihre Erfahrungen?

W.: Mein allgemeiner Eindruck ist, daß die Nähe der Hamburger Justiz zur Zentrale des Springerkonzerns sich sehr negativ in vielen Urteilen auswirkte. Ich glaube, es gibt kein großes Gericht, das so Springer-freundliche Urteile ausspricht – nicht nur bei mir, ganz allgemein. In Hamburg gab's zum Beispiel einen Richter, der fast vom Standesdenken her das Pressewesen einschätzte: selbst zwar nicht BILD las, aber zugab, daß er die *Welt* abonniert hat. Er meinte, für die breite Masse sei doch BILD gerade das richtige. Man hatte bei seinen Urteilen den Eindruck, daß es das reine Haus- und Hofgericht von Springer sei. Auch in Urteilsbegründungen wurde zum Teil wörtlich von den Schriftsätzen der Springerrechtsabteilung abgeschrieben. Selbst mein Hamburger Anwalt – kein Linker, eher ein Liberaler, sprach nachher von Klassenjustiz, die von vornherein voreingenommen gewesen sei. Ein Richter habe ihm erzählt, das Buch sei ein Skandal, das hätte von Anfang an nicht erscheinen dürfen.

S.: Das war das Landgericht

W.: Ja, aber es geht noch weiter. Als er dann seine Urteile für BILD fabriziert hatte, wurde im Gegenzug unmittelbar darauf seine Tochter als Journalistin und in die BILD-Zentrale in Hamburg eingestellt. Das fand ich doch sehr deutlich.

Ein anders Beispiel: Der Fall Ingrid Stengel, die durch die Berichterstattung von BILD als Mörderin aus Sadismus und Geldgier verurteilt wurde. Später wurde sie vom Gericht freigesprochen und bekam Haftentschädigung. Aber das

Hamburger Gericht erdreistete sich, ganze 4000 DM Schmerzensgeld für sie als genügend gegenüber der BILD-Kampagne anzusehen – natürlich mit dem Hinweis, sie sei »Hilfsarbeiterin«. Das alles, obwohl sie durch die Kampagne ihre Stelle zweimal verlor, einen Selbstmordversuch unternahm und die Ehe zu ihren Ungunsten geschieden wurde. Im Scheidungsurteil steht, daß sie auf Grund der BILD-Berichterstattung nicht die Gewähr dafür biete, ihre Kinder ordnungsgemäß zu versorgen.

Ein weiteres Beispiel: Die Frankfurter Staatsanwaltschaft bat in dem jüngsten Frankfurter Prozeß (Der Fall »Vampir«) gegen die BILD-Reporter die Hamburger Justiz um Amtshilfe bei der Durchsuchung der BILD-Redaktion. Hamburg hat total gemauert, hat das einfach unterlassen, obwohl entsprechende Beschlüsse der Staatsanwaltschaft Frankfurt vorlagen. Unter Umständen hätte man Beweismittel gefunden, die dazu geführt hätten, daß auch der Herr Chefredakteur auf der Anklagebank gesessen hätte.

S.: *Zurück zu Ihrem Umgang mit dem Recht: Journalistische Supermoral über Juristenlegalität – ist das Ihre Sache?*

W.: Nein, ganz und gar nicht. Nachdem ich meine persönliche Abschätzung und Abwägung getroffen habe, konsultiere ich stets noch andere, deren Rat ich sehr schätze, und anschließend noch Rechtsanwälte, die das letzte Wort haben. Dafür sorgt ja schon der Verleger, daß Satz für Satz juristisch abgeklopft wird – das ist manchmal eine sehr unproduktive Arbeit. Diese rechtliche Kontrolle verlagert sich auch sehr weit vor, bis ins Schreiben hinein, an jedem Wort hängen dann diese juristischen Gewichte. Das kann dann auch schon mal verkrampfen.

Trotzdem, bei der Idee und Intention bin ich autonom. Auch die Durchführung hängt letztlich ausschließlich von mir ab – ich muß es dann ja auch verantworten –, selbst wenn ein Jurist in einem mir sehr wichtigen Punkt immer noch Bedenken anmelden sollte.

S.: *Der ernsthafte, wenn auch mühselige Umgang mit der Legalität scheint mir auch wichtig zu sein. Es gibt Stimmen, die in der Legalitätsfrage die pseudosaubere Gretchenfrage des deutschen Untertanengeistes sehen. Da mag ja was dran sein, aber die Legalität hat in einem demokratischen Staat eben auch noch weit mehr – und zwar positive – Bedeutung. Sie deuteten vorhin mal an, daß Sie einen Unterschied, je nachdem in welcher Gesellschaft, in welchem Staat Sie sich befinden, machen – siehe Syntagma Platz.*

W.: Erstens: Wir leben hier ja nicht im Faschismus. Zweitens: Wir haben eine Verfassung und Gesetze, die große Chancen in sich bergen. Nur, die müssen erst noch umgesetzt werden. Die Rechtswirklichkeit ist von denen noch gar nicht voll erfaßt. Diese Verfassungsbasis jedenfalls sehe ich als ausreichend an. Aber in einem Regime, das keine Grundrechte kennt, kein Internationales Recht und keine Menschenrechte akzeptiert, ist jede Gegenmaßnahme, die dieses totale Unrecht anprangert, durchbricht und durchlöchert, angebracht. Wenn wir mal wieder dahin kommen, wenn zum Beispiel Strauß in einer Strauß-Ära das, was er angekündigt hat, tatsächlich verwirklicht, dann wären für mich und viele andere als Notwehrrecht ganz andere Methoden erforderlich.

S.: *Können Sie die Schere bei uns zwischen geschriebener Verfassung und Rechtswirklichkeit noch verdeutlichen?*

W.: Ich versuche zum Beispiel, beim Abbau von Rechtsbarrieren zu helfen, indem ich einen Teil des Honorars an einen vor einiger Zeit gegründeten Rechtshilfefonds abführe. Hier bekommen BILD-Geschädigte kostenlos die besten Presserechts-Anwälte, um gegen eine Großmacht vorzugehen. Über hundert haben hier schon Hilfe bekommen. Viele wissen ja gar nicht, daß es zum Teil gute Gesetze gibt; und wenn sie es wissen, haben sie oft kein Vertrauen in die Justiz; oder sie haben kein Geld, sich einen Anwalt zu leisten, um den juristischen Kampf aufzunehmen; oder sie haben nicht die richtigen Anwälte, was gerade im Bereich des Presserechts wichtig ist. Man muß auch sehen, daß BILD immer erst mal abwimmelt. Die zahlen schnell ein paar tausend Mark und versuchen, jemandem sein Recht abzukaufen, indem sie sagen: ›Halt die Schnauze, verzichte auf dein Recht!‹

S.: *Was war denn die Prozeßstrategie von BILD in Ihrem Verfahren? Man muß, glaube ich, einen besonderen Aspekt hervorheben: Hier hat ja ein Pressekonzern einen Prozeß gegen Journalistenmethoden geführt. Aber nicht aus irgendwelchen moralischen Erwägungen heraus. Die potentiell Betroffenen Ihrer Methode sind weniger die Journalisten als vielmehr Wirtschaftsunternehmen und staatliche Geheimbereiche. Hinzu kommt, daß gerade der Springer-Verlag die kriminellsten aller Methoden praktiziert. Insofern kann man vielleicht sagen, daß der Prozeß weniger pressespezifisch als vielmehr kapitalorientiert war. Oder anders: Springer paukt als Kapitalkonzern einen Musterprozeß stellvertretend für alle Großorganisationen durch.*

W.: Ich habe das auch so gesehen, weil ja so ein Grundsatzprozeß über meine Arbeit bisher noch nie erfolgte; das hätte aber jeder Unternehmer vorher genauso tun können. Wenn das gerade Springer macht und zu einem Zeitpunkt, zu dem meine Arbeit ihre größte Wirksamkeit erreicht hat, so deutet das meines Erachtens auf eine Absprache mit dem BDI oder ähnlichen Interessengruppen hin.

S.: *Und die Strategie?*

W.: Der Prozeß selbst war vom Springer-Verlag strategisch sehr geschickt aufgebaut. Sie haben nämlich nicht nur einen Prozeß geführt, den könnte man finanziell eher verkraften; sie haben gesplittet und immer wieder nachgeschoben. So wurden nach und nach immer neue Prozesse mit jeweils eigenem Streitwert eröffnet. Schließlich gab es über ein Dutzend Verfahren. Dadurch entstand eine Kostenlawine, die für die ein Klacks ist, für uns aber, den Verlag und mich, größte Schwierigkeiten bedeutete. Wäre die Buchauflage nicht so hoch und wäre der

Verlag nicht so flexibel gewesen, indem er über Nacht eine Neuauflage produzierte, dann wären wir längst pleite und ich gepfändet.

S.: *Wie haben Sie darauf reagiert?*

W.: Wir haben kräftig rationalisiert. Eine ganze Menge Sachen haben wir auf uns sitzen lassen. Hinsichtlich einiger eher banalen Passagen haben wir aus Kostengründen keine Berufung und keine Revision eingelegt. Diese Stellen haben wir dann ganz im Buch weggelassen oder durch noch brisantere Schilderungen ersetzt. Wir wollten uns nicht verzetteln und konzentrierten uns so auf die Frage, ob wir die Methode wieder frei bekommen. Die Hauptarbeit von zwei Jahren bestand darin, diese Prozesse zu führen – das ist für einen Autor nicht die produktivste Weise, seine Arbeit fortzuführen.

Die Kostenteilung, die jetzt wohl nach dem BGH-Urteil ansteht – Hamburg wird darüber noch entscheiden – wird uns helfen. Aber das war viel Glück.

S.: *Ihre gesamten Erfahrungen mit der Presseszene legen es nahe, auch einmal über die Arbeit und über die Kompetenzen des Presserats zu reden. Kann er, soll er über die Journalistenmoral wachen? Ganz unwichtig sind seine Rügen ja nicht. Wenn der BGH beispielsweise das Einschleichen auch als ›sittenwidrig‹ deklariert, nimmt er meines Erachtens implizit Bezug zur journalistischen Selbstverpönung seitens des Presserats. Die »Industriereportagen« haben dem Presserat vor Jahren ja nicht so gefallen.*

W.: So wie sich der Presserat entwickelt hat und zur Zeit darstellt, ist er sehr in seinen Möglichkeiten begrenzt. Er hat mahnende Funktion und kann von Fall zu Fall etwas in das Licht der Öffentlichkeit rücken. Aber eine gerügte Zeitung kann nicht einmal gezwungen werden, die Rüge des Presserats den eigenen Lesern bekannt zu machen. BILD zum Beispiel tut das nie.

Ich glaube, daß eine Art Pattsituation im Presserat vorliegt. Die Verlegervertreter im Presserat sind am Standesdenken orientiert, sie blocken alles ab, was anderen Verlegern weh tun könnte. Deshalb auch dieses kürzliche Vorpreschen der Journalistenverteter, die nicht mehr mitspielen wollten und dann allein an die Öffentlicheit getreten sind.

Hinzu kommt, was ich für sehr verhängnisvoll ansehe, daß ein in meinen Augen sehr voreingenommener Richter wie Engelschall der maßgebliche Rechtsberater ist, der aus Steuergeldern für ca. sechs Sitzungen 12 000 DM jährlich erhält um die ganzen Vorlagen und das Rechtliche einzuschätzen, bevor das weitergeleitet wird. Kollegen von mir, Journalisten, sind der Auffassung, daß er alles unternimmt, um berechtigte Rügen gegen BILD als Kavaliersdelikt erscheinen zu lassen. So wie der Presserat sich darstellt, ist das eine überholte Sache. Das muß mit mehr Konsequenz und Verbindlichkeit betrieben werden.

S.: *Verschärfung der Sanktionsgewalt ist eine Denkrichtung, Abschaffung des Presserats eine andere.*

W.: Ich glaube, die Zusammensetzung ist fragwürdig. Es sind zuviel unmittelbare Interessengruppen beteiligt, die sich nur selbst schonen wollen und raushalten. Es müßten freiere Positionen sein, die im Presserat vertreten sind, zum Beispiel gewählte Vertreter von Leser- und Verbraucherinteressen, auch Persönlichkeiten, die eine gewisse moralische Kompetenz haben, vielleicht auch Wissenschaftler; jedenfalls Leute, die nicht zu eng mit den Kapitalinteressen verflochten sind. Aber wie gesagt, auch die Kompetenz muß weitreichender sein, zum Beispiel könnte man darüber nachdenken, ob gemessen an der Schwere des Verstoßes entsprechend viel Platz in der eigenen Zeitung für die Veröffentlichung eingeräumt werden muß, damit unmißverständlich auch dem letzten Leser übermittelt wird, was die sich mal wieder geleistet haben. Das würde auch BILD beeindrucken. Wenn die eine »Jahresbilanz« ihrer Verstöße drucken müßten, stünde viel Autorität und viel Renommee auf dem Spiel.

S.: *Bessere Zusammensetzung und um-*

fangreichere Sanktionskompetenz – das führt mich zu einem weiteren Modellvorschlag: Konflikte im Pressewesen werden ja nicht nur vom Presserat, sondern vor allem von den staatlichen Gerichten verhandelt. Man könnte daran denken, diese Kompetenzen, die verschiedenen Gerichtswege zu einer besonderen Pressegerichtsbarkeit zusammenzuziehen, welche außerdem einige Sanktionskompetenzen des Presserats übernehmen könnte. Also ein einziger Gerichtszweig für kartellrechtliche Pressefragen, für strafrechtliche Konflikte und arbeitsrechtliche Probleme im Pressesektor, für Schmerzensgeld- und Widerspruchsprozesse etc. Die Besetzung des Gerichts könnte, ähnlich wie in der Arbeitsgerichtsbarkeit, nicht nur einen Berufsrichter, sondern auch Laienrichter aus Journalistenkreisen und aus dem Leserpublikum berücksichtigen.

W.: Wäre das juristisch möglich?

S.: *Man müßte die Verfassung ändern. Aber abgesehen davon, ist das denn überhaupt sachlich erwägenswert?*

W.: Ich würde davon abraten. Ich weiß, wie schnell es Springer gelingt, Einfluß auf ein und dasselbe Gremium zu gewinnen, wie schnell die vom Springer-Konzern Leute unter Druck setzen können oder ihre eigene Lobby eingesetzt haben. Ich würde schon höchste Befangenheitsbedenken bei Engelschall anmelden; der verbringt seine Zeit damit, die Dinge so vorzubereiten, daß nachher seine Kollegen, die von überall her angereist kommen, nur wenig Zeit haben, sich die Vorlagen anzuschauen, und damit überhaupt nicht in der Materie drin sind. Da gibt es einen Lobbyisten, der unter dem Titel »Direktor« firmiert und nichts anderes zu tun hat, als sich für Springer im Presserat »umzutun« – Adam Vollhardt – der seinerzeit . . . ach, lassen wir das.

Nein, also lieber die verschiedenen Gerichte, verstreut im Lande, die so schnell gar nicht von Springer kurzzuschließen sind.

S.: *Wir haben über den rechtlichen und moralischen Horizont Ihrer Arbeitsmethode gesprochen. Bevor wir uns einem* anderen, mehr inhaltlichen Aspekt Ihrer Methode zuwenden, wüßte ich gerne, was das BGH-Urteil jetzt praktisch für eine Neuauflage des »Aufmachers« bedeutet.

W.: Das Urteil gibt dem Verlag und mir die Möglichkeit, das Buch hinsichtlich wichtiger Passagen in den ursprünglichen Zustand zu versetzen, den ursprünglichen Text und die Dokumente einzufügen. Und dort, wo wir uns aus prozeßökonomischen Gründen zum Unterlassen verpflichtet haben, kann ich jetzt neue Passagen einsetzen, denn ich habe ohnehin nur einen Bruchteil von dem verwendet, was ich an Material hatte. Und was den Film betrifft: Er wurde ja damals im Auftrag des *WDR* produziert, noch unter Höfer, der sich im besten Sinne als Liberaler mit Zivilcourage erwies und vor Springer nicht in die Knie gehen wollte. Der Film war seiner Zeit schon im Programm drin, die Zeitschriften hatten das schon ausgedruckt, als er im letzten Augenblick abgesetzt wurde. Was sich hinter den Kulissen abgespielt hat, ist undurchsichtig geblieben. Der *WDR* führte formale und juristische Mängel an. Die juristischen Argumente sind jetzt durch das Urteil des BGH außer Kraft gesetzt. Ein oberstes Gericht ist ja wohl kompetenter als der Programmdirektor Hübner oder Loch vom *WDR*. Auch die formalen Mängel sind, glaube ich, widerlegt, immerhin hat der Film inzwischen in Mannheim bei den Internationalen Filmfestspielen einen Preis bekommen. Außerdem glaube ich nicht, daß die Programmdirektoren Loch und Hübner irgendwelche Kompetenzen haben, künstlerische Bewertungen vorzunehmen. Sie sind alles andere als Förderer oder Ermutiger von Kunst oder sonstiger unbequemer Themen. Es sind von Berufs wegen die reinsten Verhinderer. Ich glaube, die sind allein für politische Opportunität zuständig und für nichts anderes, und selbst da haben sie schlechteste Qualifikationen an den Tag gelegt.

Vielleicht sollte man ein unabhängiges

Gremium entscheiden lassen, ob der Film es wert ist, gesendet zu werden. Und wenn, dann sollte man anschließend nach der Ausstrahlung eine Gesprächsrunde zu Wort kommen lassen, in der auch Vertreter des Springer-Konzerns dabei sein sollten. Ich nehme an, daß die mit allen Mitteln versuchen werden, nicht auftreten zu müssen – was übrigens eine neue Tendenz ist; früher hatten sie einen besonderen Mann zbV, »zur besonderen Verwendung«, der nur rumreiste und immer nur den Springer-Konzern öffentlich repräsentierte. Inzwischen haben sie niemanden mehr, der sich für solche Auftritte in der Lage sieht. Springer selbst will auch nicht.

Aber das kann ja auch ein anderer machen. Es könnte so ein Wirtschaftsvertreter wie Johannes Gross die Rolle des Springer-Konzerns übernehmen. Oder Herr Loch selbst – warum eigentlich nicht. Der kann das doch, sogar mit einem gewissen karnevalistischen Charme. Der macht das nicht so trocken wie ein Springer-Chefredakteur.

S.: *Die Aussichten solch einer Gesprächsrunde sind wohl nicht die besten?*

W.: Ich fürchte, daß die im Moment mauern und vielleicht sogar mit diesem Versuch das Ganze platzen lassen, daß also der *WDR* den Film nur unter der Voraussetzung sendet, daß ein Springer-Vertreter dabei ist. Und dann kann das geschehen, was im Club 2 des ORF passierte, daß nämlich der Springer-Mann im letzten Moment zurückkam oder vorher schon Bedenken anmeldet . . .

S.: *. . . und dann ist das alles so fürchterlich unausgewogen . . .*

W.: Deshalb mein Vorschlag: Loch und Hübner zusammen und Gross obendrein.

S.: *Und warum nicht einen Abend mal wieder Sie für Springer?*

W.: Also das ginge zu weit. Diese Schmutzrolle bei BILD und dann das noch – das ist mir zuviel.

Zweiter Teil

»Korrupt ist die Presse, die den niedrigsten und schmierigsten Instinkten ihrer Leser soweit entgegenkommt, daß sie ihre Hunde auf die Jagd
schickt.«

Kurt Tucholsky

Anonyme Anrufe, Morddrohungen...., geschlagen.....tot:

● Belastungszeuge

Bald
IST SCHLUSS DAMIT

ermordet?

... wenn du so weitermachst, mußt du dich nicht wundern, wenn deine Leiche bald in Leverkusen angespült wird"... sagte ein anonymer Anrufer. Wenige Wochen später war der Journalist Heinz Willmann tot. Willmann war Hauptbelastungszeuge gegen die Kölner BILD-Redaktion. In der Fernsehsendung Monitor und vor einem Notar hatte er bezeugt, daß die BILD-Redaktion 1976

2 Tage lang Günter Wallraffs Telefon angezapft hatte. Über Tischlautsprecher wurden alle Gespräche mitgehört und auf Tonband mitgeschnitten. Die Chefredaktion sprach von Zufall, das Bundespostministerium schloß jedoch einen derartigen Zufall aus. Günter Wallraff beschuldigte die BILD-Redaktion, mit technischer Hilfe von 3 BND-Leuten, ihn systematisch abgehört zu

haben.

Willmann war nach seiner den Springer-Verlag belastenden Aussage mehrmals von Leuten "besucht" worden, die ihn mit Geld zur Rücknahme seiner Zeugenaussage bringen wollten. Als er sich weigerte, wurde er mehrfach zusammengeschlagen, einmal sogar im Fahrstuhl mit glühenden Zigaretten verbrannt. Seinen Freunden hatte er gesagt:

sollte man ihn irgendwo auffinden, sei er umgebrach
In Köln wurde jetzt Ank
BILD-Leute erhoben: Verle
tzung der Vertraulichkeit
Bei dem demnächst stattfindenden
zeß bleibt ein Platz leer. De
Anklage H. Willmann ist tot.

Fünf Bild-Leute in Frankfurt verurteilt:

Diebstahl und Hehlerei

So wurde ein Teil der geklauten Fotos in BILD veröffentlicht
(das Gesicht ist nachträglich geschwärzt).

Renate Damm, Leiterin
der Springer-Rechtsabteilung. Gegen sie wurde ein
Ermittlungsverfahren eingeleitet: Verdacht der
Strafvereitelung

ärgerlich für A.C.Springer: Zum ersten Mal kriminelle Methoden bei BILD gerichtet

---

Hilfsfond
Wenn Bild lügt - kämpft dagegen

BILD kämpft für Sie« heißt eine heuchlerische olumne in Springers Massenblatt. Jetzt gibt es nen Hilfsfond »Wenn BILD lügt – kämpft dagenen, der geschädigten BILD-Lesern, die weder e finanziellen Mittel noch die juristische Kennts haben, ihr Recht mit Gegendarstellungen, iderrufen, Unterlassungsverfügungen, Schaensersatz- und Schmerzensgeld-Forderungen urchzusetzen, kostenlose anwaltliche Beratung er Verfügung stellt. Der Hilfsfond wird aus Buchonoraren finanziert. Kontaktadresse für BILDofer:

ilfsfond »Wenn BILD lügt – kämpft dagegen«
nter Wallraff c/o Kiepenheuer & Witsch Verlag
ondorfer Straße 5, 5000 Köln 51

pendenkonto 1155043300, BfG Köln (Stichort »Hilfsfond«)

BILD-Frankfurt

Die Stadt...

Freundin des "Vamplrs": Blumen schenkte er Blut

Die "Alchimistenküche": Fläschen mit Chemikalien

"Er sah aus wie Rasputin"

RK 83

Mit 5,2 Mio. verkaufter Zeitungen täglich (BILD,
liert der Springer-Konzern 83 % des bundesdeutsche
zeitungsmarktes

Inside the Company

Seit ich bei BILD Hannover Hans Esser war, gibt es immer mehr Journalisten, die bereit sind, meine Arbeit mit Hinweisen, Informationen und Fallschilderungen zu unterstützen. Einige kommen wie Beichtende, ohne daß ich ihnen allerdings die Absolution erteilen könnte. Andere sind bereits übergelaufen und aktive Ankläger. Sie halten die Stellung, um die Illegalitäten bei BILD auch in Zukunft nachweisen zu können, führen Tagebuch und sammeln Dokumente. Einer von ihnen befindet sich sogar sehr weit oben innerhalb der Verlagshierarchie. Obwohl ein Konservativer und politisch mit Springer weitgehend einverstanden, hat er zunehmend Skrupel und identifiziert sich schon lange nicht mehr mit den kriminellen Praktiken von BILD. Er bereitet zur Zeit seinen »Abgang« vor, um dann mit seinen langjährigen Erfahrungen an die Öffentlichkeit zu gehen.

Die BILD-Redaktion, genauer gesagt die verschiedenen BILD-Redaktionen, sind längst nicht geschlossene Seilschaften von Fälschern oder durch die Bank skrupellose Text- und Foto-Reporter, die ohne Rücksicht auf Menschenwürde und Privatsphäre nur Nachrichten und Bildern nachjagen. Immer mehr – feste und freie – Mitarbeiter von BILD haben erkannt, für wen sie arbeiten und wofür sie mißbraucht werden. Einige von ihnen haben sich bereit gefunden, mir Rede und Antwort zu stehen. Aus verständlichen Sicherheitsgründen konnte ich nicht mit ihnen allen zusammen das Interview machen. In einer Zeit, wo auch Journalisten um ihre Arbeitsplätze bangen müssen, wollten sie nicht das Risiko eingehen, von einem Kollegen – und sei es aus Unachtsamkeit – enttarnt zu werden. Ich habe das Interview aus vielen Einzelgesprächen zusammengesetzt. So antworten auf eine Frage oft mehrere Kollegen. Um den sicher nun einsetzenden Schnüffeleien und Befragungen innerhalb von BILD keinen Ansatzpunkt zu geben, bleiben die Antworten anonym. Jeder Absatz in den Antworten auf eine Frage stammt von einem anderen Kollegen.

Hat sich – seit die beiden Bücher über BILD erschienen sind, – in der Redaktion, besser in den Redaktionen, grundsätzlich etwas geändert? Hat die Kampagne eine Wirkung gezeigt?

Und wie! Als »Hans Esser« bei BILD-Hannover war, als das bekannt wurde, da wurde in Hamburg gepanikt. Da ging es um die »Wallraff lügt«-Serie ziemlich rund. Aber das ist ja bekannt. Grundsätzlich hat sich geändert, daß das Blatt viel vorsichtiger geworden ist, ja fast ängstlich. Bei Ehe- und Scheidungsgeschichten zum Beispiel, da wurde früher oft der Spur nach geschrieben. Und jeder, der den Text in die Hand bekam, der hat die Schraube noch um eins angezogen. So läuft das heute nicht mehr. Da fangen schon die Büro-Leiter an, nach Aktenzeichen zu fragen. Da reicht es oft nicht mehr, nur einen Anwalt gefragt zu haben, wenn die Geschichte echt ist. Wenn sie dünn wird, dann heißt es eben Susanne B. aus Frankfurt und da gibt es ja viele.

***

Sie hat Wirkung gezeigt: In der Zentrale und draußen. Anfangs war die Verunsicherung bei Geschichten – baue ich hier einen Flop? – sehr groß. Heute kann man eher Resignation merken. Vor allem wenn einer von den Großkopfeten aus Hamburg fragt oder anfragen läßt: Haben wir die Leute gefragt? Steht der Informant? Früher haben die aufgedreht, heute machen sie manchmal auf übergründlich. Das stinkt einem mächtig. Das führt auch zu einem Konkurrenz-Druck in der Redaktion – ich meine draußen. Da schwätzt keiner über eine Geschichte so locker mit einem Kollegen. Da wird selbst um Informanten gerangelt. Bei uns gibt es einen Typ, der schmiert – über die übliche Info-Absteche hinaus – Informanten bei der Polizei und türkt die Absteche über Taxi- und Bewirtungskosten wieder rein. Ich glaube, der Chef weiß das auch. Der sagt aber nichts. Wenn da Geschichten kommen, ist alles ok.

***

Was sich geändert hat? Wir sind vorsichtiger und das Blatt ist lauer geworden. Es sterben mehr Geschichten. Aber es bleiben auch Informanten weg, Recherchen sind schwieriger. Erst kürzlich hat mir eine Kollegin erzählt, daß ein Kollege beim Recherchieren an einer Wohnungstür stand und mit der Frau des Hauses palaverte, bißchen Druck machte, »BILD« und so. Da ist der Sohn der Frau, Schüler noch, mit einem Wallraff-Buch in der Hand erschienen und hat getönt: Wir wissen Bescheid! So was passiert heutzutage nicht selten.

***

BILD ist heute nicht nur vorsichtiger geworden, was die Exaktheit von Geschichten angeht. BILD geht auch nicht mehr immer voran. Ein Beispiel: Wochenlang, gut einen Monat, lag die Geschichte rum, die schließlich doch auf Seite 1 – über dem Bruch – erschien: Nach 36 Jahren Ehe – X.* zieht zu seiner Geliebten. Die Story lag rum und kam nicht. Erst als – ich glaube die BZ – mit dem Ding rauskam, dann kamen auch wir.

Wird diese Vorsicht, die neue Methode begründet? Wurden für die Redakteure da Anweisungen erlassen?

Offiziell hört und liest man da nichts. Das wird gemacht und basta. Wenn aber ein Redakteur fragt: »Warum bleibt meine Geschichte so lange liegen, bis sie die Konkurrenz gebracht hat und dann ziehen wir erst nach?« Dann heißt es: »Wir machen unsere eigene Zeitung!« Das ist ein geflügeltes Wort. Nur: Da weiß ja jeder, daß das eine Ausrede ist. Und seit Hotte Fust den Prinz abgelöst hat, da wird das immer schlimmer. Der ist so unsicher. Der war wohl zu lange

---

* In Bild stand hier der volle Name eines Bonner Politikers, der für dieses Buch ohne Bedeutung ist.

zweiter Mann, der bekam die Entscheidungen abgenommen und will nun natürlich nichts falsch machen. Letztendlich muß er natürlich doch den Kopf hinhalten. Aber vorher läßt er sich alle Geschichten runterbeten und dann wartet er, bis die vorne am Tisch alle beisammen sind und dann wird festgelegt. Das letzte Wort hat da, was die Schlagzeilen angeht, eigentlich Andrea Zangemeister. Die war früher Chefreporterin, jetzt ist sie stellvertretende Chefredakteurin.

Wird diese Schlagzeile genüßlich konstruiert, etwa das mit dem Bonner Politiker oder wie geht das zu?

Die Andrea Zangemeister ist bei den Schlagzeilen eigentlich sehr cool, das ist reine Routine. Da wird ein paar Mal rumgebosselt und dann steht das Ding.

***

Wir draußen haben ja kaum eine Möglichkeit, uns über eine geschobene Geschichte zu beschweren. Wie heißt das doch: »Ihr da oben, wir da unten«. So ist das bei BILD auch. Natürlich wird gemotzt, aber das kriegt der Redaktionsleiter vor Ort ab. Und der gibt das schon mal weiter, aber selten genug. Der will ja nicht ewig draußen der Getretene sein, der will auch mal in die Zentrale und treten können. Da gibts ja wohl auch mehr Geld.

Gibt es denn noch genug Leute, die unter solchen Bedingungen noch für BILD arbeiten?

Mit Nachwuchs gibt es Schwierigkeiten. Obwohl die gut zahlen, weit mehr als andere, Schmutzzulage heißt das hinter der Hand, tun die sich schwer. Man glaubt nicht, was da alles eingekauft wird: Ex-Polizisten, einen ehemaligen Drogenhändler, einen Waffenhändler, mindestens war der das mal. Einige Leute, die sich Journalisten nennen, können keinen Griffel führen, aber auf die wird gehört, die kommen immer im kleinen und kleinsten Kreis mit ihren Stories raus, die stehen offenkundig auf den Gehaltslisten von BND. So wie ja umgekehrt auch Verfassungsschutzleute, so der Lochte aus Hamburg, für Springer in die Tasten greifen.

Dieser Nachwuchs kann ja meistens nicht schreiben. Also bleibt die Schreiberei an den Profis hängen. Da ist schon mehr als einmal eine Schreibmaschine geflogen, wenn die Vorlagen der schiere Mist waren. Das führt zu einer unheimlich aggressiven Stimmung. Und wenn einer kommt, ein Ressortleiter und ein Außenstellenleiter und sagt: Ich brauche Leute, dann heißt es, kauf' dir die doch. Nur wo? und Wen?, das sagt man nicht. Da hilft alles Geld nicht, die kommen nicht. Und dabei hat man noch die Schwierigkeit, daß man an frühere Kollegen, die bei BILD schon mal waren, nicht so einfach rangehen kann. Da ist inzwischen das Mißtrauen im Hause so groß, daß man darüber schon die Vorgesetzten informieren soll.

Das hat sich natürlich auch rumgesprochen, daß die Zentrale alles registriert. Von welchem Apparat mit wem telefoniert worden ist, läßt sich feststellen. Daß in die Gespräche reingehört wird, davon gehen wohl fast alle aus. Und wie weit die Macht des Hauses reicht, zeigt sich, wenn einem Kollegen seine eigenen Bankauszüge mit Miesen, also roten Zahlen, vorgehalten werden, wenn einer bei seiner Einstellung auf die Frage nach Schulden nicht korrekt geantwortet hat. Daß bei der Einstellung eine medizinische Überprüfung stattfindet und dabei sicher nicht nur der aktuelle Stand überprüft wird, das kommt noch hinzu.

Auch werden Bewerber für Jobs spätestens nach Hans Esser regelrecht beschattet. Da fragen dann Leute mit amtlichem Ausweis nach Freunden, Auto, Lebensgewohnheiten in der Nachbarschaft herum. Als ob BILD schon eine staatliche Institution sei. Nachdem sich so etwas rumspricht, kommt natürlich erst recht keiner.

Unsere Führungstruppe wird zusehens nervöser. Die trauen sich gegenseitig nicht mehr über den Weg. Früher tönten sie mit ihren großen Sprüchen, heute reden sie kaum noch, wenn mehr als zwei Leute zusammen sind. Ihre Devise ist, »Feind hört mit«.

Springers juristische Hofdame kriegt ihre ständigen Prozeßniederlagen auch zu spüren. Sie rennt immer aufgescheuchter und kopfloser durch die Zentrale und verliert langsam den Überblick. Vor kurzem hat sie den Konzern auf den Hamburger Medientagen vertreten und sich vor großem Publikum und Presse unsagbar blamiert. Als der Publizist Erich Kuby ein Referat hielt und davon sprach, daß die »marktbeherrschende *Position* des Springer-Konzerns immer bedenklicher werden würde«, sprang sie erregt auf, bemächtigte sich des Mikrofons und verwahrte sich im Namen des Konzerns dagegen, in Zusammenhang mit »*Prostitution*« gebracht zu werden. Dann verlangte sie noch vom Diskussionsleiter Höfer, gegen Kuby eine offizielle Rüge auszusprechen.

Betretenes Schweigen im Saal, bis jemand rief: »Herr Freud läßt grüßen!« Sie ist ja nicht dumm, hat auch eine liberale Vergangenheit und weiß zumindest unterbewußt sehr wohl, an was sie sich da verkauft hat.

Seit man auch als BILD-Mann vor den Kadi muß, seit man trotz aller Abschirm- und Pressionsmanöver von Renate Damm nicht mehr sicher sein kann, hohe Geldstrafen und Vorstrafen für BILD einstecken zu müssen, muß BILD um Nachwuchs schon inserieren und kriegt doch nur Schrott. Unter sechs oder sieben Bewerbern war vor einiger Zeit *ein* ganzer Journalist und der hatte ewige Zeiten in keiner Redaktion mehr gearbeitet. Vor allem seit dem Vampir-Prozeß legen die Jungs die Ohren an. Wer zahlt schon gern Tausende von Mark und hat 'ne Vorstrafe im Register. Seit der Lothar Schindlbeck es schriftlich hat, daß er ein Hehler ist (Das Urteil gegen Schindlbeck ist noch nicht rechtskräftig. G. W.) schleicht der ganz leise durchs Haus in Hamburg. Jetzt schreibt der Herr Chefreporter Tagesthemen, etwa über Fahrraddiebstähle, nach Archivmaterial um und ist überall lieb und nett. Der muß jetzt noch sein Soll bringen, muß ran. Und das tut er auch. Wenn ihn auch der BGH verurteilt, dann fliegt er wahrscheinlich bei BILD raus. Und dabei hat der Mann mit dem Frankfurter Job, der im Vampir-Fall endete, nach dem Hannover-Debakel schon ein Bewährungskommando gehabt.

Andererseits ist der Fall Schindlbeck und seine Behandlung im Haus ein Musterbeispiel. Früher wäre so einer im Handumdrehen gefeuert worden. Heute scheut Springer die Abfindungskosten für so einen Altgedienten. Das wird natürlich billiger, wenn ihn vorher das Gericht schlachtet. Da kann man sagen: Das müssen Sie einsehen und das sieht dann auch der Arbeitsrichter bei

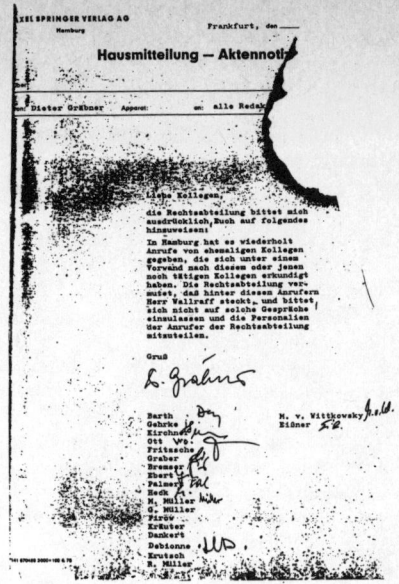

der Abfindungssumme ein. Das wissen natürlich alle. Deswegen werden lieber kleine Brötchen gebacken.

Und das wirkt sich bis in den »Außendienst« aus?

Eben. Früher fuhr einer auf Recherche und brachte gefälligst eine Story mit. Wenn da einer vorn rausflog, da ging der hinten wieder rein. Denn wenn er in der Redaktion anrief: »Ich bin rausgeflogen!« dann konnte er hören: »Das kannst du hier auch haben.« Wenn heute einer rausgeflogen ist und sich kleinlaut am Telefon meldet, dann heißt es: »Da kann man nichts machen, komm zurück!« Der Umgangston ist neutral und sachlich geworden. Selbst Heinz Sünder, der Nachrichten-Chef, der früher in Kettwig brüllte, daß die Wände wackelten, der schreit heute höchstens noch: »Idioten!« nachdem er den Hörer aufgelegt hat. Überhaupt hat der ein Abo auf neue Telefonhörer. Seine sind schon x-mal repariert worden, weil der sie immer voller Wut auf die Kabel knallt. Früher hat er das ganze Telefon nach den Leuten geschmissen. Das macht der längst nicht mehr. Denn wenn die sagen: »Du kannst mich mal!«, dann steht der irgendwann ganz schön auf dem Schlauch.

Mauern jetzt auch schon mal Informanten?

Das kommt auf die Informanten-Ebene an. Leute, die früher gesagt haben, das stecke ich der BILD-Zeitung, die halten sich heute mehr und mehr zurück. Wir haben einfach zuviel verbrannte Erde hinterlassen. Es gibt immer mehr, die einmal in nächster Nachbarschaft, in der Verwandtschaft, im Kollegenkreis erfahren haben, was so eine BILD-Geschichte *noch* bewirkt.

Und wie ist das mit Polit-Prominenz?

Wenn man die Aktion »Warum ich BILD lese« und die andere »Was ich mit BILD erlebte« anschaut, sieht man was los ist. Überwiegend CDU- und CSU-Leute, weniger F.D.P.isten und noch weniger Sozis. Manche denken sich ja auch was besonderes dabei, wenn sie ihren Kopf für BILD hinhalten. So die Krebshilfe-Scheel und ihr Tünnes von Mann. Sie ist ja so etwas wie unser weiblicher Köhnlechner, die Frau Doktor und ihr Krebs. Das gibt für uns Geschichten, die ans Gemüt gehen und für die Krebshilfe schon wieder ein paar Erbschaften. Und er kann für den Volkssport Golf und das Volksgetränk Champagner ein bißchen Schleichwerbung ins Blatt rücken. Den Draht zu ihm hält Herr Bilges. Das ist wohl ein Duzfreund aus gemeinsamen Bonner Tagen, als Scheel noch ein kleines Licht war.

Wer hält heute den Kontakt für BILD nach Bonn?

Die Bonner Redaktion wurde nach dem Fortgang von Prinz umgemodelt. Der Michael Spreng kam nach Hamburg und setzte sich auf den Stuhl von Blume, der wohl etwas gewelkt ist. Und der Spreng, das ist ein ganz langer, schlacksiger, intelligenter Typ, sieht aus, wie wenn er eben das Abitur gemacht hat, der hat noch viele Kontakte nach Bonn. Da kommt noch manches rüber. Den haben sie wohl geholt, weil man die Krawallos von einst bei der ohnedies aufgestauten Aggressivität im Haus nicht brauchen kann. Und der Spreng, der läßt – wohl auch, weil sonst nichts kommt oder weil man auf weiche Welle geschaltet hat – neuerdings Interviews ins Blatt, die wären noch vor ein paar Jahren glatt im Papierkorb gelandet. Da darf Prominenz Seichtes hinter sich lassen und schon drängeln sich die Typen zu BILD wie die Fliegen zur Scheiße.

***

Seit BILD angeschossen wird, ziehen sich viele Informanten zurück. Aber noch oft genug kriegt man, vor allem bei Behörden, mit dem Stichwort BILD die Türe auf. Aber die Leute lassen sich immer häufiger vorlegen, was sie gesagt haben sollen. Selbst aus der Show-Branche und bei uns in München ist da ja was zu Hause, drängeln sich nur noch die alternden und ausgelutschten Sternchen, wenn man mal was aufkochen will. Der Dreck von BILD färbt ab.

Was macht BILD dagegen?

Man will die Zielgruppe ändern. Es geht auf die jungen Leser los, die immer weniger auf BILD abfahren. Neue Stars machen. BILD will jünger werden. Und da kaufen die dann etwa den Neffen von Bundespräsident Carstens ein. Nico heißt der und darf auf der letzten Seite ab und zu mal Plattentips liefern. In einer Sprache, die fetzt: »Hallo Fans« und so.

***

Wir draußen können nicht viel machen. Solange es keine neue Marschrichtung gibt, wird nach dem alten Striemel gestrickt: fünf rechts und einen halblinks. Und dann kriegt man auch immer weniger ins Blatt, Bund-Form meine ich, weil die ewig Auslandstories vom SAD (Springer-Auslands-Dienst) und aus anderen trüben Quellen drucken. Das merken vor allem die Freien und drängeln. Und dabei wird ohnedies schon gespart. Nicht am Gehalt, aber dann. Früher hockte man bis in die Nacht rum, heute kostet das Überstunden

– das haben die Gewerkschaften durchgeboxt – und plötzlich wird man frühzeitig nach Hause geschickt. Sparprogramm ist angesagt. Keiner darf mehr als 30 Überstunden schieben.

Wird das offiziell verkündet?

Offiziell habe ich nichts gehört. Aber man merkt es.

***

Schriftlich geht so etwas nicht. Das könnte ja gedruckt werden.

Liegt das Sparprogramm an der sinkenden Auflage?

Natürlich. Die Auflage rutscht. Zehn Prozent Minus. Das geht schon auf die halbe Million Auflageverlust zu. Hotte Fust soll bremsen, sonst wird er wohl Stellvertreter des Redaktionsdirektors. Die BILD-Gewinne sind stark rückläufig. Man merkt es an den Gehaltserhöhungen. Bei den letzten gab es fünf Prozent, kaum mal mehr. Und real sind es nicht einmal fünf Prozent, weil es auf das Tarifgehalt gezahlt wird. Früher war das anders. Da wurde aufgerundet. Und trotzdem rennt der neue Chefredakteur im Hause rum und erzählt jedem, den er trifft – im Flur wie im Klo – sein neues Grundkonzept: »Wir machen doch weiter!« Das ist inzwischen zu einem geflügelten Wort geworden: »Wir machen doch weiter!« Und das dann in der Toilette im 6. Stock, wo mal stand: »Wallraff was here!« da steht jetzt unübersehbar geschrieben: »Bild lügt für Sie!« Und dann das Paranoia-Symbol, der allgegenwärtige Verfolgungswahn: Das »?«. Eine Weile stand es überall. Das sollte soviel heißen wie: Weißt Du, wer der andere ist? Stimmt auch alles? Sind wir unter uns?

Hält diese Stimmung noch an?

Ja, wenn es sich auch abschwächt. Aber wenn dann plötzlich über den UKW-Bereich des Radios die Stimme des Herrn Thedens von der Rechtsabteilung zu hören ist, während er in einem anderen Stockwerk telefoniert, dann sind wieder alle voller Mißtrauen. »Wird der denn auch abgehört?« heißt es dann. Und in dem »auch« steckt ja dann alles drin. Dann traut keiner mehr dem anderen über den Weg und der »Feind, der mithört« wird in Springers Sicherheitsdienst oder in der Zentrale selbst befürchtet.

59

Traum und Wirklichkeit

> *»Mit den Frauen bin ich durch, Geld*
> *habe ich genug, so bleibt mir nur noch,*
> *fromm zu werden.«*
>
> Axel Caesar Springer

In der Vorweihnachtszeit des Jahres 1980, so um die Zeit zwischen Totensonntag und dem 1. Advent, trafen sich bei Nieselregen zwei ältere Männer am Berliner Wannsee. Ben Witter war bei einem seiner »Spaziergänge mit Prominenten«, über die er regelmäßig in der »Zeit« berichtet, und mit ihm Axel Springer. Bei der Arbeit der eine und der andere – nun der klitterte Geschichte, nützte die Möglichkeit in einem (nicht seinem) Blatt gedruckt zu werden, das sich in der Öffentlichkeit eine gewisse Glaubwürdigkeit bewahrt hat, retuschierte an seinem längst lädierten Image des weltoffenen, hanseatisch-preußischen Verlegers und machte Hauspolitik.

Das Resultat des November-Spaziergangs stand in der Zeit vom 12. Dezember – war also kein »Schnellschuß« von Ben Witter, kein überhastet niedergeschriebenes Stück – unter der Überschrift »Meine Träume werden jetzt kontrolliert«. Die Unterzeile lautete: ›Axel Springer: »Wenn Herr Wallraff will, kann er mich jederzeit sprechen«‹.

In dem fast eine »Zeit«-Seite füllenden Bericht hatte Ben Witter zwölf Zeilen – nur durch einen Absatz unterbrochen – hintereinandergestellt, die in den Gazetten nicht nur des Springer-Verlages lebhaft kommentiert wurden:

Springer zögerte nicht: »›Es lohnt sich immer, miteinander zu reden.‹ Und das heißt für mich auch, meinen entschiedensten Gegnern die Hand hinzustrecken. Wenn Herr Wallraff mich sprechen möchte, kann er sofort kommen.«

»Ich leide wie ein Hund darunter, daß manches in meinen Blättern steht, womit ich überhaupt nicht einverstanden bin. Und wie oft leide ich, wenn ich morgens die BILD-Zeitung lese. In Hunderten von Briefen beschwor ich die Chefredaktion, alles zu unterlassen, was gegen die Würde des Menschen verstößt.«

Unter dem Datum vom 13. Dezember 1980 ging bei BILD die Post an Springer ab:

◆ *Sehr geehrter Herr Springer!*
◆ *Heute war für uns der schlimmste Tag, seit wir bei »Bild« sind: Der Tag,*
◆ *an dem die »Zeit« Ihr Gespräch mit Ben Witter veröffentlichte. Schlimmer*
◆ *als der Tag von 1968, als »Bild«-Redakteure auf der Straße und vor den*
◆ *Redaktionen Sie und unsere Zeitung gegen Steine, Haß und Verleumdung*
◆ *verteidigten. Schlimmer auch als die Tage, an denen Wallraff Kübel von*
◆ *Schmutz über uns ergoß. Dieser Tag ist deshalb so schlimm, weil Sie uns in*
◆ *den Rücken gefallen sind. Warum versuchen Sie, uns die Würde zu*
◆ *nehmen?*
◆ *Ben Witter haben Sie gesagt: »Es lohnt sich immer, miteinander zu*
◆ *reden ... Mit Herrn Wallraff kann es beginnen.« Fangen Sie mit uns an.*

Unterschrieben hatten den Brief etwa 140 BILD-Redakteure, in der Hierarchie hinauf bis zum stellvertretenden Chefredakteur. Die Plauderei im November-Regen hatte ihre öffentliche Wirkung getan. Springer dichtete flugs eine neue Wahrheit. Unter dem Datum vom 15. Dezember schrieb er Ben Witter:

Axel Springer

Kochstrasse 50
1000 Berlin 61
Tel.(030) 2591 2200

15. Dezember 1980

Lieber Herr Ben Witter,

für Ihren Artikel über unsere Begegnung in Berlin danke ich Ihnen. Die Sensibilität der Beobachtung und die Fairneß Ihrer Beurteilungen weiß ich zu würdigen.

Wer wüßte besser als ich, daß es nach einem langen Gespräch in der Wiedergabe Verkürzungen und Aussparungen geben muß. Die Gefahr der Mißverständlichkeit ist dann nur schwer zu bannen.

Deshalb möchte ich von manchem, was mir wichtig ist, nur das Folgende ergänzen: Die BILD-Zeitung ist immer der "Anwalt des kleinen Mannes" gewesen und geblieben. Dabei ist mir bewußt: Der "kleine Mann" ist oft größer als mancher vermeintlich "große".

BILD hat immer zu helfen versucht und geholfen. "Ein Herz für Kinder", die Unterstützung der "Deutschen Krebshilfe" und die Spendenaktion für die geführbrte Gedächtniskirche sind nur drei Beispiele jüngster Zeit, einige von vielen. Ist die BILD-Zeitung die letzte Instanz für Hilfesuchende, die nirgendwo und bei niemand mehr Gehör finden.

Die Wirksamkeit solcher Hilfe hängt von der Höhe der Auflage und die Höhe der Auflage wiederum von manchen Inhalten ab, die vielen gefallen, aber nicht allen gefallen können. Ich sagte Ihnen in Berlin:

Die Hilfsbereitschaft von BILD ist nicht das "Alibi" für ihre anderen Inhalte. Vielmehr ermöglicht das "Andere" erst den Erfolg der Hilfe.

In bester Absicht haben Sie, Herr Ben Witter, in eigene Worte gekleidet, was ich über das Unbehagen sagte, das ich schon oft und immer wegen mancher Veröffentlichungen in den Zeitungen meines Hauses empfunden habe. Das galt nicht nur der BILD-Zeitung. Von "Verstößen gegen die Würde des Menschen" war bei mir in diesem Zusammenhang nicht die Rede. Da müssen Sie mich mißverstanden haben. Es hat Entgleisungen gegeben, die ich nicht billige. Bei weitem überwiegt jedoch das erfolgreiche Bemühen um Wünsche, Hoffnungen, Ängste und Sorgen vieler Menschen, die in der BILD-Zeitung - jenseits jeder elitären und hochmütigen Form - ihren eigenen Alltag und seine Probleme wiedererkennen.

Und noch ein Wort zu meiner Bereitschaft, mit Herrn Wallraff zu sprechen: Ich sagte Ihnen, daß ich bereit bin, mit jedem Menschen zu reden, falls es jedem Menschen erscheint. Darin gibt es für mich keine Ausnahme. So sagte ich Ihnen schon vor dreizehn Jahren, daß ich auch einem Gespräch mit Rudi Dutschke nicht ausweichen würde. Es gibt allerdings für mich Prioritäten und da findet sich heute der Herr Wallraff aus Gründen, die bei ihm selbst liegen, gewiß nicht an vorderem Platze. Auch kann ich meine

Gesprächsbereitschaft von der Aussicht auf einen Verständigungserfolg nicht ganz unabhängig machen. Solange ich fürchten muß, absichtlich mißverstanden zu werden, halte ich mich selbstverständlich zurück. Zur Voraussetzung für ein Gespräch mit dem Mann, der sich unter falschem Namen in die BILD-Redaktion einschlich und sie mit vielen falschen Behauptungen verleumdet, würde gehören, daß er ein mich zufriedenstellendes Signal gäbe: Selbstkritisch, von dem abzurücken, was er bisher als seine "Arbeit" und als deren Methode verstand.

Und noch etwas: In anderen Publikationen, besonders solchen der rabiaten Linken, findet sich Schlimmes, Schamloses und Gemeines. Danach kräht kein Hahn. Aber die Größe der BILD-Zeitung und das Gefallen, das sie bei vielen Millionen Lesern findet, konzentrieren den Blick derer, die Anstoß nehmen, auf sie.

Es ist da sehr viel Ungerechtigkeit im Spiel, gegen die ich die Redaktion in Schutz nehmen muß. Es liegt mir sehr daran, das Ihrem Artikel hinzuzufügen.

Mit bestem Gruß

Ihr

Axel Springer

Und zwei Tage später bekamen auch die BILD-Redakteure Post von ihrem Herrn:

◆ *Lieber Herr . . .!*
◆   *Ich will Ihnen auf den Brief antworten, den Sie und eine Anzahl anderer*
◆ *»Bild«-Redakteure an mich geschrieben haben und der irgendwie auch an*
◆ *die Öffentlichkeit gelangt ist.*
◆   *Daß Mitarbeiter der »Bild-Zeitung« – von Ausnahmen abgesehen – auch*
◆ *in besonders schweren Zeiten zu mir und zum Verlagshaus gestanden*
◆ *haben, ist mir weder entgangen noch habe ich versäumt, es zu würdigen.*
◆   *Daß einige Passagen des Artikel von Ben Witter in der »Zeit« als*
◆ *kränkend empfunden wurden, bedaure ich. Der Eindruck, ich sei der*
◆ *Redaktion in den Rücken gefallen, ist indessen falsch. Was zu diesem*
◆ *Vorgang zu sagen ist, entnehmen Sie dem Brief, den ich an Ben Witter*
◆ *schrieb, und den Günter Prinz Ihnen auf meinen Wunsch zur Kenntnis*
◆ *gegeben hat. Das Schreiben füge ich diesen Zeilen bei.*
◆   *Den Unterzeichnern des Briefs an mich möchte ich in Erinnerung rufen,*
◆ *daß nicht nur Sie sich vor mich, sondern ich auch mich, wenn wir*
◆ *angefeindet wurden, immer vor die Redaktion gestellt habe. Die Loyalität*
◆ *war nie eine Einbahnstraße.*
◆   *Nach dieser Korrespondenz nehme ich an, daß Sie Ihren Brief an mich für*
◆ *gegenstandslos erklären.*
◆   *Beste Grüße und gute Wünsche für eine gesegnete Weihnacht*
◆   *Ihr Axel Springer*

Die hochnäsige Replik des Herrn an seine Lohnschreiber konnte die Gemüter in den BILD-Redaktionen nicht beruhigen. Streikparolen machten die Runde und »Entmündigt Springer« wurde gefordert. Dabei hatte sich der Verleger Springer, was den Zeitpunkt seiner Absonderungen gegenüber Ben Witter am Wannsee und später am Kamin seines Berliner Herrenhauses anlangt, keineswegs als schwachsinnig, sondern als weitsichtig erwiesen. Erschien doch die »Zeit«-Geschichte genau rechtzeitig zu dem Tag, an dem die Staatsanwaltschaft in Frankfurt Anklage gegen sechs BILD-Redakteure wegen gewöhnlicher Kriminalität im Zusammenhang mit dem »Vampir«-Fall erhob. Personell hatte Springer daraus und aus dem Kölner Abhörprozeß bereits Konsequenzen gezogen und angekündigt, seinen BILD-Chefredakteur Prinz nach dem Peter-Prinzip aus dem Verkehr zu ziehen und zum Redaktionsdirektor zu machen. Nun wollte sich der feine Herr vom Wannsee auch von den redaktionellen Niederungen der BILD-Redaktion etwas distanzieren.

Ich wollte es Axel Springer nicht so leicht machen, sich so nobel und unverbindlich aus der Verantwortung zu stehlen und schrieb ihm deshalb am 4. Januar 1981 folgenden Brief.

◆ *Sehr geehrter Herr Springer,*
◆ *in der ZEIT vom 12. Dezember 1980 haben Sie in einem Gespräch mit*
◆ *Ben Witter erklärt: »Wenn Herr Wallraff mich sprechen möchte, kann er*
◆ *sofort kommen.« und »Ob ich auch mit diesen Autoren reden würde? Mit*
◆ *Herrn Wallraff kann es beginnen.«*
◆ *Zu diesem Gespräch bin ich bereit, um mit Ihnen über Macht und Einfluß*
◆ *der BILD-Zeitung zu diskutieren. Teilen Sie doch bitte mit, wo und wann*
◆ *dieses Treffen stattfinden kann. Im Januar hätte ich Zeit.*
◆ *Mit freundlichen Grüßen*
◆ *Günter Wallraff*

Darauf erhielt ich mit dem Briefkopf »Axel Springer Gesellschaft für Publizistik KG« (das ist die hochentwickelte Form des Kapitalismus: muß jemand, um seine Briefe beantworten zu lassen, gleich eine »KG« gründen.) unter dem Datum vom 3. Februar 1981 mit dem Diktatzeichen cdn-rüc folgenden Brief:

AXEL SPRINGER
Gesellschaft für Publizistik KG

3. Februar 1981
cdn-rüc

Sehr geehrter Herr Wallraff,

Herr Axel Springer hat mich nach Rück-
kehr von einer längeren Reise beauftragt,
Ihren Brief vom 4. Januar zu beantworten.

Herrn Springers von Ben Witter notierte
Bereitschaft, auch seinen "entschiedensten
Gegnern die Hand hinzustrecken", also auch
mit Ihnen zu sprechen, besteht selbstverständlich fort. In einem an Ben Witter ge-
richteten Brief, der, was Ihnen sicher
nicht entgangen ist, auch veröffentlicht
wurde, hat Herr Springer aber die Voraussetzungen für eine solche Begegnung genannt. Vorsorglich lege ich eine Kopie
jenes Briefes diesen Zeilen bei.

Es liegt nun an Ihnen, die Voraussetzungen
zu erfüllen. Bei der Hamburger Veranstaltung
am 27. Januar war davon noch nichts zu spüren.

Mit den besten Empfehlungen

C. D. Nagel

Um Nägel mit Köpfen zu machen, antwortete ich Herrn Springer am 18. Februar 1981:

◆ *Sehr geehrter Herr Springer,*
◆ *Sie haben mir mitteilen lassen, daß Sie Ihr Gesprächsangebot von der*
◆ *Voraussetzung abhängig machen, daß ich von dem, »was ich bisher als*
◆ *meine ›Arbeit‹ und als deren Methode verstand, selbstkritisch abrücke«.*
◆ *Ich nehme an, Sie haben außer meinen Untersuchungen über die*
◆ *»Bild«-Zeitung meine sonstigen Bücher nicht gelesen. (Zum Kennenlernen*

werde ich Ihnen eine Auswahl über meinen Verlag Kiepenheuer & Witsch zukommen lassen.)

Wie Ihnen sicher nicht entgangen ist, hat soeben der Bundesgerichtshof meine Methode, unter anderem Namen in der »Bild«-Redaktion tätig gewesen zu sein, ausdrücklich für Rechtens erklärt. Dennoch wäre ich gerne bereit »selbstkritisch davon abzurücken«, falls Sie als Gegenleistung die »Bild«-Zeitung in ihrer jetzigen Form einstellen oder zumindest die dort nach wie vor angewandten kriminellen Praktiken ein für allemal unterbinden.

Aber dies und anderes sollte Gegenstand des von Ihnen in der ZEIT vorgeschlagenen Gesprächs sein.

In Erwartung Ihrer Antwort und
mit freundlichen Grüßen

Darauf haben sich weder Herr Springer noch sein Nagel wieder gemeldet, wie von Anfang an zu erwarten gewesen war.

Bewirkt hat das Presse-Echo über die zwölf Zeilen in der Zeit immerhin, daß die übrigen Behauptungen des Axel Caesar Springer unwidersprochen geblieben sind. Ich bin der Meinung, daß Herrn Springer mit seiner Erkenntnis: »Meine Träume werden jetzt kontrolliert« Recht geschehen soll. Vor allem, wenn aus seinen Träumereien gemeingefährliche Taten werden!

WER KENNT DIESEN MANN?
Der Unbekannte fotografierte für Springer oder BND im Intercity-Zug Hamburg–Köln den Journalisten Uwe Herzog, der für mich wegen einer wichtigen Anti-BILD-Recherche unterwegs war. Belohnung: 10 BILD-Handbücher und anderes Aufklärungsmaterial gegen Springer.

... und da beschloß ich BILD zu machen

Als der Krieg zu Ende ging, war Axel Caesar Springer 33 Jahre alt. Soldat war er nicht. Stattdessen gehörte Axel Casesar Springer in der Nazi-Zeit in Hamburg zur Gruppe der »Swing-Boys«, einem Kreis anglophiler Bürgersöhne, die (den damals verpönten) Swing tanzten und Churchills Geburtstag feierten.

Einige der »Swing-Boys« landeten dafür im KZ. Springer nicht. Er posierte vielmehr auf einem Jubiläumsfoto der »Bergedorfer Zeitung« offensichtlich mit stolz geschwellter Brust, die Hakenkreuz-Binde am Arm. Der Kleinverleger-Sohn aus Altona, der vor der mittleren Reife aus der Schule abging, diente seinem Führer im Nationalsozialistischen Kraftfahrer-Korps (NSKK), wo auch sein Nachkriegsfreund Franz Josef Strauß im Dritten Reich diente.

Reporter Springer (Pfeil) in NSKK-Uniform (Nationalsozialistisches Kraftfahrer-Korps) bei der 50-Jahr-Feier der Bergedorfer Zeitung. Bemerkenswert an dieser Aufnahme ist, daß nur zwei Personen eine nationalsozialistische Uniform tragen: Axel Caesar Springer und Theodor Müller (rechts im Bild). Müller war NS-Kulturwart.

Zu leiden hatte er im Krieg offenbar wenig. Denn als 1945 der britische Presse-Offizier William Barnetson Kandidaten für eine Zeitungslizenz nach ihrer Verfolgung im Dritten Reich fragte, protzte Axel Springer auf die Frage: »Und von wem wurden sie verfolgt?« mit der Bemerkung: »Eigentlich nur von den Frauen, Major.«

Zunächst war nach dem Krieg für Springer an eine Zeitung nicht zu denken. Dazu bedurfte es nämlich der – in Hamburg britischen – Besatzungsmacht, die Lizenzen vergab. Zusammen mit dem Ex-Boxer Max Schmeling und John Jahr hatte schon im Juni 1945 Springer einen Versuch unternommen, war aber bei den Engländern aufgelaufen. Schmeling galt aber bei den Engländern als Nazi-Propagandist. Das Trio bekam keine Lizenz. Vergeben wurden solche nur für parteinahe Zeitungen und zur antifaschistischen Partei hatte NSKK-Mitglied Springer ja nun wirklich nicht gezählt.

Der angeblich einst von den Frauen verfolgte Springer machte es nun umgekehrt. Der junge Mann, so berichten Verleger-Kollegen aus jener Zeit, bemühte sich um die Damen der britischen Pressekontroll-Abteilung und hatte damit Erfolg. Im Herbst 1945 erhielt er für den im Kriege zerstörten väterlichen Verlag Hammerich & Lesser eine Lizenz als Buchverleger. Sein erstes Objekt: »Besinnung. Ewige Worte der Menschlichkeit. Ein Kalender für 1946«.

Springer setzte mit diesem Titel auf einen Trend, den die Besatzungsmächte damals favorisierten: Buch als Erziehungsfaktor. Geschäftsverleger kapitalistischer Prägung sollten nicht auf den Markt kommen. Klargeworden war das dem Jungverleger Springer bei einer Rundfunkdiskussion im damaligen Nordwestdeutschen-Rundfunk (NWDR) mit einem britischen Kontroll-Offizier, dem Alt-Verleger Ernst Rowohlt und dem angesehenen Buchhändler Felix Jud. Springer paßte sich formal an, war aber eigentlich nicht überzeugt.

Die Anpassungsstrategie brachte Erfolg. Vater Hinrich und Sohn Axel Springer erhielten über den NWDR Einstieg ins Zeitschriftengeschäft. Anfang 1946 bekamen sie die Lizenzen Nr. 67 und 68 für die Rundfunkzeitschrift »Hör zu« und das Rundfunk-Dokumentationsblatt »Nordwestdeutsche Hefte«, die von den Rundfunkmitarbeitern Peter von Zahn und Axel Eggebrecht herausgegeben wurden.

Was zu verarbeiten war, lieferte der Rundfunk. Der Stoff kam also kostenfrei ins Haus. Springer hatte eine Pfründe, eine eigene »Gelddruckmaschine« an Land gezogen. Zudem wurde er 1. Vorsitzender des Verleger-Zeitschriften-Verbandes in der Britischen Zone.

Den Grundstock zu seinem Presseimperium legte Springer in Hamburg mit Hilfe der Sozialdemokraten, gegen die seine Blätter später aus allen Rohren feuerten. Anfang 1948 hatte die britische Besatzungsmacht ihre Lizenz-Politik geändert, wollte nun neben parteinahen auch überparteiliche Blätter zulassen und delegierte das Zulassungsverfahren an deutsche Stellen.

Als Zulassungsgremien wurden ein Hamburger Landesausschuß und der Zonenpresse-Ausschuß berufen. In beiden saß auch Jungverleger Springer und wußte daher genau, wie die Vergabebedingungen waren. Unter den ersten Lizenz-Antragstellern für eine überparteiliche Hamburger Tageszeitung war

Springer und erhielt prompt am 20. Juni 1948 vom damaligen Hamburger Senatspressechef Erich Lüth die Urkunde mit der Lizenz-Nummer 1 des Hamburger Senats überreicht. Konkurrenten, die gefährlich werden konnten, kaufte Springer schon damals auf. So den Journalisten Wilhelm (Tokyo-) Schulze, der sich gleichzeitig mit ihm um eine Lizenz beworben hatte. Ihn machte Springer zum Chefredakteur des Blattes. (Dasselbe System funktioniert noch heute im Steuerbereich. Steuerprüfer des Finanzamts wirbt der Konzern regelmäßg mit höheren Gehältern ab.)

Motto der neuen Zeitung war ein beim Hamburger Dichter Gorch Fock entlehnter Spruch: Mit der Heimat im Herzen die Welt umfassen. Das Blatt wurde weniger belehrend, weniger triste als die parteinahen Konkurrenzen. Es enthielt weniger Politik, dafür mehr Lokales. »Menschliche Wärme« wurde gefordert, auf Kosten politischer Aufklärung und Informationen. Von dieser Seite drohte den Herrschenden und Besitzenden wenig Gefahr. Sie dankten es Springer, indem sie eifrig inserierten. Schon nach drei Jahren war die Neugründung »Hamburger Abendblatt« so stark, daß sie eine Auflage von 250 000 Exemplaren meldete. Geschafft hatte es Springer vom Start weg mit einem rigorosen Verdrängungswettbewerb, vor allem im Vertrieb. Generalstabsmäßig wurden die Verteilungsbezirke über die Stadt gelegt. Die angeheuerten Zeitungsausträger erhielten so günstige Bezirke, daß sie keine anderen Zeitungen mehr gleichzeitig auszutragen brauchten.

Geschafft hat er es aber auch dadurch, daß er die richtigen Leute einkaufte. So stattete er den Pressesprecher des Senats, Erich Lüth, mit einem Korrespondentenvertrag aus, als dieser seinen Bürgermeister Max Brauer auf den ersten Besuch in den USA begleitete. Erstens bekommt man so Insider-Informationen, zweitens hält so eine zeitweilige materielle Verbundenheit ja auch noch später an. Ein ähnliches Verfahren praktizierte der Springer-Verlag beim Besuch von Willy Brandt in Erfurt. Weil die DDR keinen BILD-Journalisten einreisen lassen wollte, schrieb für BILD der damalige Regierungssprecher Conrad Ahlers. Und Conny Ahlers ergriff später auch für BILD Partei in der SPD-eigenen Hamburger Morgenpost, als ich als »Hans Esser« in der BILD-Redaktion Hannover gearbeitet hatte.

Drei Jahre nach Gründung des Abendblattes, 1951, war Springer wirtschaftlich ein gemachter Mann. Von »Hör zu« verkaufte er 1,3 Millionen Exemplare, die aus den »Nordwestdeutschen Heften« hervorgegangene Illustrierte »Kristall« hatte eine Auflage von 240 000 Exemplaren und das Abendblatt stieg langsam aber stetig über die 250 000 hinauf.

Bei der Produktion dieser drei Zeitschriften fiel soviel nicht verwertbares Bild- und Textmaterial an, daß der Gedanke naheliegend war, daraus auch noch eine Zeitung zu machen. Und so entstand – als Abfallprodukt – am 24. Juni 1952 die BILD-Zeitung. Die erste Ausgabe wurde verschenkt. Zunächst erschien BILD ohne Anzeigen, für 10 Pfennig mit vier Seiten Umfang, vorn und hinten Fotos mit Texten und in den Mittelseiten eine dünne Mischung aus Sport, Bunten Meldungen, Wirtschaft, Horoskop und Kochrezepten. Das Blatt ging nicht. Die Auflage stagnierte bei 200 000.

Nun wurde das Konzept geändert. Weniger Bilder, mehr Text und auf der Frontseite die Schlagzeile mit dem Holzhammer. Nun wurden noch weniger politische Themen und noch mehr Unterhaltung präsentiert. Das war für die Deutschen in der Zeit des sogenannten Wirtschaftswunders (BILD-Schlagzeile: »Wir sind wieder wer!«) Springers Leitsatz: »Als ich BILD schuf, habe ich vor allem an eins gedacht: Daß der deutsche Leser auf keinen Fall eines will, nämlich nachdenken.« Das heißt im BILD-Stil soviel wie »Schwamm drüber«. Die Schuldigen von einst wurden Ehrenmänner der neuen Gesellschaft, die Opfer vergessen. Wer im kommunistischen oder sozialistischen Widerstand war, galt schon wieder als Vaterlandsverräter. Die Auflage begann zu klettern, die Anzeigen flossen. BILD kam in Gewinnzonen. Ein Presseforscher schrieb später: »Wäre ein Historiker späterer Jahrhunderte auf die ersten sechs Jahrgänge der BILD-Zeitung angewiesen, so könnte er die wichtigsten politischen Ereignisse kaum in Umrissen konstruieren, sie kommen zum großen Teil nicht vor.«

Die Philosophie des Blattes und ihres Verlegers wurde in einer Anzeige deutlich, mit der BILD 1953 warb:

Das ist BILD

die größte Zeitung des Kontinents - ein Abbild dieser Zeit

Ein Spiegel des Lebens und des Menschen. So wie wir sind. Nicht wie wir scheinen.

Unsere Zeit - Kirchenglocken läuten und Atombomben krachen. Brücken werden gebaut und Fluten reißen sie fort. Helden werden geboren und Mord macht sich breit. So ist unsere Zeit. So ist auch BILD.

Unser Leben - ein Haus mit vielen Zimmern. In dem einen die sinnliche Liebe. Im anderen der Haß. Im dritten Geburt. Im vierten der Tod. Wand an Wand. Das ist unser Leben. So ist auch BILD.

Der Mensch - nie ganz gut und nie ganz böse. Nie ganz glücklich und nie ganz unglücklich. Traum und Wirklichkeit hart nebeneinander. So ist der Mensch. So ist auch BILD.

Von alledem redet BILD täglich. Süß und bitter. Hart und versöhnlich. Kurz und anschaulich. In Buchstaben und in Bildern. Aber immer menschlich. Wir berichten nur. Wir belehren nicht. Denn wir sind alle nur Menschen - Sie und wir.

So echt wie das Leben, so bunt wie die Zeit werden wir auch in Zukunft bleiben - das versprechen wir. Ein immer neues Zwiegespräch zwischen Ihnen und uns! So war BILD, so will es sein!

Täglich für Sie

Kritik an diesem Presse-Produkt wurde damals nur zögernd laut. Der französische Deutschland-Experte Professor Alfred Grosser nannte BILD einen »Prototyp des verdummenden und abstumpfenden Sensationsblattes«. Bundespräsident Professor Theodor Heuss sprach von einer »geradezu fürchterlichen Tageszeitung«.

Axel Springer, der Verleger dieser Gazette, bewarb sich 1953 um das von der einstigen britischen Besatzungsmacht gegründete und nun zum Verkauf stehende Polit-Blatt »Welt«. Bei einer Auflage von damals noch knapp 200 000 – 1949 hatte die »Welt« noch eine Million Auflage! – wurden die Verluste dieses Blattes durch Gewinne von »Welt am Sonntag« und »Das Neue Blatt«, einer Regenbogen-Gazette, aufgefangen. 13 Kaufinteressenten gab es bei einem Kaufpreis von zwei Millionen Mark. Der damalige Bundeskanzler Konrad Adenauer vermittelte über den Hamburger CDU-Politiker und Springer-Freund Erik Blumenfeld den Handel. Die Hamburger Sozialdemokraten, die Springer noch fünf Jahre vorher die Abendblatt-Lizenz zugebilligt hatten, warnten nun vor einem Verkauf an Springer und der Gefahr eines neuen Hugenberg-Konzerns.*

Erstaunlicherweise wurde die »Welt« zunächst unter Chefredakteur Hans Zehrer ein Oppositionsblatt zur Ostpolitik Adenauers. Die »Welt«, schon im Besitz von Springer, schrieb damals gegen eine einseitige Westbindung der Bundesrepublik, gegen eine Orientierung auf Kleineuropa, für Verständigung mit der Sowjetunion und den anderen sozialistischen Staaten, für eine atomwaffenfreie Zone in Europa, für die Priorität der Wiedervereinigung.

Zehrer und Springer waren damals von einer baldigen Wiedervereinigung von Bundesrepublik und DDR überzeugt. Als sich eine günstige Gelegenheit ergab, stieg Springer durch Zukauf von 26 Prozent der Anteile beim einst renommierten Berliner Ullstein-Verlag (für 2 Millionen Mark) ein. Sein Kommentar zum Berlin-Engagement: »Wenn man immer von der Wiedervereinigung redet und auch als Kaufmann davon spricht, muß man auch als Kaufmann das Fazit daraus ziehen.«

Der nun auch Berliner Verleger begann den Versuch, aktiv Wiedervereinigungspolitik zu machen. Zuerst reiste er nach den USA, fand dort aber wenig Beachtung und wurde auch von Präsident Eisenhower nicht empfangen. Das Resultat der verletzten Eitelkeit war eine *anti-amerikanische* Rede auf der Weihnachtsfeier 1957 der »Welt«. Original-Ton des Polit-Verlegers: »Erst werden wir die Wiedervereinigung machen, dann werden wir nach Berlin ziehen und mit der WELT eine Zeitung machen, wie es sie in Deutschland noch nicht gegeben hat. Und mit dieser Zeitung werden wir ein deutsches Volk machen, wie es das auch noch nicht gegeben hat.«

Im Januar 1958 bemühte sich Springer um ein Visum für Moskau und um ein Gespräch mit dem ersten Sekretär der KPdSU, Chruschtschow. Dem wollte er klar machen, was in und für Deutschland getan werden müsse. Visum und Besuchstermin kamen zustande. Chruschtschow beantwortete schriftlich

---

* Hugenberg, NS-Finanzier und Wegbereiter Hitlers, nannte sich selbst auch Patriot und national-liberal. Tarnte seine Blätter, genau wie Springer heute, mit dem Etikett »Unabhängig, überparteilich«. Besaß einen mächtigen Pressekonzern in der Weimarer Zeit, der allerdings längst nicht so mächtig war wie heute der Springer-Konzern.

eingereichte Fragen, war aber auch zu einem informellen Gespräch nicht bereit. Springer erhielt eine totale Abfuhr. Chruschtschow attackierte die damalige Bonner Politik und verwies die Bundesregierung an die DDR als einzigen Gesprächspartner für Fragen der Wiedervereinigung. Der Politiker Springer war gescheitert und erhielt in der westdeutschen Presse ein Echo voller Hohn und Spott.

Wieder war Rache seine Reaktion. Seine Blätter vollzogen einen politischen Kurswechsel um fast 180 Grad. Er beorderte alle führenden Redakteure seiner Zeitungen nach Hamburg in seine luxuriöse Residenz Falkenstein und gab die Parole aus: »Alle Rohre gegen Ulbricht!« Ab Frühjahr 1958 traktierte der in seiner Eitelkeit und seinem Missionsgeist tief getroffene Springer seine Redakteure mit immer neuen Memoranden. Mit dem Zeichen AS versehen forderten sie, was im Blatt zu stehen habe und was der Verleger nicht wünschte. Es begann eine noch heute anhaltende Haß-Agitation gegen Osten. BILD trommelte und so erreichte Springer sogar eine Bundestagssitzung in Berlin mit einer gemeinsamen Resolution aller Parteien. Auf Springers Konto ging die Aktion »Macht das Tor auf«. Fast kein Tag verging, an dem die Springer-Zeitungen, voran BILD, nicht Sensationsmeldungen über die Absetzbewegung von DDR-Bürgern in den Westen gebracht hätten. Als Kennedy im Juli 1963 nach Berlin kam, meldete BILD im Stil von Goebbels: »Ein Wille! Ein Weg! Ein Ziel!« Nach dem Mauerbau und den Springer zu wenig martialischen Reaktionen der drei Westlichen Berliner Besatzungsmächte, hieß die Schlag-

zeile von BILD: »Wird Deutschland jetzt verkauft?« Ein Jahr später startete Springer noch einmal eine Berlin-Pressekampagne. BILD hetzte tagelang: »Berlin marschiert gegen die Mauer«, »Steinhagel gegen die Sowjets« und »Berlin-Krise wird heiß«. Die Folge waren lebensgefährliche Aktionen von Jugendlichen an der Mauer. Nun protestierte auch der Westen. Die FDP-Politikerin und frühere Alterspräsidentin des Deutschen Bundestages, Frau Marie Lüders sagte: »Es ist schon wieder so weit gekommen wie ehedem, als die Nazi-Krawalle auf Befehl und unter Mitwirkung eines gewissen Goebbels in Szene gesetzt worden sind.« Berliner Senat, Bundesregierung und Westalliierte drängten und Springer mäßigte sich etwas. Dabei lebte der Neu-Berliner Springer durch Berlin-Subventionen und Steuer-Vorteile nicht schlecht. Sein Verleger-Kollege Rudolf Augstein stellte hämisch fest, Springer agitiere nicht nur am heftigsten gegen die deutsche Spaltung, er profitiere auch am meisten von ihr.

Die Entwicklung von BILD in diesen Jahren läßt sich an den Chefredakteuren des Blattes festmachen. Der erste Chefredakteur Michael kam vom Abendblatt und orientierte sich noch am Motto »Seid nett zueinander«. Dessen Nachfolger Bezold wollte das Blatt sachlicher und liberaler machen, was schon nach knapp zwei Jahren zu seiner Ablösung führte. Der dritte war der Berliner Krawall-Journalist Karl-Heinz Hagen, den weniger das »Was« in einer Zeitung als das »Wie« interessierte. Als Springer eine Politisierung des Blattes wünschte stagnierte die Auflage. Hagen ging – einvernehmlich. Sein Nachfolger wurde Peter Boenisch. Der puschte die Auflage auf über fünf Millionen, der Inhalt wurde immer aggressiver, reaktionärer und seichter. BILD wurde damals zum »Zentralorgan des Rufmordes«. BILD gab nach eigenem Selbstverständis bundesweit den Ton an: »BILD sagt, wie es ist« hieß das Motto.*

Aus wissenschaftlichen Untersuchungen von Marktforschungsunternehmen entstand 1965 die Qualitative Analyse, entlarvend wie selten ein Papier in der Zusammenfassung:

◆ »BILD – die aktuelle Nachrichten-Zeitung
◆ Die BILD-Zeitung ist eine Zeitung, die nicht übersehen werden kann. An der nicht vorbeizukommen ist, ohne daß man sie wenigstens wahrgenommen hat.
◆ Diesem Gefühl, von BILD ›angesprungen‹ zu werden, auf die eine oder andere Weise gepackt zu werden, können sich die Kritiker nicht entziehen. Sie vermerken das zumeist mit widerwilliger Bewunderung.
◆ BILD als Instanz
◆ Für die Leser der BILD-Zeitung bedeutet das informative Angebot der Zeitung einen festen Punkt in einer Welt, die sich dem verstehenden Zugriff und der sinnvollen Interpretation entzieht.
◆ In diese Welt bringt BILD Ordnung – in zwei Richtungen:
◆ Einerseits kümmert sich die BILD-Zeitung um *gesamtgesellschaftliche Belange.*
◆ Sieht sich also der Gesellschaft als Ganzem oder ihren repräsentativen Vertretern – Persönlichkeiten, Institutionen Normen – gegenüber und befaßt sich damit als urteilende, richtende Instanz, mit eigenen Vorstellungen und Meinungen, der sie mit

---

* BILD versuchte sogar, als sein Verkaufspreis von 10 auf 15 Pfennig stieg, in Bonn eine 15-Pfennig-Münze durchzusetzen. Springer hatte auf seine politische Macht gesetzt, mit der er in Hamburg seit Kriegsende Politik machte. So kommentierte er die Wahl von Herbert Weichmann (SPD) zum Bürgermeister: »Ich habe in Hamburg den ersten Juden zum Bürgermeister gemacht.«

◆ beträchtlichem Nachdruck Gewicht zu schaffen versucht. Andererseits bezieht sich
◆ diese Zeitung unmittelbar auf die Bedürfnisse und *Probleme,* Sorgen und Nöte,
◆ Verhaltensweisen und -erwartungen *ihrer Leser.*

◆   In *beiden* Bereichen stellt die BILD-Zeitung eine *Instanz* dar, die sich des
◆ Allgemeininteresses oder des Wohlergehens einzelner annimmt und sich dabei Gehör
◆ zu verschaffen weiß.

◆   Die emotionale Beziehung zwischen Zeitung und Leser

◆   Das Verlangen vieler BILD-Leser nach einer geordneten, durchschaubaren Welt –
◆ eine Welt, die man in BILD sucht und auch findet – beinhaltet auch Angst vor dieser
◆ – ohne Hilfe zumeist nicht verstehbaren Welt.

◆   Diese Ängste der Leser fängt BILD auf verschiedene Weisen auf: Ein Weg hatte
◆ sich bereits in der Funktion von BILD als eine ordnende und richtende Instanz
◆ gezeigt. Dank ihrer Autorität nimmt die Zeitung dem Leser das Ordnen, Sichten und
◆ Bewerten der Ereignisse, welche die gegenwärtige Welt repräsentieren, ab. . . .

◆   Ein weiteres Mittel, um provozierte Ängste und daraus sich ergebende Aggressio-
◆ nen zu verarbeiten, ist die aggressive Haltung, die BILD an den Tag legt.

◆   Einfluß und Macht der Zeitung, Mut und Entschlossenheit, die teilweise als
◆ rücksichtslos und brutal erlebte Härte und Durchschlagskraft, geben dem Leser die
◆ Möglichkeit, sich mit diesem überlegenen Angreifer zu identifizieren, in BILD die
◆ Realisierung dessen zu erleben, was ihm selbst immer unmöglich sein wird zu
◆ verwirklichen.

◆   Andererseits gründet sich die enge emotionale Beziehung zwischen Bild und den
◆ BILD-Lesern in einer Funktion, welche nur teilweise bewußt wird, die Funktions-
◆ struktur der BILD-Zeitung entscheidend mitprägt, die Möglichkeit zur Entspannung
◆ und zum ›escape‹: Die BILD-Zeitung *informiert* über die aktuellen Probleme, aber
◆ sie tut das in einer Form, die *unterhaltend* ist, man liest BILD mit einem gewissen
◆ Genuß. . . . Die Leser überlassen sich mit großer Bereitwilligkeit dem Angebot an
◆ Unterhaltung in der BILD'zeitung. BILD ist ein Mittel gegen Langeweile, hilft über
◆ das Unvermögen hinweg, mit der Welt die einen umgibt, etwas Vernünftiges
◆ anzufangen.

◆   Männliche Autorität und mütterliche Fürsorge (Über-Ich-Funktion). Die BILD-
◆ Zeitung verkörpert erstens Macht und Autorität, nimmt zu den öffentlichen Dingen
◆ Stellung, ordnet und bewertet sie und versucht selbst einzugreifen.

◆   Als zweite Seite des Instanzcharakters ergab sich die Funktion, hilfsbereit und
◆ selbstlos einzugreifen, wo das persönliche Schicksal es erforderte. Bild ist eine
◆ Instanz, die Schutz und Hilfe verkörpert, die soziales Denken und Handeln erfordert
◆ und selbst dieses Denken und Handeln verwirklicht. . . . Es ist wichtig, daß diese
◆ Instanz BILD zwei Wesensmerkmale vereint: männliche Autorität und Durchset-
◆ zungskraft einerseits, mütterliche Fürsorge und mütterliches Verständnis anderer-
◆ seits . . . Die Zeitung übernimmt damit in gewissen Bereichen eine ›Elternrolle‹: man
◆ beugt sich nicht nur einer festen Autorität, sondern findet eine verständnisvolle
◆ Instanz, der man sich unbesorgt anvertrauen kann.

◆ Die individuellen Triebansprüche. (BILD und der ES-Bereich) BILD geht auf die
◆ verborgenen Wünsche und Antriebe der Leser ein, indem ein gewisses Maß an
◆ Sensationen und Sex, an Berichten von Unglücksfällen und Verbrechen vorgestellt
◆ wird. Der Leser hat so die Möglichkeit, seine ES-Ansprüche ersatzweise zu
◆ befriedigen, ohne daß er damit den eigenen Bestand und das gesellschaftliche Gefüge
◆ gefährdet. . . .

◆ Zwangsläufig wird durch die Berichterstattung über die aktuellen Ereignisse Angst
◆ vor der undurchschaubaren gesellschaftlichen Situation provoziert. Aber gleichzeitig
◆ werden auch die Entlastungsmechanismen geliefert, die das Ausmaß der eingetrete-
◆ nen Spannungen reduzieren.

◆ Die Einstellung zu BILD – Probleme der Bindung
◆ Der Wunsch zur Inanspruchnahme der Entspannungs- und Fluchtmechanismen,
◆ welche BILD bietet, kann als ein allgemeines Kennzeichen des Menschen aufgrund
◆ seiner persönlichen und gesellschaftlichen Situation angesehen werden. . . .
◆ Der Leser, der die Bild-Zeitung im wesentlichen wegen dieses Funktionsbereichs
◆ nutzt, ist relativ stark an diese Zeitung gebunden. Der erstrebte und erlangte Genuß
◆ der ›verbotenen Frucht‹ wird jedoch zur eigenen Entlastung mit Kritik an eben dieser
◆ Funktion von BILD kaschiert.
◆ Die Attraktivität der Zeitung BILD ist ungeheuer groß: Man braucht diese Zeitung,
◆ ihre Reize, ihre Anregungen, ihre Provokationen und ihren Schutz. Man wehrt sich
◆ gleichzeitig gegen die Abhängigkeit von dieser Zeitung, man kritisiert sie, man
◆ verwirft sie, man lehnt sie ab. Man erliegt am Schluß doch dem ›Faszinativum BILD‹,
◆ man kann eben ohne diese Zeitung nicht auskommen – man muß BILD lesen!«

Es gibt kein zweites Dokument aus dem Haus Springer, das die antidemokratische Einstellung des Verlegers und die Verachtung des Lesers klarer entlarvt. Angesprochen wird nicht der mündige Bürger, sondern der orientierungslose, psychisch und sozial unsichere Leser, der teils aus provozierter Angst und teils aus der Suche nach Autorität immer wieder zu dem Massenblatt greift. BILD zieht »autoritäre Persönlichkeiten« im Sinne der von Adorno und Horkheimer entwickelten kritischen Theorie heran, die es der werbenden Wirtschaft als besonders aufnahmefähiges Käuferpublikum zur weiteren Ausbeutung vorwirft. »Der Faschismus verhalf den Massen zu ihrem Ausdruck, aber nicht zu ihrem Recht.« Dieser Satz von Walter Benjamin läßt sich auch auf BILD übertragen.

Aus diesem Selbstverständnis heraus machte Springer vorweg mit BILD mehr und mehr Politik für die eigene Tasche. So forderte BILD am 24. Juli 1964 in seiner Schlagzeile: »Schluß mit der Postdiktatur! Holt den Bundestag aus dem Urlaub!« und es kam zu einer denkwürdigen Sondersitzung des Bundestages über eine vom damaligen Postminister Schmücker (CDU) verfügte Erhöhung der Telefongebühren, obwohl der Bundestag nach dem Postverwaltungsgesetz gar nicht befugt war, über Telefongebühren zu entscheiden.

Als Springer – und mit ihm seine Verleger-Kollegen – an die Pfründe der Werbung in einem Privat-Fernsehen wollten, machte BILD gegen die ARD mobil: »Schade um den Strom« und dann »Schämt Euch! Der größte Käse! . . . selbst unser Hund lief aus dem Zimmer und erschien erst, als die Sendung vorüber war . . .« Gegen das ZDF startete Springer durch seinen Hausjustitiar Hermann F. Arning eine Geheimaktion. Mit Kleinkameras und Tonbändern ausgerüstete Agenten sollten sexuelle und finanzielle Unregelmäßigkeiten bei leitenden Angestellten des ZDF ausspionieren. Zudem kaufte Springers Handlanger – zugleich Verbindungsmann zur FDP – den CDU-Landtagsabgeordneten und medienpolitischen Sprecher der Union in Schleswig-Holstein, Schwinkowski, mit einem Berater-Vertrag. Als der Skandal bekannt wurde, zog Springer Arning aus der Schußlinie. Vor Gericht gestellt wurde Springer dafür nie. Ob das Erpressungsmaterial noch im Springer-Archiv liegt, läßt sich nur vermuten.

Als die Macht des Springer-Konzern, als das Meinungs-Monopol immer deutlicher wurde, setzte die Bundesregierung in der Zeit der Großen Koalition von CDU/CSU und SPD eine Kommission zur Untersuchung der Gefährdung der wirtschaftlichen Existenz von Presseunternehmen und den Folgen der Konzentration für die Meinungsfreiheit in der Bundesrepublik ein. Sie wurde nach ihrem Vorsitzenden Günther-Kommission genannt. Zu den 16 Mitgliedern gehörte auch Axel Caesar Springer. Nachdem er in ihr als Lobbyist in eigener Sache gescheitert war, zog er sich aus der Kommission zurück und erreichte später, daß die kritischen Kommissionsergebnisse statt Gesetz zu werden, Makulatur blieben. Mit seinen Blättern aber demonstrierte er weiter, was er von Meinungsfreiheit hält.

So veröffentlichten gleich vier seiner Blätter einen gefälschten Brief des in Ost-Berlin lebenden Dichters Arnold Zweig. Darin sollte sich – angeblich – Zweig über Antisemitismus in der DDR beklagt haben und das Leben in der DDR als die Hölle bezeichnet haben. Günter Grass nannte den Vorgang im Fernsehen das Verbreiten von Zweckmeldungen »mit wahrhaft faschistischen Methoden«. Die Springer-Gazetten revanchierten sich: »Dichter mit der Dreckschleuder«, »rosaroter Erfolgsschriftsteller«, »rot angehauchter Modeschriftsteller«, »redet Ulbrichts Propaganda-Chinesisch«. Über 100 Schriftsteller der »Gruppe 47« erklärten daraufhin, sie würden in keiner Zeitung oder Zeitschrift des Springer-Konzerns mehr mitarbeiten.

Auf den Punkt brachte die Auseinandersetzung mit dem reaktonären Konzern schließlich der SDS, dessen Delegiertenversammlung im Herbst 1967 forderte: »Enteignet Springer«. Im »Stern« nahm Sebastian Haffner die Forderung auf. Daß diese Parole aus der Studentenbewegung kam, war kein Zufall. Jahrelang hatten vor allem in Berlin die Springer-Blätter gegen die Studenten gehetzt. »Journalismus als Menschenjagd« nannte Reinhard Lettau das. Das erste Opfer der Jagd wurde am 2. Juni 1967 der Student Benno

Ohnesorg, den der Polizist Heinz Kurras erschoß. Berliner Politiker, voran Bürgermeister und Pfarrer Heinrich Albertz traten zurück, der Killer Kurras blieb unbestraft. Springer flüchtete sich, geschmackvollerweise auf einem Ball (des Verlegerverbandes im Hamburger Nobel-Hotel »Atlantic«) in das scheinheilige Geständnis: »Das schlimmste war, daß es in Berlin einen Toten gab. Das habe ich nicht gewollt. Ich kann den Toten nicht vergessen. Was glauben Sie, wie viele schlaflose Nächte ich seitdem verbracht habe.« Dann tanzte er weiter.

Die dokumentarische Basis für den politischen Kampf gegen Springer legte in Berlin der Republikanische Club mit der Broschüre »Springer enteignen? Materialien zur Diskussion«. Der Konzern konterte mit der Broschüre: »Das ›Springer-Monopol‹. Eine Klarstellung«. Das Strickmuster der Verteidigung war simpel: »Diese Kampagne wurde nachweislich vor acht Jahren in Moskau gestartet. Sie ist ein Teil der kommunistischen Bemühungen, Zersetzung in die Bundesrepublik hineinzutragen.«

Zersetzend und zerstörend aber wirkte die Springer-Propaganda. Am 11. April 1968 schoß ein von Bild aufgehetzter rechtsradikaler junger Mann in Berlin auf den Studentenführer Rudi Dutschke. An den Spätfolgen der Verletzung starb Rudi Dutschke fast zwölf Jahre später. Das Attentat, der individuelle Vollzug eines gesellschaftlichen Pogroms, wurde zum Fanal für die Studentenunruhen 1968. Spontan versammelten sich die Berliner Studenten und zogen zu einer friedlichen Demonstration an das Springer-Verlagshaus in der Kochstraße. Gewalttätig wurde sie erst, als ein agent provocateur des Berliner Verfassungsschutzes Molotow-Cocktails austeilte. Der Fuhrpark sollte in Brand gesetzt werden.

Am Ostermontag 1968 kam es in allen westdeutschen Großstädten und in Berlin zu Anti-Springer-Demonstrationen. Es wurde versucht, die Auslieferung der Springer-Zeitungen, vor allem BILD, zu verhindern. Die Polizei übte den Notstand und schlug brutal zurück. Der SPIEGEL kommentierte: »Auf der Strecke blieben zwei Tote, 400 Schwer- und Leichtverletzte und der Anspruch der Bundesrepublik, ein intakter demokratischer Staat zu sein.« Auf der Strecke blieb BILD zwar nicht, aber immerhin ging zu dieser Zeit die Auflage um eine Million zurück.

Nicht zurück gingen die übrigen Geschäfte Springers. Und er entschloß sich zum Neujahrstag 1970, seinen Konzern in eine Aktiengesellschaft umzuwandeln. Er scheute wohl dabei auch die Öffentlichkeit, wo er hätte darlegen müssen, daß BILD damals 40 Millionen Mark Gewinn, die Welt aber 10 Millionen Mark Verluste einspielte. Ein Sondergesetz vom 14. August 1969 begünstigte die Umwandlung, weil es die Steuerfreiheit für stille Reserven der umzuwandelnden Firma gewährte. Federführender Finanzminister dieses Sondergesetzes aus der Zeit der Großen Koalition unter CDU-Kanzler Kiesinger war CSU-Chef Franz Josef Strauß, federführender Wirtschaftsminister der spätere Springer-Berater und damalige SPD-Mann Karl Schiller. Springer sparte durch das Gesetz Steuern und durch die neue Rechtsform bekam er die Möglichkeit, Fremdkapital hereinzunehmen, ohne Macht abzugeben.

Zu den Kuriositäten der Springer AG gehört es, daß Springers geheiligte vier Grundsätze, das »Grundgesetz des Konzerns«, die Bestandteil aller Redakteursverträge sind, auch in die Satzung der AG Eingang fanden: »Eintreten für die Wiederherstellung der Einheit Deutschlands, Aussöhnung zwischen Deutschen und Juden, Ablehnung jeder Art von Totalitarismus und Förderung der sozialen Marktwirtschaft.« Ansonsten sollen alle Zeitungen volle redaktionelle Freiheit haben.

Daß das eine Utopie ist, dafür sorgt die Axel Springer Gesellschaft für Publizistik KG in Berlin. Hervorgegangen ist sie aus dem 1963 gegründeten Redaktionellen Beirat, einer Art Politbüro des Konzerns. Hier sind Stereotypen vorgeprägt und Sprachregelungen entworfen worden, mit denen das Unternehmen seine Polit-Feldzüge bestritt. Wahrscheinlich verdankt Axel Springer es dem damaligen Geschäftsträger dieses Gremiums, daß er hinter der Kritik an seinen Blättern immer nur marxistische Systemveränderer, Kommunismus und Moskau wittert. Denn Dr. Horst Mahnke war früher als SS-Hauptsturmführer im Reichssicherheitshauptamt in Berlin im Amt VII Weltanschauliche Forschung und Auswertung – Referat Marxismus – tätig, wie man es in Band XXXVIII Seite 85 des Internationalen Militärtribunals Nürnberg nachlesen kann.

Doch alle Abwehrmanöver konnten nicht verhindern, daß immer mehr Wissenschaftler sich um die Springer-Zeitungen und speziell BILD kümmerten, um hier Lügen und Fälschungen aufzudecken. Als der Jura-Professor Küchenhoff aus Münster BILD des Mißbrauchs der Pressefreiheit überführte, konterte Springer noch mit einer Broschüre »Der Fall Küchenhoff« und ließ das Buch unter einem Vorwand gerichtlich verbieten. Er beanstandete die Verwendung des BILD-Emblems auf dem Buchtitel.

Als Henri Nannen im STERN 1972 Springers Redakteure »professionelle Fälscher« nannte, wollten »Welt«-Chef Herbert Kremp und BILD-Boß Günter Prinz zwar klagen, zogen diese Klagen aber schleunigst zurück, als der STERN sein Material vorlegte. Drei Bände, erarbeitet von der Arbeitsgemeinschaft für Kommunikationsforschung in deren Vorstand sogar der Herausgeber des katholischen »Rheinischen Merkur«, Professor Roegele sitzt.

Freunde, 1967.

Freunde, 1977.

Alle Kritik an »BILD und »BILD am SONNTAG« vermag nichts zu bewirken. Der einstige BILD-Chefredakteur Peter Boenisch schrieb am 20. Februar 1977 in BamS nach Demonstrationen in Brokdorf und Itzehoe gegen das geplante Kraftwerk in Brokdorf: »Sie (die Demonstranten G.W.) meinten nicht nur tote Polizisten, sie sind fanatisch und zynisch genug, sich Opfer aus den eigenen Reihen, Märtyrer zu wünschen. Am liebsten ein Mädchen. Schneewittchen in Jeans, unschuldig und wehrlos. Auf den Schultern der Genossen. Noch warm und gerade erschossen. Rot und tot. Und telegen. Jungfrau von Brokdorf. Heilige Johanna '77. Ach, wäre das schön gewesen.«

Der heutige SPD-Bundestagsabgeordnete Freimut Duve kommentierte den Boenisch-Text im SPD-Vorwärts: »Unzensiert war solche perverse Fantasie mit ihm durch gegangen. Freiheit der Meinungsäußerung. Und Axel Springer bekommt seinen Orden.«

Geändert hat sich an BILD grundsätzlich nichts. Trotz großer Auflagenverluste bei BILD – fast 10 Prozent! – und immer höherer Bezuschussung der WELT – zur Zeit jährlich über 30 Millionen Mark! – verdient der Konzern noch immer gut an den anderen, politisch nicht in vorderster Front stehenden Objekten.

Die momentan anstehende Verkaufsidee Springers, nämlich ein stufenweiser Verkauf bis zu 51 Prozent an den Offenburger konservativen Verleger Burda (»Bunte«), dürfte nicht allein mit Resignation zu erklären sein. Springer braucht Kapital, um seinen lang vorbereiteten Sprung ins Privatfernsehen zu finanzieren. Schon haben die deutschen Verleger beschlossen, über Radio Luxemburg einen Satelliten zu pachten. Damit soll den Bundesbürgern langfristig eine Art BILD-Zeitung über den Bildschirm ins Haus stehen. Auch hier ist Springer schon vorweg der Stärkste. Denn das Verleger-Modell sieht vor, daß die Anteile entsprechend der Auflagenhöhen der Zeitungen vergeben werden. Wer diese Pläne kennt, kann nicht mehr auf Springers Versprechen hoffen: »Mit den Frauen bin ich durch, Geld habe ich genug, so bleibt mir nur noch, fromm zu werden.«

77

Geschichte des Springer-Konzerns 1945–1981

Juni 1945	John Jahr, Max Schmeling und Axel Springer beginnen mit der Gründung eines Buch- und Zeitungsverlags. Das Projekt scheitert zunächst am Einspruch der Engländer gegen den angeblichen Nazi-Propagandisten Schmeling.
Herbst 1945	Axel Springer erhält die Lizenz zur Fortführung des väterlichen Verlags Hammerich & Lesser (Hinrich Springer) als Buchverlag
Januar 1946	Das erste Verlagsprodukt Springers erscheint, ein Kalender für das Jahr 1946
April 1946	Hinrich Springer und Axel Springer erhalten von der britischen Militärregierung die Lizenzen mit den Nummern 67 und 68 für die Herausgabe einer Rundfunkprogrammzeitung (HÖR ZU!) und eines Digests der besten NWDR-Sendungen (NORDWESTDEUTSCHE HEFTE) im Auftrag des NWDR
Mai 1946	Zum ersten Jahrestag der Wiederaufnahme der Sendungen von Radio Hamburg erscheint Heft 1 der NORDWEST-DEUTSCHEN HEFTE
Herbst 1946	Axel Springer gründet den Verlag Axel Springer GmbH, der in Arbeits- und Bürogemeinschaft mit Hammerich & Lesser Bücher produzieren will
Dezember 1946	Die erste Ausgabe von HÖR ZU! – Rundfunkzeitschrift des Nordwestdeutschen Rundfunks erscheint
Juli 1947	Im Auftrag der BBC London erscheint bei Hammerich & Lesser die Monatszeitschrift LERNT ENGLISCH IM LONDONER RUNDFUNK!
Dezember 1947	Nach eineinhalbjähriger Vorbereitung im sogenannten Axel Springer Kreis präsentiert Axel Springer die Probenummer einer Hamburger Heimatzeitung unter dem Arbeitstitel EXCELSIOR. Die britische Militärregierung lehnt die Lizensierung jedoch ab. Springer und Jahr erhalten dafür die Lizenz für die Frauenzeitschrift CONSTANZE Auf Anregung Axel Springers gibt der Senatspressechef Erich Lüth im Hammerich & Lesser Verlag die Schriftenreihe NEUES HAMBURG heraus
März 1948	Nr. 1 der CONSTANZE – Die Zeitschrift für die Frau – erscheint im Constanze-Verlag von Springer und Jahr
Mai 1948	Übergang des Lizensierungsrechts an die deutschen Behörden in der britischen Zone gemäß Militärregierungsverordnung Nr. 108
Juni 1948	Axel Springer erhält vom Hamburger Senat die Lizenzurkunde mit der Nr. 1 zur Herausgabe der Tageszeitung HAMBURGER ABENDBLATT

September 1948	Die NORDWESTDEUTSCHEN HEFTE werden in die Illustrierte KRISTALL umgewandelt, die 1966 eingestellt wird.
	Heft 1 der Zeitschrift MERLIN. Archiv für forschenden und praktischen Okkultismus, Grenzwissenschaften, Schicksalskunde und esoterische Traditionen erscheint im Axel Springer Verlag. Nach drei Heften wird das Objekt im Frühjahr 1949 wieder eingestellt.
Oktober 1948	Nr. 1 der Hamburger Tageszeitung HAMBURGER ABENDBLATT erscheint am 14. Springer gründet die Verlagsdruckerei Axel Springer & Sohn KG.
Juni 1949	Gründung des HAMBURGER ABENDBLATT REISE-BÜROS.
September 1949	Aufhebung der Lizenzierungspflicht für das Bundesgebiet ohne West-Berlin durch Gesetz Nr. 5 der Alliierten Hohen Kommission vom 21. 9. 1949.
Oktober 1950	Grundsteinlegung für das Axel-Springer-Haus in Hamburg.
24. Juni 1952	Nr. 1 der BILD-Zeitung erscheint. In West-Berlin erscheint BILD mit einer Lizenz des Senats unter der Auflage, keine Berliner Lokalanzeigen aufzunehmen.
Mai 1953	Entscheidung der Engländer, die WELT an Springer zu verkaufen.
September 1953	Der Vertrag über den Erwerb des Verlagshauses DIE WELT GMBH mit den Objekten DIE WELT, WELT am SONNTAG, DAS NEUE BLATT und Reisebüro Die Welt tritt in Kraft.
April 1956	Die erste Ausgabe von BILD am SONNTAG erscheint.
5. September 1956	Erste Beteiligung Axel Springers am Ullstein-Verlag durch den Kauf der Aktienanteile von Martha Ullstein, der Witwe von Louis Ferdinand Ullstein (26 Prozent), sowie Vereinbarung mit dem Axel Springer Verlag GmbH zur Zusammenarbeit bei der Ausnutzung der Druckereibetriebe und beim Vertrieb
Oktober 1957	Formelle Grundsteinlegung für das vom Wirtschaftsverband Graphisches Gewerbe initiierte Graphische Zentrum in Berlin an der Kochstraße in Anwesenheit von Bürgermeister Willy Brandt und der Schwester des amerikanischen Außenministers Eleanor Dulles
Januar 1958	Moskaureise Axel Springers mit Chefredakteur Hans Zehrer und Generalbevollmächtigten Christian Kracht
Mai 1959	Erneute Grundsteinlegung in Berlin an der Kochstraße für das Verlagshaus Axel Springer. Der Bau wird 1966 fertiggestellt.
29. Dezember 1969	Vertragsabschluß zur Übernahme der Aktienmehrheit der Ullstein AG durch Axel Springer

Januar 1960	Springer baut seine 1956 erworbene Beteiligung an der Ullstein AG zur Majorität aus.
	Bei Springer erscheinen zu diesem Zeitpunkt:
	BILD
	BILD am SONNTAG
	Hamburger Abendblatt
	Hör zu
	Kristall
	Die Welt
	Welt am Sonntag
	Das neue Blatt
	B. Z.
	Berliner Morgenpost
	Radio Revue
1. August 1961	Hör zu und Radio-Revue werden fusioniert.
Dezember 1962	In Österreich erscheint selbständige Ausgabe von Hör zu.
25. November 63	Die Ullstein GmbH (60%) und der Verlag der »Rheinischen Post« gründen die Mittag-Verlagsgesellschaft, die vom Droste Verlag den Titel »Der Mittag« kauft.
März 1964	Die erste Ausgabe des »Mittag« erscheint.
15. Juli 1965	Springer erwirbt den Kindler & Schiermeyer Verlag (»Bravo« und Tiefdruckerei in Unterföhringen). Die »Revue« wird vom Martens-Verlag gekauft. Die Beteiligung an der »Abendpost« behält Helmut Kindler persönlich.
Mai 1966	Springer erwirbt vom Verlag Busch zu Fallois Söhne die Titelrechte für das »Eltern-Magazin«.
22. Juni 1966	Springer kauft vom Bauer-Verlag die Blätter »twen«, »kikker«, und »ok und wir«.
27. Sept. 1966	Die erste neukonzipierte Ausgabe von »Eltern« erscheint anstelle des »Eltern-Magazins«.
Dezember 1966	Springer kauft vom Deutschen Wochenzeitschriften-Verlag »Das grüne Blatt«.
31. Dez. 1966	»Kristall« wird wegen nachhaltiger Verluste eingestellt.
Januar 1967	Springer erwirbt den Deutschen Wochenzeitschriften-Verlag (»Funk Uhr«).
23. Febr. 1967	Springer gibt die Comic-Zeitschrift »Tina« heraus, eine Lizenzausgabe der Londoner Fleetway Publications, die jedoch nach wenigen Wochen wieder eingestellt wird.
Mai 1967	»ok.« geht in »Bravo« auf.
2. Sept. 1967	»Das grüne Blatt« geht in »Das neue Blatt« auf.
20. Sept. 67	»Der Mittag« wird eingestellt.
14. März 1968	Die erste Ausgabe von »Jasmin« erscheint.
22. Juni 1968	Springer verkauft »Das neue Blatt« an den Heinrich Bauer Verlag.
1. Juli 1968	Das Druckhaus Tempelhof (Hans Weitpert) erwirbt von Springer den Kindler & Schiermeyer Verlag mit den Zeitschriften »Jasmin« »Eltern«, »twen« und »Bravo«.

26. August 68	»Bravo« wird an den Bauer Verlag verkauft.
1. Sept. 1968	Der Verlagsmanager Ernst Naumann verläßt das Haus Springer und tritt als Geschäftsführender Gesellschafter (10%) bei Kindler & Schiermeyer ein.
	Springer verkauft das Ullstein-Fachbuch-und-Fachzeitschriften-Programm an die Bertelsmann-Gruppe
1. Oktober 1968	Springer verkauft den »kicker« an den Olympia-Verlag.
13. Februar 1969	Naumann erwirbt die restlichen K & S Anteile, so daß der Verlag voll in seinem Besitz ist.
21. Februar 1969	Gruner + Jahr erwerben von Naumann 90% der Anteile an der Kindler & Schiermeyer GmbH.
1. April 1969	Springer erwirbt vom Verlag A. Beig den »Alster-Nord-Kurier« der ab 11. April zunächst wöchentlich mit dem Titel »Norderstedter Zeitung« als Bezirksausgabe des »Hamburger Abendblattes« erscheint.
1. Januar 1970	Die Axel Springer Verlag GmbH in Berlin sowie deren Kommanditgesellschaften Axel Springer & Sohn KG, Hammerich & Lesser Verlag KG und Die Welt Verlagsgesellschaft mbH, alle in Hamburg, sollen in eine AG umgewandelt werden.
	Bei Axel Springer & Sohn erscheinen die Zeitungen »BILD«, »BILD am SONNTAG«, »Hamburger Abendblatt« und die Zeitschrift »Hör zu« und »Funk Uhr«. Die Welt Verlagsgesellschaft gibt »Die Welt« und »Welt am Sonntag« heraus. Die Ullstein GmbH mit den Zeitungen »B.Z.« und »Berliner Morgenpost« in Berlin soll als selbständige Tochter der neuen AG erhalten bleiben.
20. Januar 1970	Axel Springer strebt eine Beteiligung von 45% an der Studio Hamburg Atelierbetriebsgesellschaft mbH an. Sie kommt jedoch nicht zustande.
17. Februar 1970	Es wird bekannt, daß Springer das Haus Bertelsmann beteiligen wird. Spätestens am 60. Geburtstag des Verlegers am 2. Mai 1972 soll Bertelsmann 1/3 der Springer Aktien übernehmen.
9. Juni 1970	Die Umwandlung der Axel Springer Verlag AG wird endgültig vorgenommen. Alle Aktien liegen bei der Axel Springer Gesellschaft für Publizistik KG (Komplementär: Axel Springer GmbH, Kommandantist: Axel Springer) in Berlin. 33% sind für Bertelsmann reserviert. Springer übernimmt den Vorsitz im Aufsichtsrat. Peter Tamm wird Alleinvorstand.
1. Juli 1970	Springer erwirbt die »Ahrensburger Zeitung«, die künftig als Beilage zum »Hamburger Abendblatt« erscheint.
20. Juli 1970	Die Transaktion zwischen Bertelsmann und Springer wird rückgängig gemacht. Grund: Schwierigkeiten, die sich aus der gleichzeitigen Beteiligung des Hauses Bertelsmann bei Springer und Gruner + Jahr ergeben.

1. November 1970	Springer beteiligt sich mit 20% an der Tageszeitung »Bergedorfer Zeitung«.
1. Dezember 1970	Springer beteiligt sich mit 20% an der Tageszeitung »Lübekker Nachrichten«.
31. Dezember 1970	Umsatzerlöse der Springer AG 1970: 970,5 Mio. Mark.
1. Januar 1971	Springer erwirbt die Dialog-Verlag GmbH.
31. Januar 1971	Die Ullstein AV Produktions- und Vertriebsgesellschaft in Berlin, eine Tochter der Axel Springer Gesellschaft für Publizistik, startet das AV-Programm »Medicolloc«.
1. April 1971	Springer kauft die »Elmshorner Nachrichten«, die als selbständige Tageszeitung weiter erscheinen.
31. Dezember 1971	Umsatzerlöse der Springer AG 1971: 990 Mio Mark.
23. März 1972	Die neugegründete Springer-Tochter Koralle Verlag GmbH startet das Monatsobjekt »Denk mit«.
13. April 1972	Als zweites Koralle Objekt startet die 14tägige Kinderzeitschrift »Zack«.
12. Mai 1972	In Kettwig beginnen die Bauarbeiten zur größten und modernsten Offsetdruckerei in Europa.
1. Juli 1972	Im Vertrieb betreut der Außendienst der Axel Springer Verlag AG die Objekte des Jahreszeiten-Verlags.
1. Oktober 1972	Koralle startet 14täglich »meine geschichte«.
20. Dezember 1972	Springer beteiligt sich mit 48,5% an der Vertriebs-Vereinigung Berliner Zeitungs- und Zeitschriften-Grossisten GmbH & Co.
31. Dezember 1972	Umsatzerlöse der Springer AG 1972: 1 105 Mio Mark.
6. Februar 1972	Start der Romanreihe »Julia«.
1. März 1973	In Kettwig laufen die Rotationen an.
15. Mai 1973	Springer beteiligt sich mit 62,9% an der Buch-und Presse-Großvertrieb Hamburg GmbH & Co, zu der sich die Grossohaus Wegner & Co.KG (13,05%) und die Gerdt Sandner KG (8,7%) zusammengeschlossen haben. Als weitere Verlage sind beteiligt: je 3% Ehrlich & Sohn, Gustav H. Lübbe, je 2% Ehapa, Jahreszeiten, Welt am Sonntag, 1% Aenne Burda, 0,5% Deutsch Sportverlag. 5% hält als Komplementär die Informationsmedien Handelsgesellschaft mgH (70% Springer, 18% Wegner, 12% Sandner)
30. Juni 1973	Der »Dialog« wir eingestellt.
20. September 1973	Koralle startet »Poster Press« (14täglich)
31. Dezember 1973	Umsatzerlöse der Springer AG 1973: 1 160,1 Mio Mark.
1. Januar 1974	Springer erhöht seine Beteiligung an der »Bergedorfer Zeitung« auf 91%.
31. Januar 1974	Bergedorf baut unter dem erworbenen Titel »Norddeutsche

	Nachrichten« eine Zentralredaktion auf, die von hier aus verschiedene Heimatzeitungen bedient.
1. August 1974	Der Erwerb der Tageszeitung »Bremer Nachrichten« durch Springer scheitert.
8. Oktober 1974	Die Romanreihe »Romana« erscheint.
1. November 1974	Springer gründet die Kontinent-Verlag GmbH in Darmstadt. Dort erscheint zweimal jährlich die Broschüre »Kontinent«.
11. November 1974	Koralle verkauft »Denk mit« an den Pabel Verlag und gibt »Poster Press« an die Jugendzeitschrift »Pop« in Zürich.
31. Dezember 1974	»Medicolloc« wird eingestellt Umsatzerlöse der Springer AG 1974: 1 169,4 Mio Mark.
1. April 1975	Der Koralle-Verlag firmiert um in Comic Verlag Koralle GmbH.
19. Mai 1975	Die Zentralredaktion der »Welt« wird nach Bonn verlegt.
1. Juni 1975	Springer beteiligt sich mit 90% am Gilde-Verlag Auto und Kraftrad Hans-Gerhard Dobler, Buch- und Zeitschriftenverlag für Handwerk, Wissenschaft und Kraftfahrttechnik GmbH in Alfeld. Dort erscheinen die Monatszeitschriften »ralley racing« und »Sportfahrer«.
31. Dezember 1975	Umsatzerlöse der Springer AG 1975: 1 271,5 Mio Mark.
31. Januar 1976	Springer startet den monatlichen »Musik Joker«.
1. April 1976	Der Comic Verlag firmiert wieder als Koralle-Verlag GmbH. Die Romanreihen werden in die Neugründung Cora Verlag GmbH & Co (je 50% Springer und Harlequin) eingebracht.
27. April 1976	Die Romanreihe »Bianca« erscheint.
1. Juni 1976	Springer startet monatlich »tennis magazin«.
1. Juli 1976	Springer gründet die Hamburger Wochenblatt GmbH & Co.
1. August 1976	Springer beteiligt sich mit 24% an der Gründung der Hörzu Buchservice GmbH & Co. (76% Georg von Holtzbrincks Deutscher Bücherbund) in Stuttgart (Springer-Beteiligung wurde inzwischen auf 50% erhöht).
1. Oktober 1976	Die Ullstein Verlag GmbH beteiligt sich mit 90% an der Gebr. Mann Verlag GmbH & Co. in Berlin.
15. November 1976	Die Bergedorfer Buchdruckerei von Ed. Wagner, Verlag der »Bergedorfer Zeitung« beteiligt sich mit 50% an der Elbe Wochenblatt Verlagsgesellschaft mbH & Co in Hamburg.
8. Dezember 1976	Springer beteiligt sich mit 24,99% an der Münchener Zeitungs-Verlag GmbH & Co. mit den Tageszeitungen »Münchner Merkur« und »tz« sowie 1/3 am »Oberbayerischen Volksblatt« in Rosenheim.
31. Dezember 1976	Umsatzerlös der Springer AG 1976: 1 429,7 Mio Mark.

2. März 1977	Die Axel Springer Verlag AG und die Ullstein GmbH gründen die ISPC Intermedia Standard Presse-Code GmbH & Co. (je 50%) in Hamburg.
31. März 1977	Die Hamburger Wochenblatt Verlag GmbH & Co. übernimmt die Beteiligung der »Bergedorfer Zeitung« an der Elbe Wochenblatt Verlagsgesellschaft.
25. April 1977	Die Romanreihe »Malko« erscheint.
1. Juli 1977	Springer gründet die Niendorfer Wochenblatt GmbH & Co. in Hamburg.
18. August 1977	Springer beteiligt weitere Verlage an der ISPC Interme Standard Presse-Code GmbH & Co. (30% Axel Springer Verlag AG, je 15% Heinrich Bauer Verlag, Burda GmbH, Gruner + Jahr AG & Co., Jahreszeiten Verlag, 10% Dansk Centralagentur D.C.A.A/S).
1. September 1977	Die Ullstein GmbH beteiligt sich mit 20% an der Gründung der Studiengesellschaft für Neue Medien AG in Zürich, die sich ihrerseits mit 50% an der Studiengesellschaft für audio-visuelle Medien mbH in Wien beteiligt.
22. Sept. 1977	Springer startet monatlich »Ski Magazin«.
31. Dez. 1977	Umsatzerlöse Springer AG 1977: 1 640 Mio. DM.
30. August 1978	Springer (75,5%) gründet mit Radio Luxemburg (24,5%) das Journal für Haushalt und Familie GmbH & Co., die in Hamburg eine gleichnamige Monatszeitschrift startet.
1. Dezember 1978	Springer gründet die Gourmet Verlag GmbH & Co., die in Köln die Monatsschrift »Besser's Gourmaet Journal« startet (Titel im Januar 1980 in »Ullsteins Gourmet Journal« geändert).
31. Dezember 1978	Umsatzerlös der Springer AG 1978: 1 727,4 Mio Mark.
1. Januar 1979	Springer beteiligt sich mit ca. 90% am Verlag Kunst und Technik GmbH in München mit der 14täglich erscheinenden »Weltkunst« und dem jährlich erscheinenden »Kunstpreis Jahrbuch«.
26. Januar 1979	Springer startet »Siehste«, eine wöchentlich erscheinende Programmzeitschrift für Kinder.
4. Februar 1979	Springer startet das Supplement »Welt am Sonntag Magazin«.
17. April 1979	Die Romanreihe »Baccara« erscheint.
1. Juli 1979	Die Ullstein GmbH beteiligt sich an dem Berliner Anzeigenblatt »AZ«.
1. August 1979	Der Ullstein-Verlag erwirbt den Safari-Verlag in Berlin.
1. Oktober 1979	»Kontinent« erscheint vierteljährlich als »Kontinent-Magazin«.
18. Dezember 1979	Der Bundesgerichtshof untersagt den Zusammenschluß von Axel Springer Verlag und »Elbe Wochenblatt«. Es wird Springer lediglich ein Maximalanteil von 24,9% an dem Anzeigenblatt gestattet.

31. Dezember 1979*	Die Kinderzeitschrift »Siehste« erscheint unregelmäßig als »Siehste Extra« ohne Fernsehprogramm. »Musik Joker« wird eingestellt.
September 1980	Der frühere Generalbevollmächtigte Springers Christian Kracht kehrt nach 10jähriger Pause in die Konzernspitze als Finanzchef zurück.
	Der Ullstein-Tochterverlag Kunst und Technik startet die Kunstzeitschrift Galerie der Künste, das neue Objekt läuft aber nicht gut, so daß im Juni 1981 der Abonnentenstamm an Gruner & Jahr verkauft und die Zeitschrift eingestellt wird.
30. Oktober 1980	Springer schafft zu seiner persönlichen Entlastung ein neues Führungsgremium für seinen Konzern, die ›Geschäftsführer-Konferenz‹, Vorsitz: Axel Springer, Stellvertreter: Ernst Cramer, weitere Mitglieder: Christian Kracht, Günter Prinz, Peter Tamm, Matthias Walden. Gleichzeitig werden Kracht, Prinz und Walden neu zu Geschäftsführern der Holding berufen.
25. Februar 1981	Der Bundesverband der Zeitungsverleger nimmt das Angebot aus Luxemburg zur Beteiligung an einem internationalen kommerziellen Satellitenfernsehen an.
März 1981	Die Aufgaben der Stabsabteilung Neue Medien im Springerverlag und die der Ullstein AV werden in der Ullstein Tele Video Produktions- und Vertriebsgesellschaft mbH (UTV) zusammengefaßt.
15. April 1981	Günter Prinz, bisher Bild-Chefredakteur wird Redaktionsdirektor und erhält zusätzlich neue Aufgaben in der Holding. Prinz' bisheriger Stellvertreter wird neuer Chefredakteur.
Mai 1981	In der Konzernspitze wird ein neuer Geschäftsführungsbereich Bild-Zeitungen eingerichtet. Vorsitz: Christian Herforth.
	Ullsteins Gourmet Journal wird an den Stuttgarter Verleger Günter Lüze verkauft.
	Springer verkauft den 1979 in Anlehnung an die 1966 eingestellte Illustrierte Kristall gegründeten Buchverlag an den Münchner Verleger Herbert Fleissner.
29. Juni 1981	Springer teilt mit, daß er beabsichtige, zunächst 26 Prozent der Aktien seines Verlages an den Offenburger Burda-Verlag zu verkaufen. Springer beabsichtigt, in einer zweiten Stufe weitere 25 Prozent und damit die Mehrheit an Burda zu verkaufen. Als Kaufpreis für die Hälfte des Springer-Konzerns wird ein Betrag von 400 Millionen DM geschätzt.
17. August 1981	Die Hamburger BILD-Ausgabe wird teurer. Bild-Hamburg kostet jetzt 50 Pfennig.

* Die Angaben von 1960 bis 1979 wurden von ›text-intern‹ übernommen.

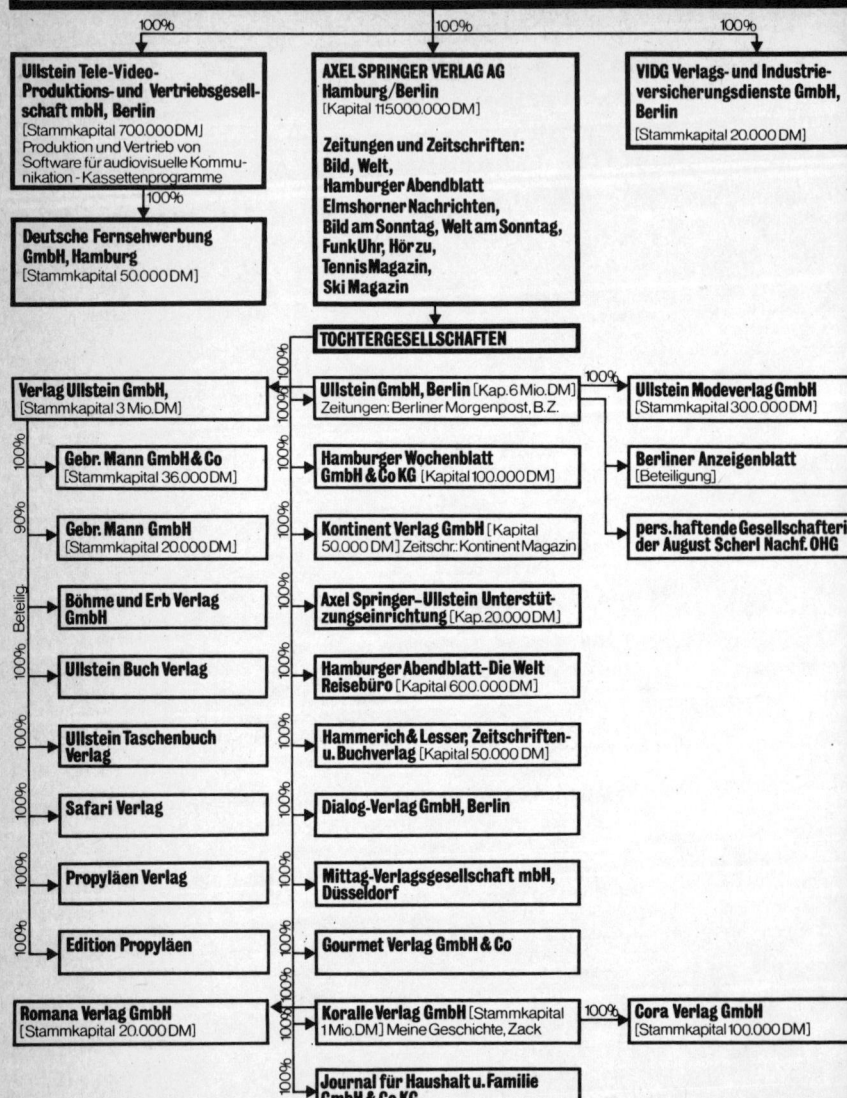

AXEL SPRINGER GESELLSCHAFT FÜR PUBLIZISTIK KG, BERLIN [Kapital 1 Mio. DM]
Komplementär: Axel Springer GmbH, Kommandantist: Axel Springer

100% 100% 100%

**Ullstein Tele-Video-
Produktions- und Vertriebsgesellschaft mbH, Berlin**
[Stammkapital 700.000 DM]
Produktion und Vertrieb von
Software für audiovisuelle Kommunikation - Kassettenprogramme

100%

**Deutsche Fernsehwerbung
GmbH, Hamburg**
[Stammkapital 50.000 DM]

AXEL SPRINGER VERLAG AG
Hamburg/Berlin
[Kapital 115.000.000 DM]

Zeitungen und Zeitschriften:
**Bild, Welt,
Hamburger Abendblatt
Elmshorner Nachrichten,
Bild am Sonntag, Welt am Sonntag,
Funk Uhr, Hör zu,
Tennis Magazin,
Ski Magazin**

**VIDG Verlags- und Industrieversicherungsdienste GmbH,
Berlin**
[Stammkapital 20.000 DM]

TOCHTERGESELLSCHAFTEN

Verlag Ullstein GmbH,
[Stammkapital 3 Mio. DM]

Ullstein GmbH, Berlin [Kap. 6 Mio. DM]
Zeitungen: Berliner Morgenpost, B.Z.

100%

Ullstein Modeverlag GmbH
[Stammkapital 300.000 DM]

100%

Gebr. Mann GmbH & Co
[Stammkapital 36.000 DM]

**Hamburger Wochenblatt
GmbH & Co KG** [Kapital 100.000 DM]

Berliner Anzeigenblatt
[Beteiligung]

90%

Gebr. Mann GmbH
[Stammkapital 20.000 DM]

Kontinent Verlag GmbH [Kapital
50.000 DM] Zeitschr.: Kontinent Magazin

**pers. haftende Gesellschafteri
der August Scherl Nachf. OHG**

Beteilig

**Böhme und Erb Verlag
GmbH**

Axel Springer-Ullstein Unterstützungseinrichtung [Kap. 20.000 DM]

100%

Ullstein Buch Verlag

**Hamburger Abendblatt-Die Welt
Reisebüro** [Kapital 600.000 DM]

100%

**Ullstein Taschenbuch
Verlag**

**Hammerich & Lesser, Zeitschriften-
u. Buchverlag** [Kapital 50.000 DM]

100%

Safari Verlag

Dialog-Verlag GmbH, Berlin

100%

Propyläen Verlag

**Mittag-Verlagsgesellschaft mbH,
Düsseldorf**

100%

Edition Propyläen

Gourmet Verlag GmbH & Co

Romana Verlag GmbH
[Stammkapital 20.000 DM]

Koralle Verlag GmbH [Stammkapital
1 Mio. DM] Meine Geschichte, Zack

100%

Cora Verlag GmbH
[Stammkapital 100.000 DM]

**Journal für Haushalt u. Familie
GmbH & Co KG**

AXEL SPRINGER VERLAG AG
Beteiligungen

91% **Bergedorfer Buchdruckerei von Ed. Wagner OHG**

90% **Gildeverlag Verlag Auto und Kraftrad, Hans Gerhard Dobler,** Buch- u. Zeitschriftenverlag für Handwerk, Wissenschaft u. Kraftfahrtechnik, rally racing, Sportfahrer

90% **Kunst- und Technik Verlagsgesellschaft mbH München** Weltkunst, Kunstpreisjahrbuch

70% **Informationsmedien Handels GmbH**

62,9% **Buch- und Presse-Großvertrieb Hamburg GmbH & Co**

50% **Hamburger Wochenblatt Verlagsgesellschaft mbH**

50% **Hör Zu Buchservice GmbH & Co KG** [Kapital 50.000 DM]

48,5% **VV Vertriebs-Vereinigung Berliner Zeitungs- und Zeitschriften Grossisten GmbH & Co KG**

33% **Buchdruckerei und Verlag Oberbayrisches Volksblatt GmbH** [Kapital 1,2 Mio. DM]

30% **ISPC Intermedia Standard Presse-Code GmbH Hamburg**

24,99% **Münchner Zeitungsverlag GmbH & Co KG** [Kapital 5 Mio. DM] Münchner Merkur, +2

24,92% **Pressehaus Bayerstraße Geschäftsführungsgesellschaft mbH** [Kap. 120.000 DM]

24% **Buchservice GmbH**

20% **Lübecker Nachrichten GmbH** [Kapital 1,125 Mio. DM]

Aus Farin/Zwingmann
PRESSE-KONZENTRATION, Doku-Verlag
7505 Ettlingen 1980
mit freundlicher Genehmigung

Bim, Bam
Das Springer-Gespräch findet doch statt

Es sah lange so aus, daß Springer zu feige sein würde, sich auf das Gespräch einzulassen. Selbst ein Vorstoß des Chefredakteurs vom »Abend«, die Aussprache unter geladenen Gästen im jüdischen Gemeindehaus in Berlin stattfinden zu lassen, war Springer zu riskant. Er wußte von meiner Bedingung, das Ergebnis der Auseinandersetzung öffentlich zu machen. Nur so konnte ich ihn stellen. Mir waren seine abgefeimten Methoden bekannt, wie er politische Gegner austrickste, indem er sie zu »vertraulichen Gesprächen unter vier Augen« zu sich einlud, um sie dann durch Druck, Drohung und indirekte Bestechungs- oder Erpressungsversuche einzuschüchtern versuchte.

Conrad Ahlers z. B., der mal als Regierungssprecher eine Lippe riskierte und in der Öffentlichkeit erklärte, er habe die Schubladen voll von Fälschungen der BILD-Zeitung und wolle demnächst ein Schwarzbuch vorlegen; ihn ließ Springer zu sich kommen. Seitdem stand Ahlers auf Springerseite und hofierte ihn, wann immer sich dazu ein Anlaß bot.

Auch Brandt wurde zu einem Geheimbesuch zitiert; zuletzt Klose, bevor er von Springer den Fangschuß erhielt. Springer ließ darüber damals in der »Zeit« verlauten: »Bürgermeister Klose war bei mir. Er fühlte sich durch die Berichterstattung meiner Blätter in seiner Amtsführung behindert. Wir näherten unsere Standpunkte einander an, besonders im menschlichen Bereich . . .« Klose war nicht gefragt worden. Er hatte das Gespräch ganz anders erlebt.

Diese schleimige Austrickserei wollte ich verhindern und bestand daher von vorne herein auf Öffentlichkeit.

Um so überraschter war ich, als Springer plötzlich morgens um 8.00 Uhr bei mir zu Hause anrief – ich schlief noch und dachte zuerst, ich träume – und die Liebenswürdigkeit selbst mich mit schmeichelnder Stimme zu sich bat: »Mein Guter, Sie wollten mir doch etwas von sich erzählen und ich habe auch etwas auf dem Herzen . . .«

Ich war sofort hellwach, konnte noch als Bedingung stellen, daß alles auf Tonband aufgenommen werden müsse, um keine Mißverständnisse aufkommen zu lassen, aber da hatte er schon aufgelegt.

Mit meinem Uher-Report flog ich am folgenden Tag nach Berlin. Im 19. Stockwerk seines Verlagsgebäudes an der Berliner Mauer in der Kochstraße empfing er mich. Er schaute etwas beleidigt auf das Gerät, sagte traurig: »Muß das sein.« – »Ja, es muß sein«, antwortete ich und suchte nach einem Stecker. Das übersah er geflissentlich. Ich machte einige Sprechproben: »BILD, zum 1., zum 2. . . .«, er überhörte es und blickte sinnend auf eine Nachbildung der Freiheitsglocke auf seinem Schreibtisch.

Ich gebe im folgenden – leicht gekürzt – den Verlauf des Gespräches wortwörtlich wieder:

G. W.: »Herr Springer, sind Sie sich im klaren darüber, was Ihre Blätter, allen voran BILD, durch tägliche Beleidigungen und Verleumdungen wehrlosen Menschen antun?«

Springer: »Ich wollte nie Journalist oder Verleger werden. Klänge und Stimmen, die Poesie, hatten es mir angetan, Sänger wollte ich werden auf großer Bühne. Ich bin ein Poet und Träumer.«

G. W.: »Sie weichen mir aus. Ich spreche von den jahrelangen Hetzkampagnen der BILD-Zeitung gegen linke Studenten und Gewerkschafter, gegen ausländische Arbeiter, Lehrlingsgruppen und Hausbesetzer, um nur einige zu nennen.«

Springer: »Aber die Theorie von der Gleichheit aller Menschen ist das Todesurteil für echte Freiheit. Freiheit für Terroristen, Freiheit für Radikale, Freiheit für Umsturz, Freiheit für hemmungslosen Sex, Freiheit für Abtreibung, Freiheit für jede Unappetitlichkeit . . .«

G. W.: »Sie reden ja schon genauso wie die BILD-Zeitung schreibt. Dabei sagten Sie zu Ben Witter, daß Sie so schrecklich leiden würden, wenn Sie das morgens beim Frühstück alles lesen müssen.«

Springer: »Ich versuche immer, nicht Schaden an meiner Seele zu nehmen. Bescheiden und demütig muß man sein.«

G. W.: »Sie sind ja ganz schön abgebrüht. So zu tun, als ginge Sie das alles nichts an. Das ist eine typische Haltung auch der Verantwortlichen aus dem Nazi-Deutschland, die alles in der Hand hatten und die ganze Staats- und Vernichtungsmaschinerie am Laufen hielten und später so taten, als hätten sie von nichts gewußt!«

Springer: »Ich und mein Haus werden nicht aufhören im Kampf gegen Ungerechtigkeit, gegen Verfolgung und im Kampf gegen eine bessere Welt für alle Völker.«

G. W.: »Sie reden wieder so geschwollen und allgemein. Das Verbrechen aber hat Name, Anschrift und Gestalt. . . .«

Springer (unterbricht mich und zeigt erstmals so etwas wie eine echte Gefühlsaufwallung):

». . . Man marschiert für die Freiheit der Chilenen, der Schwarzen in Rhodesien oder Südafrika. Man demonstriert dafür, daß Kommunisten in der Bundesrepublik Deutschland Richter, Lehrer, Verwaltungsbeamte und Staatsanwälte werden dürfen . . . Bei uns geht die intellektuelle Linke auf die Barrikaden, weil die inhaftierten Angehörigen der Baader-Meinhof-Bande bei Tischtennis, Fernseh-Abenden, Fitness-Training, in büchergefüllten Zellen angeblich Isolationsfolter erleiden.«

G. W. (Diesmal unterbreche ich ihn, um ihn endlich auf das Thema zu stoßen):

»Herr Springer, Sie predigen jetzt wie die Leitartikler in WELT und BILD. Soufflieren Sie denen die Parolen? Deren Verherrlichung von faschistischen Regimen in Chile, Argentinien, Südafrika geschieht doch in Ihrem Namen!«

Springer (die Hände faltend und über mich hinweg gen Himmel blickend): »Ich muß sagen, ich habe in der Schule in Religion immer eine Eins gehabt. Ich bin davon überzeugt, daß die schwerste Krankheit unserer Zeit der Abfall des Menschen von Gott ist. Wir haben Ersatzgötter auf der Erde geschaffen – und damit begann unser Sturz. Solange wir uns nicht auf Gott besinnen, wird er uns strafen . . .«

G. W. (um ihn endlich auf den Teppich zurückzuholen): »Sie meinen mit der BILD-Zeitung . . .«

Jedoch unbeirrt fährt er fort:

»Ich glaube nicht, daß die Welt allein durch Beten gerettet werden kann. Denn die Welt ist geteilt zwischen Gut und Böse, zwischen Freien und Sklaven. Und es gibt Mächte auf dieser Welt, die sich nicht der Freiheit verschrieben haben, sondern der Tyrannei, der Diktatur, der Herrschaft über andere.« –

Ich gebe nicht auf.

G. W.: »Sie finanzieren mit den Gewinnen der BILD-Zeitung ihre Feudalwohnsitze in aller Welt und treten auf, als ob Sie die Moral gepachtet hätten . . .«

Doch Springer überhört meine Kritik:

»Man kann die größten Buchstaben, aber nicht die kleinste Lüge verantworten. Das rührt nicht nur von der Tatsache her, daß viele Millionen jeden Tag BILD lesen, sondern daß es eine Zeitung ist, die seit jeher in Großaktionen Verfolgten und Gefährdeten beisteht, Armen hilft, Kranken Linderung bringt und nichts von jenen bösartigen, ebenso intelligenten wie letztlich dummen Blättern hat, deren zersetzender Intellektualismus allgemein nicht als verderbenbringend erkannt wird.«

G. W.: »Mein Gott, von Zersetzern und Volksschädlingen redete auch Hitler über Schriftsteller und Intellektuelle, als er zuerst ihre Werke verbot und verbrennen ließ, um sie später ausrotten zu lassen . . .«

Springer (verliert die Beherrschung):

»Also ausgerechnet mir . . ., der ich in unseren Zeitungen dieses ›Seid nett zueinander‹ propagiert habe.

In Berlin höre ich jede Nacht, bevor ich schlafen gehe, die Spätnachrichten. Und jede Nacht enden diese Nachrichten mit einem zweifachen Glaubensbekenntnis: zuerst höre ich die deutsche Nationalhymne, dann höre ich das Läuten der Freiheitsglocke.«

G. W.: »Bim, Bam«

Springer:

»Als Deutscher fühle ich mich heute der Hauptstadt der Deutschen, meinem Berlin, fest verbunden. Und weil ich als Deutscher nicht frei überall hingehen kann, wo Deutschland ist, betrachte ich mich in diesem Sinn auch als Vertriebener. In meinem Berlin kann ich frei durchatmen . . .«

G. W.: »Ja die Berliner Luft, Luft, Luft . . . Und wenn ich fragen darf, wo pflegen Sie sonst noch Ihren Atem-Freistilübungen nachzugehen?«

Springer: »Jedes Mal, wenn ich nach USA komme, mit dem Schiff oder mit dem Flugzeug, atme ich freier von der Minute an, in der ich meinen Fuß auf diesen Boden setze. In diesem Land liegt Freiheit schon in der Luft.«

G. W.: »Haben Sie eigentlich schon mal in ihrem Leben einen Fehler gemacht und ihn eingestanden?«

Springer: »Ich würde alles noch einmal so machen, wie ich's gemacht habe, einschließlich der Fehler. Ich habe in meinem Leben alles geschafft. Erfolg ist eine Eigenschaft . . .«

G. W.: Haben Sie schon mal so etwas wie Kritik in Ihren Redaktionen zugelassen?

Springer: »Ich glaube, die Stimmen des Unbehagens in unseren Redaktionen stehen im Verhältnis wie 1 zu 100. Wir wollen nicht nur so bleiben, wie wir sind, sondern wir wollen sogar größer, stabiler und stärker werden.

Meine Kritik richtet sich allein gegen das – nach meiner Auffassung – politisch Unausgewogene unserer öffentlich-rechtlichen Rundfunkanstalten. Mein Ziel ist es immer gewesen, das elektronische Medium insgesamt aufzuschließen.«

G. W.: »Das Bekenntnis eines machtgierigen, selbstgerechten und erstarrten Unverbesserlichen. Ein Trost, daß Ihre Phrasen von immer mehr Menschen erkannt werden. Und vor allem Jüngere haben Sie längst als einen ganz durchtriebenen Heuchler durchschaut.«

Springer (als ob ich Luft wäre, gießt er noch mehr Salbe und Öl auf seine Stimmbänder): »Wenn Sie mich fragen, ob ich ein Verhältnis zur Jugend habe, dann kommt das eigentlich auch darin zum Ausdruck, daß ich still und unaufgefordert seit vielen Jahren mich finanziell an Studentenheimen beteiligt habe . . .«

G. W.: »Rechte Korpsstudenten, RCDS und so was . . .«

Springer: (überhört meine Konkretisierung):

»Wie sollte eigentlich ein Mann wie ich ein gestörtes Verhältnis zur studentischen Jugend überhaupt haben? Diese deutsche Jugend im Zusammenhang gesehen – ist ja ganz in Ordnung. Diese Jugend, die morgens in die Fabriktore geht und die Lehrlinge, die ihre Lehrzeit abdienen . . .«

Ich gebe auf. Der Mann trägt seinen zweiten Vornamen nicht zu Unrecht. Gegen diesen Standes- und Klassendünkel, der immer wieder in Gigantomanie umschlägt, ist kein Ankommen.

»Ich danke Ihnen nicht für dieses Gespräch«, verabschiedete ich mich. »Sie sind ja noch schlimmer als ich es mir vorgestellt habe. Sie haben mich überzeugt, daß man den Kampf gegen Ihre Blätter unbedingt fortsetzen muß.«

Während mir der Butler »mit dem zerfurchten Gesicht« den Weg zur Tür weist, ruft mir Springer noch ungebrochen und voller Selbstgefälligkeit hinterher (Ich merke, daß die Ära Springer noch längst nicht zu Ende ist, daß alles sogar noch viel schlimmer kommen kann):

»Einmal ist sogar ein Ministeramt mit mir besprochen worden. Aber das hat sich alles nicht so verwirklicht. Zudem fehlen mir noch parlamentarische Erfahrungen, um also – ja – als As da zu beginnen . . . Ein doller Mann würde ich da schon sehr gerne sein. Aber noch ist es nicht zu spät. Immer wenn das Vaterland rufen sollte, würde ich mich nie versagen.«

So etwa hätte es sein können.

Wenn das Gespräch wirklich stattgefunden hätte.

Alle Äußerungen und wörtlichen Reden von Axel Cäsar Springer sind Original-Zitate von ihm aus den letzten Jahren. Sie sind den offiziellen Reden

91

entnommen, die er reichlich hält, wenn ihm von seinen politischen Freunden Preise und Auszeichnungen verliehen werden oder er im Austausch Laudationes und Festreden hält.

Kein Wort wurde abgeändert. Ja, er spricht tatsächlich so allgemein und geschwollen! Die wenigen konkreten Sätze von ihm stammen aus den äußerst seltenen Interviews, die er meist artigen und ihm nahestehenden Hofberichterstattern gewährt hat.

...talienischen Kiosken verbreitete Persiflage auf die BILD-Zeitung. Viele deutsche Urlauber glaubten zunächst, ihr geliebtes
...t in der Hand zu haben ...

onderausgabe
...tag, 29. Juli 1980 - 30 Pf
...5/29 · DRUCK IN ESSLINGEN · C 21027 A ****

BILD

UNABHÄNGIG · ÜBERPARTEILICH

Bombe platzte auf der Wartburg

Schmidt geheim mit Erich Honecker

...re! Unglaublich! - Schmidt und Honecker weinten.

WIEDERVEREINIGUNG! JUBEL, JUBEL, JUBEL!

Moskau: Russen geschockt! Chaos im Kreml

Jubel – nun ist es über Nacht geschehen. Einfach irre. Prosit, Brüder und Schwestern, wir hatten Euch nie vergessen!

Nachrichten

Filbinger mahnt

Stuttgart – Eine Wiedervereinigung würde unseren Rechtsstaat bedrohen, sagte der frühere Ministerpräsident von Baden-Württemberg, Filbinger (CDU).

Reagan für Atombombe

Los Angeles – Falls die Russen in Deutschland eingreifen, würde ich mich nicht scheuen, taktische Atomwaffen einzusetzen, sagte Präsidentschaftskandidat Reagan in Los Angeles.

Haifische in Rimini

Rimini – Zwei Pärchen aus Wuppertal wurden von zwei Haien angegriffen (20 m vom Strand vor Rimini entfernt). Einheimische trieben die Haie ins Meer zurück. Alle gerettet, ein junger Mann wahrscheinlich Bein ab.

Haschisch weg

Frankfurt – Frankfurts Polizei durchkämmt Wohnungen von Kollegen auf der Suche nach Rauschgift nachdem im BILD-berichtete Beamte den Rauschgifthändlern Haschisch gestohlen hatten.

Unzumutbar

London – Mick Jagger, Chef der Rolling Stones, wurde gebeten, ein Konzert für Königin Elizabeth zu geben. Königshandler dieser Ansinnen als unzumutbar.

Und so platzte die Bombe

Völlig unerwartet trafen sich gestern nachmittag 15 Uhr MEZ Bundeskanzler Schmidt (begleitet von Ehefrau Loki in blaugeblümtem Kostüm) und 'DDR' - Boß Honecker (ohne Ehefrau, aber in Begleitung von Stasi-Chef Mielke). Ort des geheimgehaltenen Treffens: die Wartburg bei Eisenach. Die Wartburg, wo Luther die Bibel übersetzte und Tintenfässer an die Wand warf. Die Wartburg, wo sich im letzten Jahrhundert deutsche Studenten versammelten, um für die deutsche Einheit und Unabhängigkeit zu demonstrieren.

"Ich bin aus dem Häuschen!"

Gegen 17.30 Uhr war eine Pressekonferenz anberaumt – die Presse des freien Teils Deutschlands wurde erst eine knappe halbe Stunde vorher informiert. Wie ein Blitz schlug die Nachricht in Bonn ein. Ernst-Dieter Lueg (ARD). "Ich bin aus dem Häuschen!" Mit einer sofort gecharterten Sondermaschine flogen Journalisten fast aller Zeitungen und Rundfunkanstalten auf einen provisorisch hergerichteten Flugplatz in Eisenach (auffälligerweise fehlte Ubringens ein Journalist des NDR)

Honecker schwitzte

18.55. Beginn der Pressekonferenz, mit 25 Minuten Verspätung – die Beleuchtung war ausgefallen, und es gab keine Ersatzbirnen. Endlich betraten Schmidt und Honecker den Saal, der Kanzler übermüdet, aber sichtbar zufrieden, der Moskau - Südling schwitzend und unsicher. Die Kameras surren. Die Spannung ist unerträglich. Eine Wiedervereinigung erlebt man schließlich nicht alle Tage.

Eine Mutter und eine Tochter die eine bis gestern im Osten, die andere m Westen – beide Bild besizzt Kerner Wolfe.

Brandt verschwunden?

● Ein Schatten legte sich über die Freude: als gegen 20 Uhr bekannt wurde, daß Willy Brandt und mit ihm Egon Bahr spurlos verschwunden sind

● Spät abends ruft die Bild - Zeitung im Büro Brandts an. Herr Brandt sei nicht erreichbar, sein Kommentar: Später...

Journalisten sind inzwischen zurück, sickert in Bonn durch. Willy Brandt und Egon Bahr in der 'Arbeitsteilung der Ostverhandlungsge' haben sich mit unbekanntem Ziel abgesetzt; das Plaster ist ihnen auf einmal zu heiß geworden. Ein Kanzler-Eesher der SPD zu BILD:

Wollen letzte Seite

Oh weh, das fängt ja schön an!

Und so soll sie aussehen:
Freie Wahlen auch im Osten
DM West bleibt Währung
Mauer weg statt Bonn Berlin

»Künftig keine Spiele im Sandkasten«

Letzte Meldung: Zwei Stunden herrschte größte Eintracht, dann war es mit dem Frieden schon wieder vorbei. Ein heftiger Disput zwischen Schmidt und Honecker, der fast nur verbal ausgetragen worden zu sein schient (siehe BILD-Photo) machte dem Wiedervereinigungstraume erst mal ein Ende. Im Diplomat, der bei den Zwistigkeiten zugegen war, aber nicht genannt sein will, berichtet: Es begann harmlos.

Schmidt schlug Honecker vor, die "DDR" solle den Abbruch der Mauer bezahlen, da sie sie gebaut habe. Honecker widersprach mit den Worten: "Ihr Ar-

beltervereter hättet mehr gegen die Reaktion tun sollen, dann wäre die Mauer nicht nötig gewesen."

Von GÜNTHER WETTLAUFER und JÖRG HANSEN

Von GÜNTHER WETTLAUFER und JÖRG HANSEN

● Beide Regierungen haben sich auf die schrittweise Wiedervereinigung der beiden Teile Deutschlands geeinigt.
● Die Wiedervereinigung soll in einem Zeitraum von einem Jahr abgewickelt werden.
● Am 4. Oktober 1981 sollen freie Wahlen im wiedervereinigten

Deutschland. Zur Wahl zugelassen: CDU/CSU, SED, SPD, FDP. Alle anderen Parteien fallen präventiv unter die Fünf-Prozent-Klausel.
● Das wiedervereinigte Deutschland wird ein demokratischer Staat mit stattssozialistischer Prägung sein. Privatinitiative und Planwirtschaft werden miteinander harmonieren.

● Der Sitz der neuen Regierung Berlin. Die Regierung der jetzigen Deutschen Demokratischen Republik erklärt sich bereit, für diesen Zweck die ehemalige Reichskanzlei wieder herzustellen.
● Die Regierung der Bundesrepublik Deutschland sowie die Deutschen Demokratischen Republik benennen eine Kommission, die mit der Ausarbeitung der Ausführungsbestimmungen zur Wiederzusammenführung der beiden Teile Deutschlands beauftragt ist. Ihr ge-

hören an: Helmut Schmidt, Erich Honecker, Horst Herold, Ernst Mielke, Herbert Wehner, Albert Norden, Gerhard Löwenthal, Karl Eduard von Schnitzler, Axel Cäsar Springer, Hermann Kant, Franz Josef Strauß, Günter Mittag, Christian Klar.
● Die Regierung der Deutschen Demokratischen Republik erklärt sich bereit, alle Berliner Mauer sowie den Eisernen Vorhang schrittweise zu öffnen. In einer ersten Phase werden beide Grenzen mit Drehtüren ver-

sehen."

● Beide Regierungen sind sich darüber einig, daß Beurteilungsfehler noch in Einzelfällen und nicht aus politischen Gründen ausgeschlossen werden dürfen.
● Die Regierung der "DDR" verpflichtet sich, umgehend Probebohrungen im Gebiet Vockerode / Elbe durchzuführen und im Falle eines positiven Resultates eine Entstehungs- und Wiederaufbereitungsanlage für das gesamtindustrielle Abrampprogramm zu errichten.
● Amnestie für alle Terroristen, sofern sie den neuen Staat anerkennen und sich beim deutschen Volk entschuldigen.

Helmut Schmidt liest mit versagender Stimme, die hat Tränen in den Augen. Eine Erklärung ist verlesen - ohnmächtige Stille liegt über dem Saal, dann bricht ein unbeschreiblicher Beifall los. Schmidt und Honecker liegen sich in den Armen, klopfen der Kommunist weint: Honecker "Nächstes Jahr lade ich, lask und Dich in mein Sommerhaus an der Ostsee ein" Schmidt. "Einverstanden - ich bring auch den Franz Josef mit"

Die Journalisten sind überwältigt, es kommen keine Fragen. Aber was gibt es da auch zu fragen? Man lacht, prostet sich zu, einige reden schon über Einzelheiten. Deutschland Ost und West - das wiedervereinigte Gemeinschaftender. Ein Redakteur des "Neuen Deutschland" (Bayerischer Rundfunk) Löwenthal, was machen wir jetzt mit Rudolf Bahro?
Mühlfeld. "Na jetzt ist recht, der fliegt raus"

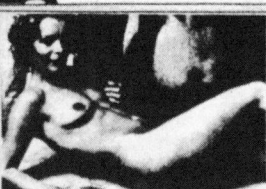

Sie nahmen Abschied von ihrem unmenschlichen Arbeitsplatz. Zum letzten Mal stiegen diese beiden Schützen der ehemaligen Nationalen Volksarmee von ihrem Schlagstand.

GOLD, GOLD, GOLD!

Goldjunge Willi Weisswurst gewann

Die 100 m. Wurst

Aber starker Russe!

Daume: Illegal

Didi Thurau
doch gedopt

Zürich

Igor Borschtlokoff

Moskau

Nach 45 Minuten ein jubelnder Aufschrei.

Die kleine deutsche Kolonie lag sich jubelnd in den Armen. Es war auf den letzten beiden Metern hatte Willi Weisswurst – Spitzname „Wilsson" – die echten Russen ein mobilisiert – die diesmal starken Russen Igor Borschtlokoff nach um die Goldmedaille gebracht.

Von PAUL HERTRICH und GOTTFRIED BRAUNER (Fotos)

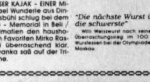

Sport-Nachrichten

Rossi orange

Alle Achtung

Mächtig

»Spruch«

„Die nächste Wurst ist der schwerste"

Petri Heil an der Kiesgrube

DAUME: „Wir müssen hart durchgreifen"

Moskau

Der stillste Trainingsplatz der Welt

Italienischer Mittafavorit verhaftet!

Gustavo Salcicci

⚽ FUSSBALL ⚽ FUSSBALL ⚽ FUSSBALL ⚽ FUSSBALL

FRANZ BECKENBAUER ZU DYNAMO DRESDEN

Erste Reaktion: Geld ist in meinem Alter nicht mehr alles

K.H. Rummenigge
Nie wieder Nationalelf

Unser Rummenigge: jetzt kommt die Sucht

BILD

Wetter

In Südwest Deutschland

Wieder Regen und Schnee

Viele Wolken, Regen: 17 Grad, im Bergland um 14 Grad, mäßig. Zur Südwestwind. Wassertemperatur Nordsee 16, Ostsee 14 Grad. Morgen: Unbeständig.

Nachrichten

Glaubensstreit

Tel Aviv Prügelei zwischen Moslems und arabischen Kommunisten im arabischen Dorf Qum El Fahim. Die Kommunisten wollten sich zu Politik schließen.

Jeder 2. Spendet seine Organe

Mülsen Jeder zweite Deutsche will nach seinem Tod Organe spenden — für Transplantationen.

Sylt sucht Ober

Höbült In den Hotels und Gaststätten auf der Nordseeinsel Sylt. Fehlt und Amtum fehlen 580 Arbeitskräfte.

NATO Hauptquartier
Spionage- und Liebesnest?

Ist es Sex oder Spionage

Warum sie BILD lesen

Dieter Thomas Heck, Moderator im ZDF-Hitparade Mainz

Vera Appel (Nachbarschaftsrätin) Oberhausen

BRANDT und BAHR VERSCHWUNDEN

Von AXEL BROWER-RABINOWITCH

Er nannte sie zärtlich

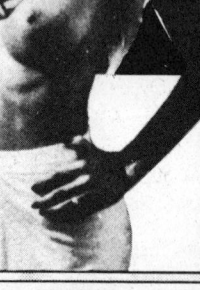

CHAOS AM BRENNER
20 Tote — wie auf dem "Schlachtfeld"

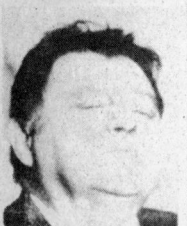

Franz-Josef Strauß: Bayern das Afghanistan des Westens?

Dritter Teil

RIESEN-SKANDAL! Türke beißt Deutschen Schäferhund

Frauchen (68) mußte weinend zusehen!

Das geht wie so: Neger, Türken und Ausländer werden immer frecher. Wir Deutsche gehen ihnen am Dach über den Kopf. Wir Dank? Die Schwarzen vergewaltigen unsere Töchter, verprassen unsere Steuergelder und ...

(15), bei, beißleben, erstullte. Hat den hübschen, blonden Deutschen Schäferhund "Adolf" (4) bei its Brutwandt VIII er das Fießig, froß Tier. Und alles nur wegen eine zerfressenen Hand, und ein paar Türken Mesteln.

Frauchen (66) bei verzweifelt: "Nee, nee, asigrohien, nee!" sollte so gesehen.

BLIND meint: Solchen Tierquälern gehören die Finger abgehackt!

Olpe: Nach Bluttat BEERDIGUNG

Blind
WAHNSINNIG · ORDNUNGSLIEBEND

Donnerstag, 6. Dezember 1979 · 30 Pf
Nr. 251/4 · Druck in Kettwig · 104 · * * *

Totaler Fußball Krieg!
In Schalke gings KRACH! RUMS! BUMSTI!

Bericht im Spor

DGB-KOMMUNISTEN: Strauß hat sich die Zunge verbrannt!

Gefasst wie immer: F. J. Strauß

München, 5. Dezember von H. Lunke

München - Linksradikale Anarcho-Gewalttäter in höchsten Gewerkschaftskreisen verwandeln Deutschlands schönen, guten, arbeitsamen zukünftigen BUNDESKANZLER. Diese PINSCHER wollen uns Deutsche alle ANS BEIN PINKELN, wenn sie sagen: Franz Josef Strauß hat sich in seiner Rede die Zunge verbrannt. Pfui, Teufel!

BLIND-Bildportraitview mit unserm Franz

BLIND: HERR zukünftiger BUNDESKANZLER: Warum wollen die Linksradikalen uns TERROR, BLUT und WAHNSINN alles kaputtmachen?
F. J. Strauß: Jo, mei, I bin halt a Soldat der Freiheit, gell?
BLIND: Was können wir tun, daß uns die linksradikalen Neo-Marxisten nicht noch unsere schöne Demokratie anzünden?
F. J. Strauß: Na, halt, I bin nur a Soldat der Freiheit! Man wäre! Rune Reiben die, kaputtmachen, hundertmisieras der, susstrillen müssen das...

F. J. Strauß: Jo, i bin halt a ... Was? Woos sagens? Des hams oaba gut gsagt! Sist

BLIND-LESER: Morgen: Tut-Tut-Aktion! Rufen Sie unsern Bundeskanzler an F J Strauß stellt sich Ihren Fragen! Fragen Sie ihn noch ...

Oh, Oh, Oh, Oh! Kanzler Schmid gestürz

Bonn - Helmut Schmidt ist gestürzt! Au weiha, Deutsche, habt ihr das gewußt! Allein v. Dudeldum (86), seine ehemalige Lehrerin zu BLIND. "Klein-Helmut ist öfters gestürzt. Beim Radfahren und beim Boxen auch mal, nich?" BLUTIG, AUFGESCHRAMMT und mit ZERFETZTen Schuhen - so kam er vom Spielen nach Hause. Damals.

Morgen in BLIND: Willi Brand spielte, Suff und Russenländerei

ÄRRRGS Zerstückel und Liebe gezwungen

Heinz-J w R. beim Urologen.

Nachrichten

Heirats-schwindler: Knast
■ Stockholm: Hauke D 15 aus Juzgang Königindes Ehe vergönnt sicht die Frau vergüttl. Kriaht zu erstatten Gesetzlt Auch Bull half!

Tüt-Tüt-Tüt: 'schüs!
■ Bonn: Postminister schneide "exklusiv zu LIND: Telefon macht uns mehr tut-tut tut Telefon macht. Fürm künzeptzzzzzzz Rufim in puit? Der Minister dazu: "Bei BLIND sagt ich Hauptsache Köm, nieder? Schreiben ist meine Meinung!"

apst verlobt?
■ Milliarden antständige athollken angezalten
inzwst hin Anstand gang Papst Johannes Paul hochlich verlobt! Das hälte Haustrau Ein P. W aus Bottrop. Dazu zwei Kin abernäalt wenier nich zu Polacken abgesalzt oder zu Lump!!"

chah hat chnupfen
■ Parsi ware vor Sorge um Schah, hat Schnupf W Mench soll sie nu ihr manchmalch berühmt Deutsch

DER SOMMER IST LANGST HIN MIENT - AUCH PRINZESSIN GARBLIN

Kommentar Hetz! Hechel!

Gott straft die Deutschen
Russen: Neger Tierquäler Arbeitslose, anständige Terroristen immer wir Deutsche Zahlt sich Fleiß, Anstand, Ordnung nicht aus? Wir werden vergewaltigt, überfremdet ausgebündet. Und der nachste Bundeskanzler ist wahrscheinlich ein Türk. Khomein-Perser oder, schlimmer ein Ahlna-der. Deutsche, wollt ihr das? Halt ihr nicht auch Angst um unser schönes Vaterland? Wir tun war nur beten. Liebe Gott um auch schon mal anders! Darum strafe deutschlandl reinsch vernichten Kein der wissen es nicht man... Schlimm schlimm, schlimm!

von Peter Höhnsich

Brutaler Lustmord

BLIND-Serie Deutschland, deine Arbeitslosen (IV)

Frau Brunhilde B. (58) macht immer mit

● Arbeitsloser (64) Familienva feierte blutige Sex-Orgien ● Al hol und zuviel Geld ● Da gings r

Zu... Deutschlands fleißige Arbeiter zur Schicht Sohn nach nachts zur Frau betrügt sie mit ... PRIESTERGELD ARBEITSLO 25 Jahren treulos SEU dahn MÜRSWERWERTIGEN. zur ...

Lustmord und Dollar Wellenatur... -He wulusch, am Ende alles verloren Da her schreckichen Zum Ende Sie sind unsrat den FLEISSIGEN DEUTSCHEN ab fue

Habe in SUFF, SEX und GEWALT, Wi die FLEISSIGE DEUTSCHEN de

BLIND morgen: Keine Lehrstelle letzte Hemd versaufen
aber Deutschlands Rentner

Zu glücklich, um zu weinen!

Alle königlichen Bräute haben bisher geweint. Lady Diana nicht. Für sie war die Hochzeit ein Tag des Lächelns

So hielt Dianas Vater eisern durch

Die Queen und Earl Spencer auf der Fahrt zum Palast

Donnerstag, 30. Juli 1981 · 35 Pf

Druck in Essen-Kettwig · C 21041 A · K

BILD
UNABHÄNGIG · ÜBERPARTEILICH

1240 Verletzte
Sprengstoff
2 Diener verhaftet

Ja-beide
weinten
vor Glück

seit gestern um 12.14 Uhr sind Charles (32) und Lady Diana (20) Mann und Frau. Auf die des Erzbischofs von Canterbury, ob sie heiraten wollen, antwortete nacheinander: „Ja." Es war die Traumhochzeit wie aus dem Bilderbuch.

Charles weinte vor dem Altar. Dl stiegen Tränen in die Augen. England's künftiger König ihr den ...

Ehering ansteckte – Tränen des Glücks.

750 Millionen Fernsehzuschauer und Hunderttausende Londoner waren entzückt von der Schönheit der Braut. „Mit ihrer Hochzeit hat Diana versprochen, ihrem Land für den Rest des Lebens zu helfen", sagte ihr Vater.

1240 Menschen wurden bei der „Hochzeit des Jahres" verletzt. Über

300 brachen bei der schwülen Hitze zusammen. Am Polterabend waren während eines Riesenfeuerwerks 940 verletzt worden.

Im Buckingham-Palast wurden zwei Diener verhaftet. Im Auto des einen hatten Detektive 30 Stangen Sprengstoff entdeckt. (Was Charles seiner Frau nach der Trauung sagte und was anderes über die Hochzeit, lesen Sie auf den Seiten 6, 7 und der letzten Seite.)

Der Allesheiler vom Dienst

98 Prozent aller Bundesbürger kennen BILD. Und ebenfalls 98 Prozent haben den Namen Köhnlechner schon einmal gehört. Das ist kein Zufall. Gehören doch BILD und Köhnlechner zusammen wie ZDF-Werbung und Mainzelmännchen oder – um näher beim Thema zu bleiben – wie Zuhälterei und Prostitution. BILD stellt Dr. Manfred Köhnlechner aus München als den Wunder-Mediziner schlechthin dar. Ob ein Weh-Wehchen oder Krebs, ob Kreislauferkrankungen oder Altersschwäche, BILD's Allesheiler Köhnlechner, der auch in Sommermonaten Schickeria-Treffs im Pelzmantel ziert, gibt seinen Senf dazu und BILD läßt die Propaganda-Walze laufen, druckt den medizinischen Dilettanten in Millionen-Auflage.

Davon profitieren beide: BILD und Köhnlechner. Die Ärzte-Zeitung »Medical Tribune« zitiert einen stellvertretenden BILD-Chefredakteur, der sich intern – Kollegen gegenüber – so rechtfertigte: »Ich persönlich halte Köhnlechner auch für einen . . .*, aber wir können nicht auf ihn verzichten, wenn wir unsere Auflage halten wollen. Wenn wir mal keinen Köhnlechner im Blatt haben, sinkt die Auflage sofort um einige Hunderttausend Exemplare.«

Das ist die Journalisten-Moral bei BILD. Ohne genüßlich aufbereitete Sexualmorde verlieren wir weitere Hunderttausende, ohne niederträchtige Rufmordkampagnen springen wieder Hunderttausende von Lesern ab, ohne Wahnsinnserfindungen und Übertreibungen wäre BILD bald am Ende, würden die letzten Leser gelangweilt davonlaufen. So wäre der an sich richtige Denkansatz des stellvertretenden Chefredakteurs logisch zu Ende gedacht. Anders gesagt: BILD hat mit Journalismus eben nur noch partiell etwas zu tun, die Hauptsache sind reaktionäre Propaganda, Agitation mit Trieben und Ängsten, seichte Unterhaltung und glitzernde Show. And the show must go on.

---

* Hier wurde ein beleidigender Begriff zitiert, auf den ich verzichte, um Köhnlechner keinen juristischen Vorwand zu geben.

Köhnlechner selbst äußerte sich über BILD unfreiwillig komisch so:

Dr. Manfred Köhnlechner

99 Es ist faszinierend für mich, daß man Millionen Menschen mit den BILD-Serien erreichen kann. Bei einem der letzten Fortsetzungsberichte erhielt ich etwa 30 000 Briefe, Anrufe, darunter Hilferufe von Verzweifelten. BILD hat eine großartige Leserschaft. Diesen Menschen zu helfen, ist für mich von großer Befriedigung. **99**

„Das habe ich mit **Bild** erlebt"

Was den BILD-Talismann »fasziniert«, was ihm »Befriedigung« verschafft, das ist ein Geschäft auf Gegenseitigkeit. In Hunderten von Artikeln baut ihn BILD zum Heilsbringer und Wunderheiler der Nation auf. Leichtfertig und gewissenlos wird er in BILD und BILD am SONNTAG als »Deutschlands (manchmal auch Europas oder der Welt, das hängt von der Länge der von der Grafik vorgegebenen Zeile ab) berühmtester Heilpraktiker« auf die Leser losgelassen. Ein Beispiel: »Wie Sie mit Ängsten und Depressionen fertig werden!« – Ganz einfach, so weiß Köhnlechner: »Schlangengift von Sandviper und Klapperschlange.« Das stimmt sogar, wer hat je bei Toten von Angst oder Depression gehört. – Ein anderes Beispiel: »Was Sie beispielsweise tun können, wenn der Arzt bei Ihnen feststellt, daß Sie an Krebs oder Gürtelrose leiden.« – Krebs und eine Virusinfektion in einem Atemzug, in einem Aufwasch. So einfach machen es sich BILD und sein Pseudoarzt. Aber es gibt keine Simplifizierung, die BILD nicht noch einfältiger machen könnte. Am 11. März lautete die Schlagzeile: »Köhnlechner: Leben ohne Krebs für 3 Mark am Tag« Im Text liest sich das dann so: »Um den Preis von 3 Mark pro Tag und etwas Selbstdisziplin ist Krebs für jeden gesunden Menschen weitgehend vermeidbar! Zu dieser Erkenntnis kommt Manfred Köhnlechner . . .« Ein paar Pülverchen vom Hexenmeister und schon ist die Menschheit von einer Geißel befreit, vor der bisher die gesamte Wissenschaft kapitulierte. Die komplizierte

12 Mädchen verschwunden oder getötet

Kripo prüft:
Iris' Vater
der Disco-Mörder?

Dienstag, 11. März 1980 - 40 Pf
Nr. 60/11 • HAMBURG-AUSGABE • C 1784 AX ****

Bild
HAMBURG
UNABHÄNGIG·ÜBERPARTEILICH

Olga Tschechowa:
Kurz vorher lächelte sie:
'Bald bin ich oben'

Sanfter Tod zu Hause

Köhnlechner:
Leben ohne Krebs
für 3 Mark am Tag

Nachrichten
IRA: Neuer Terror

Um den Preis von 3 Mark pro Tag und etwas Erkenntnis kommt Manfred Köhnlechner in Selbstdisziplin ist Krebs für jeden gesunden seinem soeben erschienenen Buch "Leben Menschen weitgehend vermeidbar? Zu dieser ohne Krebs". (Weiter Seite 3.)

Der Frühlingswind bewegte lag in ihrem breiten Bett mit In einer neun Neuement, die Die berühmte Ufa-Schau-
den Vorhang am offenen Fen- den rosa Bezügen, in der ro- Hände unter der Decke, ohne spielerin starb Sonntag nach-
ster. Im Garten zwitscherten mantischen Giebelvilla in Lächeln auf dem Gesicht, mittag zwischen 15 und 16 Uhr
Vögel. Olga Tschechowa (83) München. Sie war eingehüllt Olga Tschechowa war tot! (weiter letzte Seite).

HSV: Dreßel wie einst Charly Dörfel

Dienstag, 15. Juli 1980 - 40 Pf
Nr. 162 29 • HAMBURG-AUSGABE • C 1784 AX ****

Bild
HAMBURG
UNABHÄNGIG·ÜBERPARTEILICH

Werft-Chef
Willy H. Schlieker
tot - Krebs!

Hamburg, 15. Juli: "schnellste" Werft in Hamburg die voll an Krebs. 1962 hatte er Pleite
Der "Werft-Löwe" ist tot: Willy Konkurrenz zwei Jahre über Fürch- gemacht— 170 Millionen!
H. Schlieker (66), der mit seiner ten lehrte, starb in München qual- Bericht Seite 4

Zum 90. Köhnlechner
schenkt seinem Vater
Verjüngungskur

Verliebt in Paris:
Steeger
fand neuen
Pfleghar

Liebe in Paris: Jean
Paul Zehnacker hält
seine Ingrid Steeger
fest im Arm. Der der-
kaltlange Fransan,
so glaubt sie, kan

Kette der wahrscheinlich mitverursachenden Faktoren, die den Ausbruch von Krebs zumindest begünstigen – zunehmende Umweltverschmutzung, Schadstoffe in unserer Ernährung, Verchlorung und keimtötende Sterilisierung unseres Trinkwassers, atomare und sonstige Strahlenbelastung, psychische Faktoren, Bewegungsmangel und anderes mehr – sie alle können dazu beitragen, das Immunsystem des Körpers zu schwächen oder zum Zusammenbruch zu bringen. Nur: Das alles ist für BILD kein Thema. Würde man doch durch Berichte darüber unserer industriellen Leistungsgesellschaft und der von BILD mit verherrlichten Konsumfetische an die Substanz gehen.

Zur Jahreswende 1980/81 darf der hausgestrickte Alle, heiler in BILD darauflosorakeln. Unter der Rubrik: »So gut wird 1981: Gesundheit von Manfred Köhnlechner« schreibt er (oder wird für ihn geschrieben): »Es gibt Hoffnung, daß wir 1981 Herz- und Kreislauferkrankungen und Krebs durch Vorsorge eindämmen können. Für beide Krankheiten liegt der sicherste Schutz in ausreichender Zufuhr von Vitamin A, E und C und Enzymen . . .« So einfach ist das. Wer dennoch erkrankt, ist halt selbst dran schuld.

So werden zigtausend Schwerkranke dem Schwerreichen, der laut BILD »für sich selbst nichts nimmt«, zugetrieben. Durch verheißungsvolle Schlagzeilen und Serien: »GEHEILT. Dr. Köhnlechner und die hoffnungslosen Fälle. Z. B. Herzinfarkt.«

BILD: »Nach Köhnlechners Theorie, die inzwischen durch viele wissenschaftliche Untersuchungen *gestützt* wird . . .« – Eine Hochstapelei sondergleichen. Köhnlechner selbst ist kein Erfinder. Er hat nicht eine einzige seiner angeblichen »Theorien« oder »Heilmethoden« selbst entdeckt oder entwickelt. Es hat sie alle schon gegeben: »Akupunktur«, »Neuraltherapie«, »Enzym«-»Ozon«-»Frischzellen-Therapie« oder wie die ganzen Mode-Heilverfahren auch heißen mögen. Das gemeingefährliche an Köhnlechner ist, daß er laienhaft, vorschnell und – dazu oft noch falsch abgeschrieben oder interpretiert – seine Therapien per Ferndiagnose in die Welt setzt.

Für BILD hält er gelegentlich bundesweite Telefonsprechstunden ab. Dabei stellt er Vermutungsdiagnosen und empfiehlt ohne Kenntnis der Krankheitsgeschichte die abenteuerlichsten Therapiemaßnahmen. So in der Serie: »Herr Köhnlechner, können Sie mir helfen?« Als er einer Sekretärin, die wegen einer chronischen Entzündung ihrer Fingergelenke frühinvalide geschrieben werden soll, u. a. rät: »Gut ist auch die Einstichakupunktur, bei der eine dreizackförmige Nadel in die Gelenkspalte gestoßen wird. Es ist die einzige schmerzhafte Form der Akupunktur, aber sie hilft in vielen Fällen.«

Er scheint selbst nicht zu wissen, welchen gefährlichen Unsinn er der Patientin empfiehlt. Zunächst einmal: »Dreizacknadeln« gibt es in der Akupunktur überhaupt nicht. Selten werden, nur von Könnern, dagegen Dreikantnadeln angewandt, die allerdings nicht ins Gelenk gestoßen werden dürfen, da dies Steifheit zur Folge haben kann. Von Experten kritisiert und zur Rede gestellt, läßt er durch sein »Manfred-Köhnlecher-Institut für Erfahrungsmedizin« schriftlich ausrichten: »Herr Köhnlechner hat die Dreikantnadel selbst nie angewendet. Er erklärte . . . lediglich, daß man in China diese Nadel bei kleinen Gelenken benutze. Die Behandlung erfolge jedoch am und nicht im Gelenk. Herr Köhnlechner selbst lehnt die Methode ab.«

Herr Köhnlechner, können Sie mir helfen?

Einen solchen Ansturm hatte Deutschlands bekanntester Heilpraktiker Manfred Köhnlechner noch nicht erlebt! Tausende riefen an, als er und zwei seiner Mitarbeiter zwei Stunden lang am BILD-Telefon saßen. Viele Leser kamen nicht durch, weil die drei Telefone ständig besetzt waren.

Der Andrang war so groß, daß bei der Münchner Post und bei der BILD-Redaktion zeitweise der Telefonverkehr total zusammenbrach.

Für alle, die an dieser Aktion nicht teilnehmen konnten, bringt BILD jetzt jeden Tag die wichtigsten Fragen, die von Lesern gestellt wurden.

Lesen Sie, was Manfred Köhnlechner geantwortet hat, welche Ratschläge, Hinweise und Tips er gibt.

Leberkrank

Ulrich A., 43, aus Augsburg

„Ich habe ein ständiges Druckgefühl an der rechten Bauchseite. Eine Untersuchung ergab erhöhte Leberwerte. Ich habe Angst, daß es schlimmer wird. Wie kann ich mich davor schützen?"

KÖHNLECHNER: „Leberschützende Medikamente gibt es viele. Die wenigsten helfen. Setzen Sie sofort strikt jeden Alkohol ab, essen Sie kein fetten und panierten Speisen, und lassen Sie sich von einem Arzt eine Blutwäsche machen.

Die Erfahrung hat gezeigt, daß sie am raschesten und deutlichsten hilft. Bei einer solchen Blutwäsche werden Ihnen aus der Armvene etwa 100 ccm Blut entnommen. Es wird mit Ozon-Sauerstoff aufgeschüttelt und als Tropfinfusion wieder in den Kreislauf eingeschleust. Adressen von Ärzten, die das machen, kann Ihnen mein Institut auf Anfrage mitteilen." (Manfred-Köhnlechner-Institut, 8 München 90, Gabriel-Max-Straße 3).

Rückenschmerzen

Julia H., 27, aus Köln

„Seit der Geburt meiner Tochter habe ich Rückenschmerzen, die sehr stark auch in den Bauch ausstrahlen. Der Arzt meinte, es könnten Verdauungsstörun-

gen sein und verschrieb allerlei Medikamente, die aber nicht helfen. Können Sie mir einen Rat geben?"

KÖHNLECHNER: „Ja. Nur kann ich aus der Ferne nicht die Ursache Ihrer Beschwerden feststellen. Aber machen Sie Ihren Arzt mal darauf aufmerksam, daß es sich um eine Funktionsstörung der Lendenwirbelsäule oder der Darmkreuzbeingelenke handeln könnte. Nach Geburten treten diese Störungen manchmal auf und können dann chronisch werden.

In einem solchen Fall empfehle ich Ihnen Procain-Injektionen in die gestörten Gelenke. Sie sitzen am Rücken, direkt über dem Becken, dort wo die für viele Frauen charakteristi-

● Manfred Köhnlechner bei der BILD-Telefon-Aktion

schen Grübchen sind. Auch Chiropraktik kann Erfolg haben, wenn es die Röntgenaufnahmen erlauben."

Mandelentzündung

Herbert Sch., 39, aus Essen

„Ich leide häufig an Mandelentzündung. Ich bekomme dann Fieber und kann vor Schmerzen kaum schlucken. Die Ärzte, bei denen ich war, rieten mir, die Mandeln herausnehmen zu lassen. Soll ich das wirklich tun?"

KÖHNLECHNER: „Vor einer Operation sollte man auf jeden Fall versuchen, durch Neuraltherapie die Mandeln wieder funktionstüchtig zu machen. Dabei wird ein procainhaltiges Mittel an die Mandelpole gespritzt, also dorthin, wo die Mandeln angewachsen sind.

Ich meine, daß man ohne wirklich zwingende Gründe kein Organ im menschlichen Körper stillegen oder entfernen sollte. Gerade die Mandeln sind als „Alarmzentrale" bei krankhaften Veränderungen im Körper sehr wichtig.

Die Neuraltherapie schafft es meistens, die körpereigenen Abwehrkräfte zu stärken und damit die zu große Entzündungsanfälligkeit zu beseitigen.

Gallenkolik

Berta R., 55, aus Oldenburg

„Ich zwei Jahren leide ich häufig an furchtbar schmerzhaften Gallenkoliken. Alles, was ich bisher versucht habe, hat nichts geholfen. Bitte helfen Sie mir."

KÖHNLECHNER: „Ich will es versuchen. Ich weiß, daß gerade Ihr Leiden ein großes Problem ist, denn 40 Prozent aller Frauen über 50 haben Gallensteine. Damit es gar nicht erst dazu kommt, empfehle ich eine vitalstoffreiche Diät, die Ihnen jeder vernünftige Arzt in allen Einzelheiten nennen kann.

Auf jeden Fall sollten Sie kein gebratenes, paniertes oder fettes Fleisch essen. Beim Auftreten der Koliken kann Akupunktur manchmal schon in Sekunden helfen. Benötigt werden lediglich drei Nadeln. Zusätzlich ist auch hier eine Neuraltherapie angebracht. Ob dann noch eine Operation nötig ist, müssen Internist und Chirurg entscheiden.

Wechseljahre

Hildegard F., 47, aus München

„Ich schlafe schlecht, habe häufig Hitzewellen, und entdecke zu meinem Entsetzen, daß ich launisch und vergeßlich werde, obwohl ich früher sehr ausgeglichen war und wegen meines guten Gedächtnisses oft bestaunt wurde.

Mein Arzt meinte, das könne ja die Wechseljahre, da könne man nichts tun als abwarten. Muß ich das wirklich?"

KÖHNLECHNER: „Keiner Frau sollte man zumuten, daß sie tatenlos und still abwarten muß, bis vielleicht mal die Wechseljahrsbeschwerden abklingen. Man kann sehr wohl etwas tun.

Zunächst einmal muß darauf geachtet werden, daß der Hormonhaushalt wieder ins Lot kommt. In den Wechseljahren gerät er nämlich aus dem Gleichgewicht, und das löst die Beschwerden aus.

Bekämpfen läßt sich das durch homöopathische Medikamente, Akupunktur und durch Injektionen mit Schlangengift. Gerade Schlangengift hat sich bei den Beschwerden in den Wechseljahren als sehr wirkungsvoll erwiesen."

© 1977 BILD, Hamburg

Morgen lesen Sie:

Manfred Köhnlechner antwortet auf Fragen der BILD-Leser:

● Was bei Thrombose-gefahr zu tun ist

● Wie Depressionen behandelt werden

● Was bei einem offenen Bein, bei niedrigem Blutdruck und bei Krampfadern hilft.

Außerdem noch viele andere Fragen und Antworten.

So anmaßend und selbstherrlich er seinen Rat- und Hilfesuchenden gegenüber auch auftritt (»Ich werde erst aufhören, wenn ich niemandem mehr helfen kann«), so kleinlaut kann er auch werden, wenn ihn Kapazitäten der Kurpfuscherei überführen. Nachdem ihm der Stuttgarter Internist Prof. Dr. Marx gefährlichen Dilettantismus vorgeworfen hat, u. a.: »Wie begrenzt die Kenntnisse des Herrn Köhnlechner auf medizinischem Gebiet sind, ergibt sich aus seiner Darstellung, wonach zu den Krankheiten, die eines operativen Eingriffs bedürfen, auch die Nierenentzündung zu zählen sei. Würde dies ernsthaft befolgt, so bedeutete es nicht nur das Ende der betreffenden Krankheit . . .« Darauf Köhnlechner: »Hier ist mir bei der Kürzung des Manuskripts eine peinliche unverzeihliche Panne unterlaufen . . .«

»Sprechstunde bei Köhnlechner«, so der Titel einer anderen Serie in BILD: »Täglich von 13 bis 14 Uhr konnte man ihn in München unter der Nummer 089/646635 konsultieren. Ferndiagnose für BILD-Leser per Telefon. »Sie können nicht schlafen?« – »In Ihrem Fall vermute ich eine herzbedingte Schlafstörung. Ihr Aufwachen nach 2–3 Stunden Schlaf ist ein typisches Anzeichen dafür, daß Ihr Herz nicht ganz in Ordnung ist.« –

»Helfen kann er fast immer,« belügt BILD seine Leser. Zum Thema Hämorrhoiden ködert BILD neue Leser mit uneinlösbaren Versprechungen: »Freitag lesen Sie: Geheilt. Jeder zweite leidet darunter. Mit der Methode Köhnlechner sind Sie die lästigste Krankheit in sechs Wochen für immer los.«

Selbst unheilbar Kranke werden mit aus der Luft gegriffenen Quacksalbereien um Geld und letzte Hoffnungen gebracht, unter der Schlagzeile: »AUFSEHENERREGENDE BOTSCHAFT Manfred Köhnlechner: Schlangengift stoppt Lähmung«

»Frauen und Männer, die unter Multisklerose leiden und bislang vergeblich auf Heilung ihrer heimtückischen Krankheit hoffen: Ihnen macht Manfred Köhnlechner Mut. Köhnlechner: »Es gibt Präparate, die multiple Sklerose zum Stillstand bringen können – der Wirkstoff darin ist Schlangengift! Erhältlich in deutschen Apotheken unter der Bezeichnung . . .«

Der Millionen scheffelnde Mutmacher wendet sich in einer weiteren Folge einer zwei Millionen-Zielgruppe zu, verzweifelte Menschen, die an Psoriasis, (Schuppenflechte) leiden. BILD am Sonntag: »Menschen, von denen die meisten nicht mehr an das Wunder einer Heilung glauben, weil sie schon so oft enttäuscht worden sind. Ihnen macht jetzt der Münchner Naturheilpraktiker Manfred Köhnlechner Mut. Köhnlechners verblüffender Ratschlag: »Versuchen Sie es doch mal mit einer Pflanzensalbe aus Kokosbutter, Palmkern und Lorbeeröl. Oder mit Salz aus dem Toten Meer!« –

Schlag- auf Schlagzeile wird Köhnlechners Familie in die Werbeschlacht geworfen. Im Februar 1981 zwölfzentimeterhoch jauchzend in BILD: »Köhnlechner: Liebesheirat mit Krankenschwester« – Kurz darauf, 16 cm hoch: »Köhnlechners neue Frau Brustkrebs.« Daneben ein großes Porträt der Angetrauten, lachend und strahlend. Sie hat allen Grund zum Lachen, wie sich

Köhnlechner
spritzte eigener Frau neues
Krebsmittel - geheilt?

Irmtraud Köhnlechner (42), die Frau des prominentesten deutschen Heil- | praktikers, war erst nach einer Brust- operation schwer krebskrank. Nun | Meisterspies hatten sich gebildet. Nun ist sie frei von Krebs. Manfred Köhn- | lechner hat sie mit sehr Spritzen des neuen Krebsmittels THX behandelt | **Weiter Seite 9**

schon bald herausstellt, denn die neue Schlagzeile Ende Juli lautet: »Köhnlechner spritzte eigener Frau neue Krebsmittel – geheilt?« Und klein gedruckt: »Jetzt ist sie frei von Krebs.«

Selbst kleine Vorstrafen seines Adoptivsohnes, verhandelt vorm Münchner Jugendgericht, sind für eine markterweiternde Schlagzeile immer noch geeignet: »*Köhnlechner:* Wie ich meinen Sohn verlor.« Und wenn bald darauf sein Vater 90 wird, was schenkt er sich per Schlagzeile: »Zum 90. Köhnlechner schenkt seinem Vater Verjüngungskur.«

Und bald darauf, Januar 1981 – der alte Herr hat überlebt – wirft der BILD-Heilbringer endlich auf den Markt, worauf die Menschheit schon lange gewartet hat.

Schlagzeile Seite 1: »Köhnlechner! Neues Pulver, das jung hält« – »Jung bleiben, so das Alter stoppen, mit 60 so aktiv und frisch sein wie mit 40 – ein neues Präparat soll das jetzt möglich machen. Köhnlechner (Foto oben) hat es mit einer deutschen Arzneimittelfirma entwickelt. Der Magier verrät den BILD-Lesern auch exklusiv das Geheimnis des Jungbrunnens: »Wenn es gelingt, den Mangel an lebenswichtigen Stoffen auszugleichen, läßt sich das Alter bremsen,« sagt Köhnlechner, der selbst täglich 2 Kapseln über drei Monate nehmen will.

Wie aufopfernd und edel! Was die Großen der Medizin für das Wohl der Menschheit in gefahrvollen Selbstversuchen auf sich nahmen, Köhnlechner will ihnen nicht nachstehen. Natürlich gibt er auch gleich die Arzneimittelfirma bekannt, die das Mittel »demnächst in allen Apotheken« ausliegen hat. Und da BILD-Leser vergeßlich sind, und immer wieder mit der Nase in den Dreck gestoßen werden müssen, erscheinen fortan bestplacierte Annoncen für das Zaubermittel in der BILD-Zeitung. Ein Geschäft auf Gegenseitigkeit?

Wenn Köhnlechners Phantasie mal erlahmt, BILD läßt sich schon was einfallen. Die Devise ist: Immer präsent sein. Keine Lücke lassen. Sonst erobert die Konkurrenz Marktanteile. Da zaubert BILD die Schlagzeile aus dem Ärmel, 18 cm hoch: »Krebskranker US-Star gibt Köhnlechner 17 Millionen.« Dazu im Text: »Ihn selber wird es nicht mehr retten, aber vielleicht manchen von uns: Ein amerikanischer Star – selber krebskrank – hat vor ein paar Tagen 17

überwiesen. Und dazu geschrieben: ›Lieber Doktor . . ., Ich bin sehr bekannt. Ich bin sehr reich. Aber ich habe Krebs.‹«

Die BILD-Masche ist durchsichtig. Selbst unter US-Stars sind solche, die mit 17 Millionen jonglieren können, nur selten zu finden. Und warum wird der Star nicht beim Namen genannt? Kann man davon ausgehen, daß die Story mal wieder eine Totalfälschung ist?

Aber Springer und Köhnlechner können es noch geschmackloser. Im Entführungsfall Cornelia Becker spannt BILD am SONNTAG den Wunderheiler aus München ein. Die Schlagzeile: »Entführungswelle! Deutsche Eltern in Angst. Der Fall Cornelia Becker. Köhnlechner soll Kidnapper treffen!« Weder die Polizei noch die Eltern des Kindes haben ihn als Vermittler hinzugezogen.

Aber in BILD am SONNTAG erscheint ein großes Foto von Köhnlechner mit Telefonhörer in der Hand, stehend, in gespannter Erwartungshaltung. Beim Leser und Betrachter soll der Eindruck entstehen: Er telefoniert bereits mit den Entführern. Bildtext: »Letzte Hoffnung für Cornelia: Dr. Köhnlechner.« Bald darauf wird die Leiche des Mädchens gefunden. Hauptsache: Köhnlechner hatte seine Schlagzeile.

Knapp zwei Wochen später ist Köhnlechner mal wieder die Schlüsselfigur für eine BILD-Geschichte mit der Schlagzeile: »Krebs! 10 000 deutsche Ampullen für Khomeini« Im Text: »Sie wollen damit Khomeini behandeln, erfuhr der Heilpraktiker Dr. Köhnlechner.« Woher Köhnlechner was erfahren haben will, geht aus dem Bericht nicht hervor. Kann auch nicht, denn das Stück ist erfunden. Doch zunächst einmal BILD: »Daß es (gemeint ist ein THX genanntes angebliches Anti-Krebsmittel G. W.) für Khomeini bestimmt ist, wurde deutlich, als sich in der vergangenen Woche der persische Generalkonsul Pashai bei dem Hamburger Heilpraktiker Arthur Lindner meldete und bat: »Bitte kommen Sie nach Teheran, behandeln Sie unseren Religionsführer Ayatollah Khomeini. Wir geben Ihnen Bescheid, wann Sie reisen sollen.«

Köhnlechner beim Schah

Er rief ihn. Akupunktur

Heilpraktiker Lindner gestern zu BILD: »Ich habe die Koffer schon gepackt.«

Da wird er wohl immer noch drauf sitzen. Denn ein Generalkonsul Paschai existiert überhaupt nicht, und Khomeini hat bis heute Köhnlechner noch nicht den Gefallen getan, an Krebs zu erkranken.

Die Iranische Botschaft in Bonn in einem Schreiben zu dem BILD-Artikel: »Der Generalkonsul der Islamischen Republik Iran in Hamburg ist Herr Kiarischi, ein Herr Paschal oder auch Paschai ist dem iranischen Generalkonsulat völlig unbekannt. Was wir Ihnen jedoch mitteilen können, ist, daß in der Bundesrepublik Deutschland weder von der Botschaft noch von einem iranischen Konsulat THX direkt oder über Mittelsmänner bestellt oder gekauft worden ist.

Außerdem können wir Ihnen hundertprozentig versichern, daß Ayatollah Khomeini kein THX verabreicht worden ist. Dies wäre auch völlig unsinnig gewesen, da, wie wir Ihnen bereits mitteilten, Ayatollah Khomeini überhaupt nicht an Krebs erkrankt ist. Unserer Ansicht nach dürfte die Tatsache, daß der Haupt-»Zeuge« der Bildzeitung, der »iranische Generalkonsul in Hamburg, Herr Pashal« überhaupt nicht existiert, genügen, um die Unwahrheit des betreffenden BILD-Berichtes zu beweisen.«

Und wenn man den Hamburger Heilpraktiker Arthur Lindner fragt, was denn aus der Persienreise geworden ist oder ob er noch immer auf gepackten Koffern sitzt, dann grantelt der auf Bayerisch: »Do konn i eahna nix soagn, dös is Vertrauenssooche!« Vielleicht wollte er auch einmal mit der Masche seines Münchner Kollegen in die Presse kommen, weil's für das Geschäft gut ist. Derlei getürkte Kronzeugen gibt's für BILD viele.

Eine gleichkalibrige Geschmacklosigkeit hatten sich BILD und Köhnlechner schon vier Monate vorher erlaubt, als der sogenannte Heilpraktiker einen Besuch der dritten Art beim schon sterbenden Schah unternommen haben soll. »Köhnlechner beim Schah« lautete die BILD-Überschrift. Während der Ex-Kaiser des Iran von Krebs zerfressen im Sterben liegt, pirscht sich der BILD-Guru mit seinen »silbernen Akupunktur-Nadeln« heran, um *die kaputte Bandscheibe des Schah, seine Durchblutungsstörungen im Gehirn, die angeblich zum Verlust des Gedächtnisses führten und Migräneanfälle zu behandeln.«*

BILD meldet: »Manfred Köhnlechner, Deutschlands berühmtester Heilpraktiker, ist am Wochenende unter strengster Geheimhaltung zum Schah von Persien gerufen worden! Köhnlechner (54) flog auf Umwegen von München nach Mexiko. Er wurde in einem Nebengebäude der schwerbewachten 2500 Qadratmeter großen Palast-Villa aus schwarzem Lava-Gestein untergebracht.«

Und dann ganz lau an der Wahrheit vorbei: »Manfred Köhnlechner erzielte schon große Erfolge mit seinen Akupunktur-Nadeln: Jetzt will der Schah auf seine Erfahrungen zurückgreifen. Köhnlechner soll seit Monaten die Schah-Zwillingsschwester Ashraf erfolgreich mit Akupunktur gegen Migräne behandeln. Köhnlechner selbst schweigt: Kein Kommentar.«

Klug von ihm, denn er hat wohl wenig Ahnung von Akupunktur. Als BILD aus Shanghai von einem Dr. Zhen Wei meldet, dieser habe seine Nichte mit vier Akupunkturstichen getötet, spielt sich Köhnlechner als Fachmann auf: »Es ist absolut unmöglich, einen Menschen mit vier Nadelstichen zu töten.« Darauf ließ der Präsident der Deutschen Ärztegesellschaft für Akupunktur, Dr. R. von Leitner, BILD durch den Freiburger Arzt Dr. Claus Schnorrenberger mitteilen: »Es ist tatsächlich möglich, einen Menschen mit nur einer einzigen Akupunktur-Nadel zu töten. Dies ist in China seit Jahrtausenden bekannt und im klassischen Lehrbuch der Akupunktur »Ling-Shu-Jing« beschrieben ... Letzteres ist Herrn Dr. Köhnlechner offenbar nicht bekannt. Ihre Leser müssen es aber im Interesse ihrer eigenen Gesundheit unbedingt erfahren. Wegen dieser Risiken darf Akupunktur auch grundsätzlich nur von Ärzten durchgeführt werden, was übrigens von der Bundesärztekammer ausdrücklich gefordert wurde.« Den Brief kennen die BILD-Leser natürlich nicht. Nicht nur das chinesische Lehrbuch ist Köhnlechner nicht bekannt, er war auch nie in China, um Akupunktur zu erlernen, wie er immer verbreiten läßt.

Immer, wenn BILD draufloslügt, daß sich die Balkenüberschriften biegen, wenn etwas in sie hineingeheimnist wird, was absolut nicht stimmt, flüchtet sich der juristisch versierte Köhnlechner in die bedeutungsschwere Floskel: »Kein Kommentar!« So als Springers »Welt« meldet: »Zwei Lehrstühle sind ihm – so heißt es – in Südamerika angeboten worden.« Köhnlechner: »Kein Kommentar!«

Das muß ihm hart angekommen sein, denn auf die höheren Weihen der Wissenschaft ist der »Doktor« von BILD's und eigenen Gnaden besonders erpicht. Da buhlt er drum, da schmeißt er sich ran. Und BILD steht ihm bei: »Köhnlecher an die Münchner Universität?« lautet die Überschrift und dann folgender Text: »»Dr. Köhnlechner kann mit seiner reichen Erfahrung dazu beitragen, daß die Naturheilkunde weiter erforscht wird‹, sagt Thomas Goppel (32), CSU-Landtagsabgeordneter, Sohn des früheren Ministerpräsidenten. Goppel jun. hat im Landtag beantragt, daß an der Münchner Uni der erste deutsche Lehrstuhl für Homöopathie (Naturheilkunde) eingerichtet wird. ›Wenn mir andere Ärzte nicht helfen können, gehe ich nämlich auch zum Homöopathen‹, sagt er, ›und bisher wurde ich immer geheilt.‹ Heilpraktiker Köhnlechner: ›Ich bin begeistert von dieser Idee. Ich stelle mich gern für Vorträge, Diskussionen und Seminare zur Verfügung.‹« Die letzte Entscheidung hat nun die bayerische Regierung.

Die Realität sah etwas anders aus. Der von BILD zitierte Landtagsabgeordnete Thomas Goppel stellt in einem Brief klar: »Sensationsträchtige Veröffentlichungen wie die vor einigen Tagen in der Bildzeitung dienen – auch da sind wir einer Meinung – der Sache nicht. Wenn sie vorher getroffene Aussagen verfälschen, schaden sie sogar ganz erheblich. Dennoch habe ich es nicht für sinnvoll erachtet, der Tatsachen entstellenden Meldung der BILDzeitung, ich wolle Dr. Köhnlechner an der Müncher Universität, entschieden entgegenzutreten. Hier habe ich lediglich dem verantwortlichen Redakteur gegenüber meinen Protest angemeldet. Wirklich habe ich auf seine Frage, ob Köhnlechner meiner Überzeugung nach diesen Lehrstuhl, den wir forderten, übernehmen könne, geantwortet: ›Für mich kommt auf einem solchen Lehrstuhl nur jemand in Frage, der die für bayr. Lehrstuhlinhaber notwendigen Bedingungen erfüllt. Köhnlechner erfüllt sie nicht . . .‹«

Eine andere publicity-wirksame Prahlerei Köhnlechners meldet BILD am 23. 11. 80: »Köhnlechner: 500 000 DM für Weiterbildung junger Ärzte.« . . .
»Morgen bekommt die Universität Regensburg von mir 500 000 Mark für einen Lehrstuhl für Erfahrungsmedizin. Dort sollen sich junge Ärzte weiterbilden können, die noch nichts von Therapie, Ozontherapie, Homöopathie, Neural- und Akupunktur verstehen. Und dann werde ich einem sehr armen südamerikanischen Land, in dem es im Umkreis von 300 Kilometern keinen einzigen Arzt gibt, ein Klinomobil zur Verfügung stellen, ein Krankenhaus auf Rädern, in dem Naturheilkunde . . . Neuraltherapie und Akupunktur praktiziert werden.«
Die Pressestelle der Universität Regensburg stellt in einem Schreiben richtig: »Von einer Spende Dr. Köhnlechners über 500 000,-- DM für einen »Lehrstuhl für Erfahrungsmedizin« ist an der Universität Regensburg nichts festzustellen. Es liegen weder entsprechende Zuweisungen noch Mitteilungen Köhnlechners vor, daß diese Summe der Universität in absehbarer Zeit zur Verfügung gestellt werde. Wir wissen noch nicht mehr, als in der »BILD am SONNTAG« zu lesen war.« . . . vor allem, wenn man folgendes auch bedenkt: An der Universität Regensburg ist im Medizinstudium nur die vorklinische Ausbildung möglich, der Bau des Klinikums hat erst begonnen und soll frühestens 1985 beendet sein. Ich nehme deshalb sogar an, daß die Ankündigung für diesen Lehrstuhl bewußt und ohne Verpflichtung geschehen konnte, weil ja bekannt war, daß der Lehrstuhl in Regensburg gegenwärtig nicht unterzubringen ist.«
Und weil 500 000 Mark eine so runde Summe sind, verschenkt Köhnlechner immer wieder diesen Betrag. Zum Beispiel anläßlich seines Geburtstages am 1. Dezember: »Köhnlechner schenkt Alten 500 000 Mark!« Der Text dazu: »Zu seinem Geburtstag hat sich der Heilpraktiker Manfred Köhnlechner eine große Überraschung ausgedacht – und schenkt alten Menschen eine halbe Million Mark. Köhnlechner: Damit mache ich mir selbst das schönste Geschenk.«

Köhnlechner schenkt Alten 500 000 Mark

Lesen Sie weiter auf Seite 5

Ob das Geld je ausgezahlt worden ist, wird von BILD natürlich nicht vermeldet.

Mit einem neuen Beglückungsangebot des Wunderheilers wartet BILD im Februar 1981 auf: »Köhnlechners Neuestes: Gesundheitshotel für Kreislauf-kranke.«

150 Einzelzimmer – für jeden Patienten eigenes Sportprogramm
Köhnlechners Neuestes: Gesundheits-Hotel für Kreislaufkranke

Wieder so ein Köhnlechner-Geschenk. »30 Patienten kostenlos«. – Der Grundstein für die Klinik jedenfalls ist noch nicht gelegt, ja nicht einmal ein Grundstück ist gekauft.

Wer ist dieser selbstlose Mensch? BILD gibt die Antwort: »Sie fragen mich, wer ich bin und wie ich bin«, sagt er. »Sie könnten schreiben, daß ich vielleicht ein Pionier sein muß, daß mich das Geben mehr interessiert als das Nehmen.«

»Und das Gutsein. An jedem Geburtstag verschenkt er Hunderttausende an Altenheime. Er unterstützt mit dem Geld regelmäßig spastisch gelähmte Kinder. Den Indianern in Südamerika schenkte er Klinomobile, fahrbare Krankenhäuser.« So BILD.

Seltsam ist nur, keins dieser Klinomobile ist je an seinem Bestimmungsort angekommen.

Selbstlos ist er auch dem Finanzamt gegenüber: »Die Freude zu helfen, läßt sich Manfred Köhnlechner nicht bezahlen. Für sich persönlich nimmt er nichts. Weder von Patienten noch von Verlagen, die seine Bücher (14 insgesamt) in gewaltigen Auflagen drucken. Alles fließt in sein Institut, in seine Arbeit.« Das Finanzielle erledigt für ihn seine MEDIC-Verwaltungsgesell-schaft, die ihm zu 100% gehört und von der er 90% des Gewinns kassiert.

Ein einfacher genialer Trick, wie BILD an anderer Stelle verrät: »Wieder kam ihm eine besondere Begabung zugute: Dr. Köhnlechner ist in der Ausschöpfung von Steuermöglichkeiten ein Genie – so ein Bankier.« –

»Morgens um sechs« – so BILD – »steht der Meister auf, eine Zeit, in der im vornehmen München-Grünwald die meisten noch ruhen. Aber dann nach 1000 Meter kraulen im Pool hinter seinem Haus geht's erst richtig los: Die Arbeit beginnt. Nach der Serie, wie BILD sie vor kurzem gedruckt hat, bekommt er 25 000 Anrufe und 35 000 Briefe; meistens sind es Hilferufe. Er antwortet jedem persönlich«, 100 000 Briefe in drei Jahren. Persönliche Antwort! Die sieht dann vorgedruckt so aus:

Manfred-
Köhnlechner-
Institut
für Erfahrungsmedizin

Frau
Marry

München, den 8.6.1976 ha

Sehr geehrte Frau F~

wir bitten die unpersönliche Form eines vorgedruckten Antwortbriefes
zu entschuldigen.

Wir sind wegen der Überlastung gezwungen, Ihre Anfrage mit Hilfe dieses Schemas zu beantworten. Entnehmen Sie bitte unsere Antwort den
von uns angekreuzten Stellungnahmen:

☐ Zur Zeit ist eine Terminvermittlung an die hier befind-
   liche Gemeinschaftspraxis nicht möglich.

☐ Die Wartefrist beträgt etwa

☐ Wir sind nicht in der Lage, Ferndiagnosen zu stellen und
   können daher über die geschilderten Beschwerden kein Urteil abgeben und keine Therapie vorschlagen.

☐ Die von Ihnen angegebenen Leiden werden leider nicht mit
   den von uns vertretenen Methoden so günstig beeinflusst,
   dass eine Behandlung gerechtfertigt wäre.

☒ Wir möchten Sie an einen Arzt, eine Gesellschaft oder Institution verweisen, wo den von Dr. Köhnlechner vertretenen
   Methoden volle Aufgeschlossenheit entgegengebracht wird:

   Dr. Kief Londoner Ring 1o5 67 Ludwigshafen/Pfingstweide
☐ Dr. Hohneck 662o Völklingen Tel.: 22 52 6

\ ir hoffen auf Ihr Verständnis und sind

mit freundlichen Grüssen

(Sekretariat)

Manfred-Köhnlechner-Institut für Erfahrungsmedizin e.V. Gabriel-Max-Str 3 · 8000 München 90 · Tel.(089) 64 80 51
Ärztliche Leitung: Dr. Dr. Ed. Ries Geschäftsführung: Dieter Bochow

112

Dabei ist Köhnlechner überhaupt kein Mediziner. Er ist Jurist, hat über Zwangsvollstreckungen promoviert und als Syndikus beim Apothekerbund wohl erstmals mitbekommen, was für ein Geschäft mit der Angst der Menschen um ihre Gesundheit zu machen ist. Bei der Bundesfinanzverwaltung lernte er die Steuertricks, die ihn ab 1955 bei Bertelsmann in Gütersloh rasante Karriere machen ließen. Er stieg auf bis zum Generalbevollmächtigten. »Knapp unter zwei Millionen« Mark Jahreseinkommen waren dem Topmanager 1970 offenbar nicht genug. Als er 1970 seinen Bertelsmann-Konzern für 300 Millionen Mark bei Springer einkaufen wollte, war der Generalbevollmächtigte von Bertelsmann-Chef Reinhard Mohn wohl nicht ganz selbstlos am Werk. Der »Stern«, der schließlich mehrheitlich zu Bertelsmann gehört, schrieb: »Köhnlechner hatte bei dem ganz großen Geschäft wohl schon etwas früher an sich selbst gedacht, er mußte gehen.«

Nun werden Generalbevollmächtigte nicht wie Portokassen-Langfinger gefeuert. Eine Million jährlich, so das ebenfalls mit Bertelsmann verflochtene »Manager-Magazin«, erhält Köhnlechner als Abfindung, freilich mit einer »Anrechnungsklausel«, wie wiederum der »Stern« weiß.

Und so macht es Sinn, wenn Köhnlechner vermeintlich selbstlos seinen Patienten gegenüber ist. BILD weiß: »Die Freude zu helfen, läßt sich Manfred Köhnlechner nicht bezahlen. Für sich persönlich nimmt er nichts.« Wäre ja auch dumm und durchaus keine Freude, wenn dafür nur Bertelsmann weniger bezahlen müßte. So kassiert für Köhnlechner im Zweifelsfall immer jemand anders. Das »Manfred-Köhnlechner-Institut für Erfahrungsmedizin e. V.« etwa oder – wie »Capital« ebenfalls aus dem Hause Bertelsmann – meldet, »seine Firma Medic GmbH & Co Beteiligungs-KG, deren Eintragung im Handelsregister seinen Namen verschweigt.« Diese vermietet gegen 70 Prozent der Einnahmen Praxen, Personal und Verwaltungsarbeit an Naturheilkundige. Und dann werden Patienten noch überall im Land an andere Mediziner weitergereicht, die angeblich in seinem Geiste wirken. Und wer glaubt, daß diese Patienten-Makelei aus purer Selbstlosigkeit geschieht, ist selbst schuld. Getreu seinem Motto: »Mein Schreibtisch ist immer leer, denn ich verstehe es, Arbeit zu delegieren« schreibt Buch-Autor Köhnlechner auch nicht selbst, sondern läßt schreiben. Den Griffel führt ihm Dieter Bochow, nach dessen Selbsteinschätzung ein »Arsch- und Tittenschreiber«. Der Meister und sein Schreib-Stift pinseln am Bild des allwissenden Wunderheilers mit juristisch äußerstem Geschick. Köhnlechner macht die Leute wissen, ohne zu schreiben oder zu sagen, was sie dann denken.

Als Propaganda-Gag hatten sich das Fälscherblatt und sein Wundarzt zusammengetan und – im Mai 1981 – einen Mann aus dem Volk als PR-Objekt auserkoren. Busfahrer Rainer Schmeck aus Siegen konnte auf BILD-Kosten nach München zu Köhnlechner fahren. Herr Schmeck, nach einem Unfall lange Zeit auf Krücken gehend, hatte eine schiefe Wirbelsäule und litt unter ständigen Schmerzen.

In der Münchner Klinik begrüßte ihn Köhnlechner doppeldeutig; (laut BILD:) »Ach, Sie Ärmster; Sie sind für mich ein ganz leichter Fall«, verpaßte ihm eine Spritze, verschrieb Rheumatee. Und damit hatte es sich. »Nach einer halben Stunde – so BILD – zog Herr Schmeck sein Hemd wieder an. Kein

Schmerz mehr!« Von soviel Arbeit offenkundig erschöpft, verabschiedete sich Köhnlechner von dem als »geheilt« Entlassenen: »Schreiben Sie mir in vier Wochen. Es würde mich sehr wundern, wenn's nicht weg wäre.«

> Der Schmerz war natürlich nicht weg. Mir erzählte Rainer Schmeck vier Monate nach der Vorführung von München: »Die Schmerzen sind nach wie vor da. Ich habe Dr. Köhnlechner, wie er verlangt hatte, nach vier Wochen wieder geschrieben, aber nie eine Antwort bekommen.«
>
> Warum auch? Aus Köhnlechners Sicht hat Herr Schmeck für die Werbung in BILD seine Schuldigkeit getan. Deshalb hat sich der Pseudo-Mediziner weder für die Vorgeschichte der Krankheit, noch für Röntgen-Aufnahmen noch für bisherige Krankenberichte interessiert. Dieser Köhnlechner ist aber derselbe Mann, der ungerührt behauptet: »Ich bin um jeden Tag froh, an dem mein Name nicht in der Zeitung steht.«

Vielleicht hat bei solchen Bekenntnissen der – wie ein ZDF-Sportreporter, der BILD-Propaganda aufgesessen, einst verbreitete – »Hausarzt der Familie Beckenbauer« selbst seinen versuchten Selbstmord verpfuscht. BILD am SONNTAG, das wohl auf den Exitus seiner auf der Intensivstation liegenden PR-Lokomotive spekulierte, wechselte kurzfristig die Front und bürstete Köhnlechner nach allen Regeln der Springer-Kunst ab. Da war plötzlich von »Frauen, die ihm reihenweise zu Füßen« lagen die Rede, da wurde auf seine (erste) Frau angespielt, die ausgezogen war, sein Alkoholismus kam zur Sprache, Mißerfolge: »Ein zweiter Gelähmter hat bereits kassiert: 81 000 Mark!« wurde ausgepackt, da ist er plötzlich ein »Scharlatan«, da betreibt er »Zirkusmethoden«, der »Wunderheiler«, der »eiskalt plant«, »messerscharf kalkuliert«.

Sogar »eine dritte Karriere« wollte er starten und »eine neue Religion gründen«. »Stellen Sie sich mal vor, was dieser Mann daraus gemacht hätte . . .« BILD am SONNTAG hatte auf Tod spekuliert.

cken, ein sechs Meter langer | cher: Köhnlechners Arbeitszimmer. Von | populär gemacht. 98 Prozent kennen
tisch und eine Wand voller Bü- | hier aus hat er die Naturheilkunde | seinen Namen

Und dann kam der Kerl durch und wurde von BILD und BILD am SONNTAG wieder gebraucht und neu aufgebaut. Und seitdem ist er wieder fast täglich in Millionen-Auflage: »Dr. Köhnlechner, Deutschlands berühmtester Heilpraktiker«.

BILD vergewaltigt 30 Frauen

Während der mit allen juristischen Tricks und Wässerchen gewaschene Dr. jur. Köhnlechner von BILD als Bezwinger aller Krankheiten in den Himmel gelobt wird, beschert BILD einem weniger prominenten Kollegen des Erzengels der Zunft eine wahre Höllenfahrt.

Der juristisch nicht so versierte Branchen-Neuling Hartmut K. hatte sich wegen Verstoßes gegen das Heilmittelgesetz strafbar gemacht. Er war deshalb in Untersuchungshaft genommen worden. Der Autodidakt, der sich Kenntnisse in der Legasthenietherapie mit Kindern erworben hatte, und auch einige Erfolge vorweisen konnte, hatte sich offensichtlich übernommen und in Villingen, einer 40 000 Einwohner zählenden Kleinstadt im Schwarzwald, eine Praxis eröffnet.

Dieser Fall war für BILD natürlich nicht spektakulär und schlagzeilenträchtig genug. Aber da der Mann unter Verschluß war (ähnlich wie beim Fall des von BILD zum »Vampir von Sachsenhausen« ernannten Frankfurter Schülers Michael K.) und seine soziale Herkunft (gelernter Bergmann) vermuten ließ, daß er juristisch kaum in der Lage sein würde, sich zur Wehr zu setzen, ließ sich auf seine Kosten eine Riesen-Schlagziele durchziehen:

Der darauf folgende Bericht handelt dann statt von der Realität von den verklemmten Gelüsten eines frustrierten Bild-Schreibers.

Wie mir der in der Betrugssache ermittelnde Staatsanwalt Boddenberg aus Konstanz bestätigte: an der BILD-Schlagzeile stimmt nichts! Weder 30 noch 3 noch eine Frau hat Hartmut K. je »zur Liebe gezwungen«, weder eine Vergewaltigung, noch eine Nötigung lag hier vor.

Jedoch die eigentliche Geschichte beginnt noch. Als ich von dem Fall erfuhr, setzte ich mich telefonisch mit Herrn K. in Verbindung. Ich schlug ihm vor, über den Rechtshilfefonds einen geeigneten Presseanwalt in Anspruch zu nehmen und gegen BILD Schmerzensgeld und Schadensersatzansprüche geltend zu machen. Er wollte es sich überlegen.

Daraufhin passierte folgendes:

Unser Telefongespräch mußte wieder mal abgehört worden sein. Denn einige Stunden später meldete sich bei Herrn K. telefonisch ein Unbekannter, der sich mit »Schilling« vorstellte, ihn aber gleich darüber aufklärte, daß er ihn genauso gut auch »Maier« oder »Schmitz« nennen könne, das tue nichts zur Sache. Er bot ihm anfangs 80 000 DM und bei weiteren Anrufen zuletzt 100 000 DM, falls K. sich selber schriftlich der nicht begangenen Straftaten bezichtige und mir die Veröffentlichung seines Falles im geplanten Buch untersage. Er beruhigte K. noch, das Ganze habe keinerlei strafrelevante Folgen für ihn, da die Erklärung ja bei ihnen unter Verschluß bleibe und – vorausgesetzt er hielte dicht – diese Dinge ja nach 10 Jahren verjähren.

K. ließ sich auf diesen moralischen Bestechungsversuch nicht ein, informierte statt dessen Staatsanwalt Boddenberg und suchte auf dessen Rat hin einen Anwalt auf.

Aus der Eidesstattlichen Versicherung des Rechtsanwaltes:

»Am 17. September 1981 gegen 19.00 Uhr suchte Herr Hartmut K. den Unterzeichner auf und berichtete sinngemäß folgendes:

Herr K. ist in der Vergangenheit mehrfach, zuletzt am 17. 09. 81 von einer ihm unbekannten Person telefonisch angerufen worden. Ihm wurde ein Geldbetrag, zuletzt waren DM 100 000,– im Gespräch, geboten dafür, daß er zwei schriftlich vorbereitete Erklärungen unterschreiben möge. Nähere Einzelheiten über den Inhalt wurden nicht bekannt gegeben. Lediglich soviel war zu entnehmen, daß Herr K. eine Erklärung abgeben solle, welche gegen ihn verwandt werden könne, da, soweit wörtlich, ›diese Dinge nicht vor zehn Jahren verjähren.‹ Mit der zweiten Erklärung sollte Herr K. Herrn Günter Wallraff die Veröffentlichung eines Textes über Herrn K. untersagen.«

Sein Anwalt hat inzwischen Klage auf Zahlung von Schmerzensgeld eingereicht. K. hat seinem Anwalt die ausdrückliche Anweisung gegeben, einen außergerichtlichen Vergleich – egal welche Summe ihm BILD auch bieten sollte – abzulehnen.

Die Höhe des Schadenersatzes wird am gesellschaftlichen Stand und am Verdienst des Geschädigten bemessen. Eine eindeutige Klassenjustiz. Denn der Schaden eines Vermögenden und Prominenten ist in der Regel nicht so tiefgehend und gravierend wie der eines armen Schluckers.

Als BILD z. B. einen geschmacklosen Bericht über den Unfalltod des Bruders von Gunter Sachs veröffentlichte, hatte der die Möglichkeit, die

Verletzung seiner Trauer, seine Wut und seinen Schmerz in einer viertelseiti-
gen bezahlten Anzeige in der »Süddeutschen Zeitung«, die in den meisten
Nicht-Springer-Zeitungen zitiert wurde, mitzuteilen.

Text-(Schluß): »Herr Springer, ich möchte Sie nie mehr wiedersehen.«

GUNTER SACHS

OFFENER BRIEF AN AXEL CAESAR SPRINGER

Sehr geehrter Herr Springer,

Daß Sie nicht für jede Zeile Ihrer Blätter verantwortlich zu
machen sind, weiß ich. Andererseits ist bekannt, daß Sie
zumindest die Richtlinien Ihrer Zeitungen und Zeitschriften
bestimmen.

Über den Tod meines Bruders berichtete Ihr BILD:

- "Der Tote im Schnee ist an seinem Reichtum erstickt."

- "Sein Leben und Sterben war wirklich nur eine Frage
  des Kontos."

- "Er war kleiner als Gunter, hatte nicht dessen große
  Nase, dessen behaarte Brust und was sonst noch an
  ihm groß sein soll."

Herr Springer, wir sind uns selten begegnet; ich möchte Sie
nie mehr wiedersehen.

Vom Tod des Ernst Wilhelm Sachs, zusammen mit seinem Bruder Gunter
Erbe der Schweinfurter Maschinenfabrik Fichtel & Sachs, hatte BILD drei
Tage lang gelebt. Er starb, laut BILD, in »verzweifeltem Todeskampf«, beim
Skilaufen in den französischen Alpen, der »Playboy Sachs«, wobei die
Schlagzeilen zunächst verschwiegen hatten, daß es sich »nur« um den weniger
bekannten Bruder handelte.

BILD konnte hier zwei Fliegen mit einer Klappe schlagen: Einmal war man
für drei Tage der Sorge um den Inhalt der leidigen Front-Schlagzeilen
enthoben, zum anderen konnte das auch noch einer wichtigen Blatt-Mission
dienen. Denn diese Geschichte eignete sich wie kaum eine zweite dazu,
vierzehn Millionen Rentnern, Lohnabhängigen, Hausfrauen und Jugendlichen
immer wieder einzubläuen, daß der Platz da unten ihnen am besten bekommt,
daß es die da oben doch recht schwer haben, ja, daß Reichtum eigentlich
unglücklich macht.

BILD berichtete, was er alles hatte: an Reichtümern, Häusern, Autos,
Frauen. Und BILD berichtete, was er davon hatte: »Der Tote im Schnee ist an
seinem Reichtum erstickt. Er ist gestorben, wo unsereins nicht stirbt: In 3000
Meter Höhe, neben dem Gletscher, zu dem er sich hochfliegen ließ, hat ihn die

Lawine erdrückt. Auf den Pisten der Normalsterblichen hat er sich nie getummelt. Dort würde er noch leben. Ein Gipsbein hätte er sich geholt. Schlimmstenfalls.«

Oder er hätte, als Arbeiter bei Fichtel & Sachs, schlimmstenfalls den rechten Arm in einer Presse verloren, wenn er sich nicht in einer PVC-Werkstätte den Krebs geholt hätte. Aber BILD hat schon recht: Die Leser, die es lasen, konnten sich selbst beweisen, daß sie noch lebten. Also bloß nicht nach den Sternen greifen, zu einem »Palazzo in Rom«, zum »Rolls Royce«, zum »Hubschrauber-Taxi«, zum »schwarzen Leibwächter« oder zur »Französin mit Berberblut«, sondern schön brav morgen um sechs zur Frühschicht. Dann braucht ihr auch nicht die 9450,– DM, die es den Bruder des Toten kostete, eben jene Anzeige in der »Süddeutschen Zeitung« drucken zu lassen.

Derartige Möglichkeiten hat ein Normalverbraucher natürlich nicht. Es müßte ein Gesetz geschaffen werden, das z. B. vorsieht, den angerichteten Schaden auf Grund falscher Berichterstattung, Verleumdung und Rufschädigung nach »Anzeigenraum« zu bemessen. Im Fall des Herrn K., dem 240 cm^2 auf der Seite 1 gewidmet waren, wäre das eine materielle Wiedergutmachungssumme von annähernd 150 000 DM. Außerdem müßte BILD dazu verurteilt werden, in gleicher Größenordnung seine Fälschung einzugestehen, etwa in der Art, Schlagzeile auf Seite 1:
»WIEDER GROSSE ERNEUTE BILD-LÜGE:
BILD ERFAND 30 VERGEWALTIGUNGEN«!

... und ewig drohen die Streiks

»BILD ist eine Zeitung . . ., die Verfolgten und
Gefährdeten beisteht, Armen hilft, Kranken Linderung bringt . . .«

Axel Caesar Springer

BILD ist also, so sieht's Springer, eine Mischung von Zorro und Klosterfrau
Melissengeist. Und so verdient hat sich die Gazette auch um die Volksgesund-
heit gemacht. Mal verkündet BILD: »Teer hilft gegen Glatzen«, mal soll man
glauben: »Heißes Gewehröl hilft gegen Schluckauf«. Selbst die Macht der
Gedanken propagiert BILD: »Im Dunkeln an den Busen denken – und schon
wächst er 6 cm!« Wenn das nicht lindernd wirkt.

Glatze, Schluckauf, kleiner Busen – das sind für BILD die Probleme der
Verfolgten und Gefährdeten. Probleme aus der Arbeitswelt hingegen finden
nur Erwähnung, wenn sie die Redaktion komisch oder gruselig findet:
»Arbeiter fiel in Wurstmaschine«, das ist ein Thema. Für die neueste Statistik
über die Arbeitslosen räumt BILD 3 mal vier Zentimeter Platz ein. »Nah-
kampf in der U-Bahn – Frauen gegen Pokneifer« wird auf 6 mal 20 cm
gemeldet.

Hier wird die Springer-Doktrin praktiziert, die bei der Gründung des
»Hamburger Abendblatts« vom Verleger ausgegeben wurde: »Es kommt
darauf an, dem Leser wohlzutun!« Also »Seid nett zueinander« mit anderen
Worten. Da ist es nur konsequent, daß für BILD und seine gut dotierten
Fälscher jede Tarifauseinandersetzung oder gar jeder Arbeitskampf Anlaß für
gewerkschaftsfeindliche Propaganda sind. Die BILD-Zentrale hat verinnerlicht,
womit ihr Verleger Axel C. Springer selbst gern hausieren geht. Zum 30.
Gründungstag des Hamburger Abendblattes plauderte er: »Für Unternehmer
wie Sie brauchten wir keine Gewerkschaften.« Das soll ein »sehr hoher
deutscher Gewerkschaftsführer« – der natürlich anonym bleibt und im
Zweifelsfalle heute nicht mehr lebt – Springer einst geschmeichelt haben.
Daher berichtet BILD – wenn »Streiks drohen«, wie es nach der üblichen
Sprachregelung heißt – als ob der Weltuntergang bevorsteht.

Beispiel Nummer 1: Ende November 1980 wird in der Post über Streik
diskutiert. Die Gewerkschaftsforderung: Mehr Freizeit für die Arbeiter und
Angestellten im Schichtdienst. Eine Woche vor der Urabstimmung, also noch
bevor über einen Streik überhaupt beschlossen war, ruft BILD-Frankfurt beim
Pressesprecher der Postgewerkschaft an.

◆ Der schildert in einem Beitrag für die Hessenschau das Telefonat:
◆ »Der Redakteur der BILD-Zeitung fragte mich nach den Auswirkungen
◆ des Streiks, nach Auswirkungen auf die Bürger. Ich hab' zu ihm gesagt, daß
◆ selbst wenn ich es wüßte, ich 7 Tage vor der Urabstimmung darüber, ob
◆ gestreikt werden soll oder nicht, auch nichts darüber sagen würde, wo wir
◆ mit welchen Schwerpunkten streiken würden. Dann hat er mich gefragt, ob
◆ daran gedacht sei, das Telefonnetz lahmzulegen. Ich hab' ihm gesagt: Nein,
◆ das werden wir nicht tun. Dann hat er mich gefragt, ob es technisch möglich
◆ sei. Ich hab' gesagt, natürlich ist es technisch möglich, die Stromwege
◆ abzuschalten und damit das Telefonnetz lahmzulegen, aber wir denken
◆ nicht daran, das werden wir nicht tun. Ich hab' dann noch hinzugefügt:
◆ Eine solche Verhaltensweise würde den Streik insofern illegal machen, als
◆ man dann sagen könnte, da wird Sabotage betrieben. Und in diesem
◆ Zusammenhang waren und sind wir uns im klaren, deswegen kam das für
◆ uns überhaupt nicht in Frage. Das habe ich ihm alles gesagt, aber das stand
◆ alles nicht in der Zeitung.«

Auf der Titelseite der BILD-Zeitung am 10. November 1980 lautete die
20 cm hohe Schlagzeile: »Post-Streik: Alle Telefone tot?« Und in dem Artikel
hieß es: »Schöne Bescherung ... Möglicherweise wird das gesamte Telefonnetz lahmgelegt. ›Technisch ist das ohne großen Aufwand machbar‹, sagte der
Gewerkschaftssprecher ...«

Inzwischen weiß jeder, daß die ganze Sache eine Ente war; nirgendwo ist
das Telefonnetz lahmgelegt worden. Die Kollegen vom Fernmeldeamt in
Frankfurt: »Das soll unsere Aktionen in der Bevölkerung schlechtmachen, und
damit natürlich auch unsere berechtigten Forderungen. Daran ist kein wahres
Wort.«

♦ Gewerkschaftssprecher Breit:
♦ »Ich konnte mich am nächsten Morgen nicht mehr retten vor Anrufen ...
♦ Ich bin ins Zwielicht geraten ... Der Streik ist dadurch insgesamt ins
♦ Zwielicht geraten, das muß man hinzufügen. Ich hab' mich dann um eine
♦ Richtigstellung bemüht. Das war erst nach Tagen möglich und erschien
♦ irgendwo an versteckter Stelle in der BILD-Zeitung. Im übrigen beabsich-
♦ tigte die Postgewerkschaft nicht, das Telefonnetz lahmzulegen, aber mit
♦ dieser Richtigstellung war nicht mehr viel zu erreichen. Der Schaden war
♦ nicht mehr gutzumachen.«
♦   Beispiel Nummer 2: Seit 1977 herrscht im Rathaus der Stadt Frankfurt
♦ die CDU unter Oberbürgermeister Dr. Walter Wallmann, einem rechten
♦ Scharfmacher der extrem rechten hessischen CDU. Die war mit dem
♦ Slogan angetreten, Frankfurt vom »Genossen-Filz« der SPD erst mal
♦ gründlich zu reinigen. In diesem Zusammenhang versuchten sie auch, durch
♦ rechtliche Tricks und eigenwillige Auslegung der Rechtslage, den Personal-
♦ rat der ca. 15 000 Beschäftigten bei der Frankfurter Stadtverwaltung von
♦ bisher 46 auf ganze 19 Mitglieder zu reduzieren. Eine wirksame Interessen-
♦ vertretung der Beschäftigten war dadurch gefährdet. Die Vertrauensleute
♦ der ÖTV bereiten deshalb in ziemlich mühsamer Kleinarbeit eine Personal-
♦ versammlung vor. Das ist deshalb besonders schwer, weil die Kolleginnen
♦ und Kollegen der Stadtverwaltung in völlig getrennten Arbeitsbereichen
♦ und über die ganze Stadt verteilten Ämtern arbeiten.
♦   Am 13. November 1980 versammeln sich dann ca. 10 000 Kolleginnen
♦ und Kollegen in der Festhalle zu einer Personalversammlung. Viele Ämter
♦ bleiben geschlossen. Für die Arbeiter der Müllabfuhr war der 13. 11. jedoch
♦ ein ganz normaler Arbeitstag. Die städtische Gebührenordnung erlaubt bei
♦ der Müllentsorgung keine Ausfälle.
♦   Die Personalversammlung wurde ein großer Erfolg für die Kollegen, eine
♦ große Niederlage für Dr. Wallmann. Was aber erfuhren BILD-Leser am
♦ nächsten Tag von alldem? »Ämter dicht: Für Frau Spitzer keinen Paß, für
♦ Herrn Rochdi kein Auto – und für alle keinen Knollen« lautete die
♦ BILD-Überschrift. Garniert wird die Story mit einem Foto von vermeint-
♦ lich fröhlich zechenden Kollegen von der Müllabfuhr. Dazu BILD-
♦ Unterschrift: »Als OB Wallmann sprach, feierten die Männer der Müllab-
♦ fuhr im ›Braustübl‹ nebenan den ›dienstfreien Tag‹.«

Zwei Arbeiter der Müllabfuhr, deren Fotos in BILD erschienen waren,
rücken die BILD-Story ins Lot:
»... wir machten die erste Fuhre vor, die zweite Fuhre nach der
Personalversammlung. Im ›Braustübl‹ zum Mittagessen kamen zwei Herren
auf uns zu, haben uns fotografiert und sind dann gleich ohne viel Diskussion
abgehaun.
Und der andere: »Am nächsten Tag haben wir in der BILD-Zeitung die
Geschichte gesehen. Da sind wir erst mal von den Arbeitskollegen angemacht
worden und natürlich auch zu Hause sind wir angemacht worden. Wie das
käme, daß der Steuerzahler zahlen muß und wir hätten da 'nen freien Tag ...

Das Gemeine war, ›dienstfrei‹ zu schreiben. Am Nachmittag mußten wir noch schaffen bis 4 Uhr, teilweise bis halb 5. Unsere Arbeit haben wir geschafft, der Dreck ist fortgekommen ... aber wir stehen dann dumm da und sind die asozialen Faulenzer ...«

Zwei Beispiele nur, aber sie ließen sich mühelos allein aus der Frankfurter BILD-Ausgabe innerhalb von nur 3 Tagen belegen. BILD ist eben nicht die Zeitung der Verfolgten und Gefährdeten, schon garnicht der Armen, der kleinen Leute. Mit infamen Denunziationen, Verdrehungen, Lügen und Fälschungen werden genau die kleinen Leute um ihr Recht gebracht. Und wenn sie um ihr Recht kämpfen, dann werden sie verleumdet und lächerlich gemacht, als Säufer und Faulenzer dargestellt.

Bei der Londoner »Times« wurde gestreikt. Kurz darauf wurde das heruntergewirtschaftete Blatt eingestellt. BILD hat dazu eine Meinung:
»Auf dem Totenschein könnte stehen:
›Gewalteinwirkung durch Arbeitskampf.‹
Streik ist Gewalt. Gewalt ist Terror. In Stammheim sind noch Zellen frei, Herr Mahlein.

BILD und Hausbesetzer:
Wenn Dummheit kratzt

Was für BILD in Berlin einst die APO und die Studenten, und später dann die Terroristen mit ihren »Sympathisanten« waren, sind heute die Hausbesetzer. Eine Minderheit, mit der man Emotionen anheizen, Frustrationen kanalisieren, kurz eine Pogromstimmung entfachen kann. Die ideologische Richtlinie dafür gab Alt-Kanzlerkandidat und CSU-Führer Franz Josef Strauß: »Hausbesetzer sind der neue Kern der terroristischen Bewegung!«

Woche für Woche liefert BILD in Berlin Schlagzeilen zu den Hausbesetzungen. Mal heißt es: »Überall Häuser besetzt«, dann wieder: »Polizei rammt besetzte Häuser frei«. Dann trommelt BILD: »Neue Frechheit! Hausbesetzer schlafen auf Ku-Damm«. Bis BILD schließlich – was zum Teil nach dieser Propaganda-Kampagne sogar stimmen dürfte – die gewünschte Bilanz per Schlagzeile zieht: »Berlin in Angst!«

Die Berliner Springer-Zeitungen – sie haben 93 Prozent der verkauften Auflage – überboten sich gegenseitig in ihrer »Kriegsberichterstattung«. Halbseitig meldet die BZ: »Die Hausbesetzer drohen mit Feuersturm«. Da ist von »blutigen Schlachten« die Rede. Hausbesetzer sind pauschal: »Chaoten«, »Polit-Rocker«, »Terroristen«, »Fixer und andere Kriminelle«.

Die wirklichen Probleme werden unterschlagen: daß Berlin mehr als 50 000 Wohnungsuchende hat, aber über 17 000 Wohnungen aus Spekulationsgründen leerstehen. Selbst der eher konservativ ausgerichtete »Berliner Mieterverein« erklärt in einer öffentlichen Stellungnahme: ». . . Wohnungspolitik darf nicht mit polizeilichen Mitteln betrieben werden. Der Wohnungsneubau ist nahezu zum Erliegen gekommen, die Neubaumieten im sozialen Wohnungsbau sind für viele nicht mehr erschwinglich, durch Modernisierung und Abriß geht ständig weiterer preiswerter Wohnraum verloren. Trotzdem werden im Jahr rund 40 000 Wohnungen zu Abriß- und Modernisierungszwecken entmietet. Der Mieterverein fordert, leerstehenden Wohnraum umgehend zu vermieten und mit den Instandbesetzern Mietverträge abzuschließen.« Dessen ungeachtet, BILD hetzt und hetzt und hetzt . . . »Wann wird das erste Fahrrad besetzt?« So ein BILD-Kommentar auf Seite 2: »Hausbesetzer, Hausbesetzer – nun gibt's auch noch einen Parkplatzbesetzer . . .« und dann rührt BILD an die unterschwelligen Ängste seiner Gefolgschaft:

»Mancher fragt: Sieht der Staat auch zu, *wenn Fremde in privaten Schwimmbecken planschen, auf dem Fahrrad* eines anderen wegfahren, Strafmandate wegwerfen oder vielleicht im Park des Bundeskanzleramtes ein Campingzelt aufschlagen, um dort billig Urlaub zu machen? *Wehret den Anfängen! Und denkt über die Ursachen nach . . .«*

Und der lange programmierte Alptraum eines jeden braven Familienvaters von BILD-Format, eines Abends müde von der Arbeit nach Hause zu kommen und die Hausbesetzer räkeln sich auf seiner Couch und stellen die Füße unter seinen Tisch, wird durch einen veranschaulichenden Artikel fast Wirklichkeit:

Kreuzberger Familie: „Hilfe, unsere Wohnung ist besetzt"

Von EWALD LÜTGE

Berlin, 20. Februar „Hilfe, unsere Wohnung ist besetzt!" Der Alptraum aller Berliner Mieter ist für die Kreuzberger Familie Elchaer bedrückende Wirklichkeit geworden.

Bevor sie ihre Wohnung in der Görlitzer Straße 74 wieder bezIehen konnten, stürmten Hausbesetzer gegen 23 Uhr die Drei-Zimmer-Wohnung im zweiten Stock, machten es sich gemütlich, bängten Transparente aus dem Fenster: Instandbesetzt, wir wollen leben", stand drauf.

Das zweistöckige, mit viel Stuck verzierte Haus aus der Gründerzeit Berlins gehört der Sanierungsgebiet, ist aber für 750 000 Mark erneuert worden: Auch die sechs Wohnungen werden gerade modernisiert.

Darum machte die siebenköpfige Familie Elchaer (ihre Heimat ist der Libanon) Platz für die Handwerker, zog vorübergehend in die Skalitzer Straße, freute sich schon auf die neugemachte Wohnung: Statt Etagentoilette ein eigenes großes Bad mit WC, bequeme Gas- statt Ofenheizung und neu verputzte Wände und Decken. Das alles haben

die Hausbesetzer den Elchaers nun zunichte gemacht. Oder?

Joachim Zwingelberg (44), Prokurist der Berliner Wohnungsbaugesellschaft (BeWoGe), sagt: „Die Familie konnt in jedem Fall wieder rein, wir verhandeln mit den Besetzern." Ob die Verhandlungen erfolgreich werden, konnte er bei Prokurist aber nicht sagen . . .

Insgesamt sind seit gestern schon 87 Häuser besetzt.

Der Bericht ist eine einzige Lüge mit dem Zweck, bei der Bevölkerung Gewaltstimmung gegen friedliche Instandbesetzer zu schüren. Für den »Alptraum aller Berliner Mieter«, eines Tages die eigene Wohnung besetzt zu finden, gibt es keinen Grund. Ausnahmslos alle Wohnungen, die besetzt wurden, standen lange Zeit leer, da sie entweder abgerissen werden sollten oder die ehemaligen Mieter von den jeweiligen Eigentümern bereits vertrieben worden waren.

»BeWoGe«-Prokurist Zwingelberg – auf den BILD-Bericht angesprochen – stellt richtig: »Die Familie Elchaer wünschte eine Modernisierung der Wohnung weil sogar schon der Fußboden durchgefault war. Daraufhin haben wir der Familie eine andere, größere Wohnung zur Verfügung gestellt (5-Zimmer-Wohnung mit Zentralheizung), in der sie dann auch bleiben wollte und für die sie einen Mietvertrag bekommen hat. Die leere Wohnung wurde tatsächlich etwa für drei Wochen besetzt und die Besetzer forderten, daß die Hausgemeinschaft die neuen Mieter selbst bestimmen darf. Die Mieter schlugen zwei schwangere Frauen vor. Dem haben wir stattgegeben.«

1. Parkplatz-Besetzung

Neue Frechheit Hausbesetzer schlafen auf Ku'damm

21 Uhr auf dem Berliner Ku'damm: Tausende Spaziergänger genießen den herrlichsommerlichen Samstag, als eine neue Frechheit von Hausbesetzern losgeht: Etwa 200 junge Leute schleppen Matratzen, Schlafsäcke, Decken und Getränkekisten auf die Fahrbahn zwischen Gedächtniskirche und Joachimstaler Straße. Für acht Stunden blockieren die „Schlafbesetzer" den Boulevard, kein Auto kommt durch.

BILD-Kommentar
Wann wird das erste Fahrrad besetzt?

BILD hätte es spätestens nach einem Gespräch mit Zwingelberg, allerspätestens nach einem mit der libanesischen Familie Elchaer besser wissen müssen. Die sagt: »Wir haben der BILD-Zeitung deutlich gesagt, daß wir in der neuen Wohnung bleiben wollen.«

Ihre alte Wohnung ist im übrigen seit über einem Jahr Baustelle, ohne Dielen, Türen und Installationen. »Etagetoiletten«, wie BILD schreibt, hat es auch nie gegeben, sondern immer schon Badezimmer ...

Zudem liegt das Haus auch nicht, wie BILD behauptet, im Sanierungsgebiet, das Haus ist drei- und nicht zweigeschossig und die Renovierungskosten beliefen sich bisher auf 400 000 und nicht wie BILD behauptet auf 750 000 DM.

An Ort und Stelle hat BILD übrigens sein Ziel nicht erreicht. Alle Nachbarn, die nach dem Artikel im Haus vorbeischauten, waren über die Verleumdungen empört und ermutigten die Instandbesetzer auszuhalten. Einige brachten ihnen Lebensmittel, liehen ihnen Möbel und Matratzen.

Mit dem selben sicheren Instinkt dafür, was für »alle Berliner Mieter ein Alptraum« ist, schürt BILD eine andere Angst, nämlich die vor einem beschädigten Auto. Wer einmal gesehen hat, wie sich Autofahrer aufführen können, wenn an ihrer von der Werbung mit tiefenpsychologischen Tricks zum Statussymbol erhobenen Karre auch nur ein Lackkratzer entstanden ist, weiß wovon die Rede ist. Und dann hat hier – möglicherweise ist der Fall sogar konstruiert – einer auch noch vorsätzlich Autolack angekratzt. Das ist für

BILD die Zeile wert: »Neue Wahnsinnsidee geht um«. Und dann folgt nicht etwa eine selbstkritische Analyse der eigenen Wahnsinnsberichte, sondern der Bericht über einen 19jährigen angetrunkenen »Eisenbieger«, der in der Düsseldorfer Altstadt mit einem Schraubenzieher Autolackierungen beschädigt hätte. Der BILD-Kommentar dazu spricht für sich:

Die Dummheit kratzt

Viele Zeitgenossen finden es schick, den Lack von Autos zu zerkratzen. Sie denken sich überhaupt nichts dabei, das Privateigentum anderer zu zerstören.

Ein neuer Beweis dafür, daß der Respekt vor dem, was sich andere mühsam erarbeitet haben, immer geringer wird. Wer heute bei einer Demonstration Scheiben zerschmeißt und Läden plündert, wird von manchem als Held gefeiert – wer sich dagegen wehrt, als Faschist beschimpft.

Denken wir mal 15 Jahre zurück: Damals wurde augenzwinkernd die „Gewalt gegen Sachen" gebilligt. Sehr schnell wurde daraus die Gewalt gegen Menschen . . .

Nach dem ersten Toten der Springer-Pogromhetze – Benno Ohnesorg – konnte Axel Caesar Springer angeblich nächtelang nicht schlafen. Das war 1967. Nach dem Tod des 18jährigen Klaus-Jürgen Rattay in Berlin im Anschluß an die Räumung besetzter Häuser durch den CDU-Senat war bei BILD wohl das Jagdfieber erst richtig erwacht. Als Hamburger Demonstranten nach dem Tode von Rattay riefen: »Ein Toter in Berlin – das nehmen wir nicht hin«, dichtete BILD den Ruf ins Gegenteil um:

Frankfurter Bombenanschlägen, den Krawallen in Heidelberg und Göttingen. Die Demonstranten jubelten.

Aus einem Lautsprecher tönte: „Ein Toter in Berlin – damit geben wir uns nicht zufrieden."

Viele Bewohner der Straßen, durch die die Chaoten marschierten, haben sich in die Häuser zurückgezogen. Aus Angst. Viele sind

Und natürlich propagierte BILD auch wieder Nazi-Parolen, einem anonymen »Arbeiter« in den Mund gelegt: »Drecksau! Du gehörst ins Arbeitshaus.«

Mogeln als System

Links unterhalb eines Artikels auf Seite 1 »Tagesschau: Köpcke sagte ›alles Lüge‹« (nein, er meinte nicht BILD) wird von BILD folgendes vermeldet: »Psychologe: Schüler sollen mogeln

Eltern sollten ihre Kinder auffordern, bei Klassen-Arbeiten abzuschreiben und in der Schule zu mogeln, schlug der Tübinger Psychologe Marschall vor. Das vermittelt ein Gefühl der Zusammengehörigkeit.«

Diese Meldung ist frei erfunden.

Der von BILD zitierte »Tübinger Psychologe« Marschall ist Professor an der Universität Ulm, Abteilung für Medizinische Psychologie. Er hat zusammen mit anderen Kollegen soeben einen Zwischenbericht vorgelegt über »Untersuchungen über Persönlichkeitsentwicklung und Leistungsverhalten von Schülern in Ganz- und Halbtagsschulen: Ein Beitrag zur Humanisierung der Arbeitswelt in der Schule.« Dort ist viel die Rede von Leistung, Belastung, Streß und Angst. Als neue Erkenntnis dieser Forschung kann gewertet werden, daß die Schulangst bei guten Schülern ebenso häufig vorkommt wie bei leistungsschwachen.

Von Abschreiben und Mogeln ist in dieser Studie allerdings überhaupt nicht die Rede. Es entsteht der Verdacht, daß sich BILD diese 4-Zeilen-Fälschung eigens verfaßt hat, um in einem anschließenden hausgestrickten Kommentar vehement und wutschnaubend den entsprechend »gesunden Volkszorn« anzustacheln, um wieder mal über die »Auswüchse fortschrittlicher Erziehung« herzufallen.

Wer kann sich schon durchs Leben mogeln?

Eltern sollen ihre Kinder zum Mogeln in der Schule ermuntern! Ein Psychologe behauptet, es würde das Zusammengehörigkeitsgefühl der Kinder verstärken. (S. 1)

Wer hat in der Schule nicht schon mal gemogelt? Irgendwann hatte jeder ein schlechtes Gewissen dabei!

Ab und zu mal mogeln gehört zum Leben. Aber Mogeln als System, als Erziehungsmittel gar, bringt Schüler nicht weiter!

Denn später können sie sich ja auch nicht durchs Leben mogeln.

»Mogeln als System«, sowas darf nur BILD!

BILD-Pfarrer Sommerauer:
Die Geißel Gottes

»BILD ist eine Zeitung, die . . . nichts von jenen bösartigen, ebenso intelligenten wie letztlich dummen Blättern hat, deren zersetzender Intellektualismus allgemein nicht als verderbenbringend erkannt wird.«
Axel Cäsar Springer am 13. 2. 81, anläßlich einer Feierstunde in Berlin.

Nein, ein intelligentes Blatt wird nicht einmal Verleger Springer seine BILD-Zeitung nennen. Doch bösartig ist sie täglich, vor allem wenn es darum geht, Auflage und Geschäft auf Kosten der Gesundheit, der Nerven und des Ansehens von Menschen zu machen, der sie sich überlegen fühlt. Die Wehr- und die Hilflosen, die alten Menschen vor allem sind es, die von BILD verunglimpft werden. Wer Rente bezieht, der überlegt es sich, ehe er gegen einen Milliarden-Konzern vor Gericht zieht, um sein Recht zu bekommen. Denn das finanzielle Risiko ist für ihn erheblich, Springer hingegen setzt die Gehälter für seine Rechts-Abteilung ohnedies von den Steuern ab.

Einen solchen Fall leistete sich BILD mit Schlagzeile und Foto: »Alt gefreit – das hat Rentner Hilmar (80) bitter bereut!«

♦ »Alter schützt vor Torheit nicht!« seufzt der 80jährige Rentner Hilmar M.

♦ Er hatte sich Hals über Kopf in ›so ein junges Ding‹ verliebt: die 64jährige Erna. Charmant fand er sie, aber gleich nach der Hochzeit war sie wie verwandelt. ›Sie beschimpfte mich als alten Tattengreis, sperrte mich in der Wohnung ein. Meistens habe ich nur Quark mit Zwiebeln zu essen bekommen.‹

♦ Nach sechs Wochen unter Ernas Fuchtel mußte der alte Herr mit einem Kreislauf- und Nervenzusammenbruch ins Krankenhaus.

♦ Als er nach einem Jahr wieder gesund war, hatte Erna alle Möbel aus der 3-Zimmer-Wohnung mitgenommen und 9000 Mark vom Konto – alles bis auf 14,05 Mark. Jetzt läuft die Scheidung. Von seinen 2800 Mark Rente muß der 80jährige 500 Mark Unterhalt zahlen, Erna aber klagt. Sie will mehr – 1200 Mark! . . .«

An der Geschichte ist wiedermal nichts d'ran. Trotzdem gilt seitdem die Ehefrau Erna M. bei ihren Nachbarn in einem Mietshaus mit 84 Bewohnern, wo der Artikel von Hand zu Hand ging, als Erbschleicherin.

Häufigste Reaktion der Nachbarn: »Wenn es schon in der Zeitung steht, dann wird ja wohl was Wahres dran sein.« In Geschäften wird sie angepöbelt, selbst von Kindern. Und im Briefkasten findet sie anonyme Drohbriefe.

Herr M. auf Befragen: »Die Darstellung in BILD ist erlogen. Die ausrangierten Möbel sind mit meinem Einverständnis zum Sperrmüll gebracht worden. Von meinem Konto hat meine Frau nie etwas genommen. Die Scheidung ist nicht eingereicht worden. Wir leben harmonisch zusammen und verstehen uns sehr gut.«

Wieder einmal hat BILD private Familienangelegenheiten einem Millionen-Publikum zur Befriedigung von Neid und Schadenfreude zum Fraß vorgeworfen. Ein klarer Verstoß gegen jegliches publizistisches Ethos, der vom angerichteten Rufmord-Schaden her schlimmer als Diebstahl und die meisten Eigentumsdelikte zu bewerten ist.

Auf diesen Fall machte mich übrigens ein Pfarrer aufmerksam. Er schrieb mir: »Vorige Woche bat eine Frau um ein Gespräch, da sie Rat brauche und völlig am Ende sei. Daraufhin besuchte ich Frau M. und sie holte jenen BILD-Artikel hervor. . . . Frau M. leidet im Moment noch schwer unter der sozialen Diskriminierung . . . Ihre Nachbarschaft hat ihren Mann natürlich wiedererkannt und hat sie fertig gemacht. Im Moment traut sich Frau M. kaum noch auf die Straße und unter Menschen. Frau M. ist eine gebrochene Frau und bietet ein Bild des Elends. Ihr einziger Wunsch: daß einmal jemand die Wahrheit veröffentlicht, damit ihr Gerechtigkeit widerfährt . . . Das Ganze sieht nach einer Intrige der Schwiegertochter aus, die mit Hilfe des BILD-Artikels ihren Vater zu sich holen will, um die Rente zu erheischen . . .«

Ein »Priester« ganz anderen Kalibers ist der BILD-Hilfswillige und Absegner vom Dienst BILD-Pfarrer Adolf Sommerauer. Grinsend rechtfertigte er kürzlich noch zu Werbezwecken in und für BILD deren Betrügereien und Rufmordpraktiken:

◆ »Ich persönlich finde in der BILD-Zeitung, was sich meistens mit
◆ eigenen und mir anvertrauten Erfahrungen vom Leben deckt. Auch wo es
◆ mir nicht paßt, ist BILD ein Spiegel der Wirklichkeit. Außerdem macht es
◆ mir Spaß, daß die BILD-Zeitung über allerlei Kleinkram berichtet und
◆ nicht vornehmer tut, als das Leben ist. Dieser ›Spaß‹ entwickelt sich bei mir
◆ noch in besonderer Weise zu einem Lernprozeß. Die BILD-Zeitung muß
◆ mit Rücksicht auf die vielen unterschiedlichen Leser einen Sachverhalt und
◆ einen Gedanken möglichst einfach formulieren. Dieses Gesetz gilt auch für
◆ mich. Ich muß von Gott so reden, daß es sich möglichst einfach liest, ohne
◆ den Respekt vor Gott zu verletzen.«

(In der Hand hält der Mann Gottes die neueste BILD vom Tage mit der Schlagzeile: »Lady Di will Charles nicht gehorchen« und der Neben-Schlagzeile: »Frauen leisten ein Drittel weniger als Männer.«)

Kurz zuvor war Pfarrer Sommerauer mit seiner Lebensphilosophie in BILD groß herausgestellt worden. Und siehe da, er war ein Ebenbild von BILD.

◆ »Welchen Komponisten lieben Sie, welchen Musiker oder Sänger?«
◆ »Mir gefallen z. B. Schnulzen . . .«

◆ Auf die Frage, welche Bücher er liebe, nennt er als erstes »Astrologie«.
◆ Und anbiedernd: »Theologische Literatur lese ich kaum. Die ist mir zu
◆ langweilig. Ich seh' nicht ein, warum man für einen Gedanken eine ganze
◆ Seite braucht.«
◆ Besonders zynisch und arschkriecherisch auf BILD's Frage: »Wie stehen
◆ Sie zur Kernkraft?«
◆ »Ich glaube, daß wir ohne Kernkraft nicht auskommen werden. Würde
◆ ich in der Nähe eines Kernkraftwerkes leben, würde ich mir ein Fluchtgepäck
◆ herrichten und einen Geigerzähler anschaffen. Wenn das Ding ausschlägt,
◆ muß ich halt mit dem Fahrrad losfahren. Nach zehn Kilometern bin ich ja
◆ schon aus dem Schneider.«

Pfarrer Sommerauer wurde über die Jahre für die BILD-Leser zu einer
Respektsperson aufgebaut. Er betreibt für Springer eine Gefälligkeitsseelsorge,
die auf Vorurteilen und primitivsten Instinkten aufbaut. Daß er in jeder
Beziehung ein Vorbild ist, zeigt ein Foto von ihm in der BILD-Zeitung in
Leutnant-Uniform 1942 anläßlich eines Heimaturlaubes vom Rußlandfeld-
zug.
Ein weiterer total erfundener BILD-Bericht auf Kosten eines älteren
Ehepaares:

Ehestreit im Auto
Frau fuhr an Baum

Von CHRISTOPH KOENIGS

Stuttgart, 8. Februar

Es ging hoch her in der ge-
mütlichen Besenwirtschaft. Mit
jedem Viertel Rotwein gefielen
dem 77jährigen Rentner die
jungen Damen am Tisch immer
besser. Seiner Frau (71) allerdings gar nicht. Vor lauter Wut
trank auch sie mehr als sie ver-
trägt.

Um halb neun abends hatte
die eifersüchtige Frau ihren
Mann so weit gebracht, daß
er mit ihr heimfuhr.

Die Frau war sauer, als sie
sich ans Steuer ihres weißen
Opel Rekords setzte. Der Mann
war sauer, daß er mit mußte –
und schimpfte die ganze Fahrt.

In der Maconistraße in Zuffenhausen passierte es: Vor
lauter Aufregung lenkte die al-

te Dame das Auto zu weit nach
rechts. Der Opel rammte zwei
Verkehrsschilder und streifte
einen Baum, landete schwer
beschädigt am Straßenrand.
Das zerstrittene Ehepaar wurde
leicht verletzt.

Beide mußten zur Blutprobe
mit ins Krankenhaus. Der Frau
wurde der Führerschein abgenommen; die Autoreparatur
wird mindestens 5000 Mark kosten. Ein teurer Streit!

Was die BILD-Redaktion Stuttgart dazu brachte, aus einem kleinen Ver-
kehrsunfall die Eifersuchts-Szene einer Ehe zu konstruieren, wurde bisher
polizeilich nicht aufgeklärt. Aktenkundig gemacht wurde dagegen folgendes:
Das Ehepaar kam nicht aus einer »Besenwirtschaft«, (das ist eine Gastwirt-
schaft, die neuen Wein ausschenkt), sondern aus der Gaststätte des »Naturheil-
vereins Zuffenhausen«, wo sie sich etwa 1 1/2 Stunden aufgehalten hatten.
Die Frau hatte während der ganzen Zeit ein Viertel Wein getrunken. Es gab
auch keine Gelegenheit, wegen »junger Damen am Tisch« in Streit zu geraten,

weil solche während dieser Zeit in der Gaststätte überhaupt nicht anwesend waren. Das Ergebnis des polizeilichen Alkoholtests war negativ. Als Ursache des Unfalls wurde ein defekter Reifen festgestellt.

Wahrscheinlich wäre es richtiger gewesen, wenn man bei BILD-Redakteuren vor oder nach dem Verfassen derartiger Artikel eine Alkoholkontrolle durchführen würde? Aber selbst Volltrunkenheit würde ihnen nicht die Verantwortung für solche Artikel abnehmen.

Es gibt aber nicht nur die Negativ-Berichte alter Menschen in BILD zu lesen. Da werden auch immer wieder mal welche groß herausgestellt, wie jener Rentner, der versehentlich schwarz fuhr und wußte, wer das oberste Kontrollorgan im Staat ist:

> »SCHWARZGEFAHREN – RENTNER SCHICKTE 20 MARK AN BILD.«
> Er war mit dem Fahrkarten-Automaten nicht zurecht gekommen und sein Über-Ich war (dank Pfarrer Sommerauer?) so gut trainiert, daß er nicht etwa bloß den Fahrpreis, sondern auch das Schwarzfahrer-Bußgeld an die publizistischen Vollstrecker der Staatsmacht schickte.

Warum ich BILD lese

Pfarrer Adolf Sommerauer aus München

„Ob eine Zeitung die politischen und sonstigen Meinungen beeinflußt, darüber streiten immer wieder die Gelehrten. Ganz sicher aber ist eine Zeitung ein Barometer für Hoffnungen und Ängste der Leser. Deshalb ist mir BILD schon durch die hohe Auflage Ergänzung und Anfrage an Erfahrungen, die ich aus anderen und auch aus eigenen Quellen habe. Für Ergänzung hat man offenbar auch in der BILD-Zeitung etwas übrig; denn man läßt mich in ihr schreiben.“

Schließlich begleitet jeden Henker ein Pfarrer.

„Alles ist falsch"

Lest die Zeitungsartikel rückwärts die Schlagzeilen zum Schluß
die letzten Seiten zuerst.
Laßt euch nicht irre machen von den Fotos, sie beweisen nichts.
Die neuesten Meldungen sind fast immer halb gelogen:
Je fetter die Schrift, umso dünner die Wahrheit.
Fragt euch jeden Tag, was ihr in den Zeitungen vermißt.
Mißtraut jeder Nachricht. Sie ist nicht deshalb wahr,
weil sie gedruckt ist. Vergeßt nicht:
die Wahrheit ist käuflich
ihr aber seid für die ganze Wahrheit noch immer zu arm!
aus: Uwe Wandrey's Anleitung zum Lesen der BILD-Zeitung

»BILD lügt!« ist ein geflügeltes Wort. Es stimmt zwar, aber es ist zu einfach.
Zu leicht wird mit ihm der Einfluß unterschätzt, den die BILD-Zeitung hat.
Das Argument: BILD schreibt doch nur, was ohnehin schon an Borniertheit
und Vorurteilen in den Köpfen der Leser steckt, wird dem Problem nicht
gerecht. Es stimmt nur zum Teil. BILD hat eine enorme Verbreitung: Täglich
lesen etwa 6,5 Millionen Männer und 5,5 Millionen Frauen dieses Blatt. Damit
läßt sich eine Übereinstimmung an Vorurteilen schaffen. Wenn der Schaden
daraus auch meist nicht sofort eintritt, langjährige BILD-Lektüre führt bei
Einzelnen oft zu irreparablen Spätfolgen.

In Zeiten, wo gesellschaftliche Vorurteile aufgebrochen und abgebaut
werden, ist BILD oft das letzte Aufgebot, um von reaktionären oder
chauvinistischen Positionen zu retten, was noch zu retten ist.

Dann werden zur Untermauerung solcher Thesen sogenannte »Wissenschaftler« von zweifelhaftem Ruf von BILD's Gnaden ernannt, die in Wirklichkeit gar keine sind. Einer ist der altgediente BILD-Sterngucker Prof.
Kaminski, der einer BILD-Schlagzeile zuliebe die »Sonne explodieren« läßt
oder nach ein paar Regentagen den Sommer endgültig für beendet erklärt oder
gerade wieder mal einen neuen Kometen entdeckt, der »auf die Erde zurast«,
um sie wieder mal vollends zu vernichten. Das alles, um vor den wirklichen,
faßbaren und veränderbaren Katastrophen des Alltags und in der Welt
abzulenken.

Es kommt allerdings auch schon mal vor, daß BILD einen sogenannten
seriösen Lehrstuhlinhaber aufstöbert, der dem bedrängten Blatt aus Eitelkeit

und/oder politischer Gefälligkeit heraus in der Not Flankenschutz gibt. Einer von ihnen ist der konservative Direktor des Instituts für Soziologie der Uni Mainz, Prof. Schoeck, der BILD zu Werbezwecken (kostenlos?) als Mannequin mit BILD in der Hand zur Verfügung stand und die mehr und mehr irritierte BILD-Lesergemeinde mit den Worten bei der Stange hielt:

»Jetzt nahm ich die Sprache von BILD erneut unter die Lupe. Mir scheint, wer ihr 1981 etwas am Zeug flicken will, wird sich schwer tun. Im Gegenteil: Von dem klaren, knappen, leicht verständlichen Satzbau der BILD-Zeitung könnten sich viele Schulbuchschreiber zum Wohle ihrer jungen Leser ein gutes Stück abschneiden.«

BILD weiß, was es tut, wenn hier Schoeck als Autorität aufgebaut wird. Ein Professor zieht eben immer, egal, »für was« er Professor ist. Da spielt es keine Rolle, wenn sich ein Soziologe zum Sprachforscher aufschwingt. Wirkungsvoll und geschickt nutzt er ein Vorurteil vieler, vor allem älterer Menschen mit seinem Hinweis auf die Schulbücher und ihre Sprache. Nun ist die zweifelsfrei verbesserungsfähig. Was BILD jedoch erreichen will, ist der nostalgische Rückblick auf die Schulbücher von einst, in denen »Im Märzen der Bauer die Rößlein anspannt«, wo die geschilderte ländliche Idylle vergessen machen soll, daß da Knechte und Mägde für Großgrundbesitzer 16 und mehr Stunden schufteten, wo aus der Arbeitswelt in den Fabriken, vom Kampf der Gewerkschaften um menschenwürdige Arbeit und hygienische Arbeitsplätze kein Wort zu finden war. So nebenbei spielt Professor Schoeck so auf die angeblich »gute, alte Zeit« an, die einst in den Schulbüchern verherrlicht wurde.

Und wenn BILD seine Vorurteils- und Rufmordkampagnen durchziehen will, dann müssen – wenn sich kein Professor freiwillig als Kronzeuge bereitfindet – Wissenschaftler eben ungefragt dran glauben.

So eröffnete BILD eine Kampagne gegen Emanzipation und Gleichberechtigung mit der Schlagzeile: »Deutscher Professor: Frauen leisten ein Drittel weniger als Männer«.

Als Prof. Hettinger aus dem Urlaub zurückkehrte und den BILD-Artikel las, kam es ihm so vor, als ob ein anderer an seiner Stelle den Vortrag gehalten hätte:

- »● Alles, was die BILD-Zeitung geschrieben hat – außer natürlich, daß ich einen Vortrag gehalten habe – ist falsch. Ich würde ja damit meinen eigenen Untersuchungen ins Gesicht schlagen.
- ● Die BILD-Zeitung kennzeichnet Sätze als ›Zitat‹, die nie von mir gesprochen wurden.
- ● Während meines Vortrags in Krefeld hat sich auch kein Reporter der BILD-Zeitung an mich gewandt.«

Ein Satz im Redemanuskript des Wissenschaftlers lautet wörtlich: »Frauen generell in die Rubrik ›schwächeres Geschlecht‹ einordnen zu wollen, kann eigentlich nur einem Mann im Entwicklungsstadium unterlaufen.«

Am nächsten Tag trumpft BILD mit der Schlagzeile auf: »Vorsicht, Männer! Herztod durch Hausarbeit«

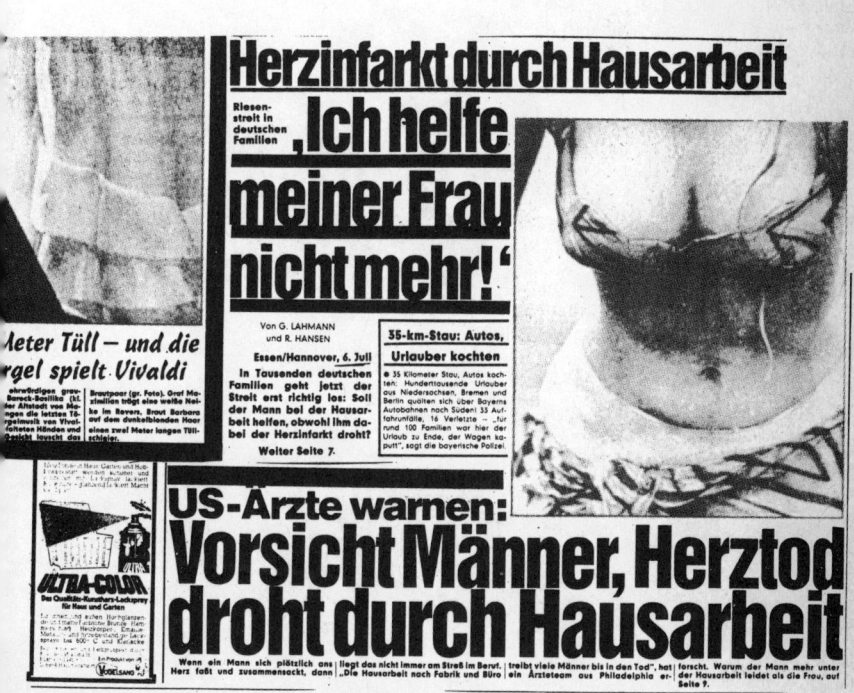

135

Sollte das »Ärzteteam in USA« überhaupt existieren, dürfte es ihm wahrscheinlich so ergangen sein wie Prof. Hettinger. Aber da keine Namen genannt sind, ist eine Nachprüfung nicht möglich. Der zur Untermauerung von BILD zitierte deutsche Wissenschaftler Dipl.-Psychologe Ertel jedenfalls sieht sich von BILD mißbraucht: »Die angeführte Untersuchung ist 1. überhaupt noch nicht fertig. 2. ist das mir in den Mund gelegte Zitat so falsch. 3. stammt diese Untersuchung nicht von mir, sondern von meinem Kollegen.«
Hauptsache, BILD hat sein Ziel erreicht.

Die Nachfolgegeschichte, drei Tage später, erscheint wieder großaufgemacht auf Seite 1: »Riesenstreit in deutschen Familien: Herzinfarkt durch Hausarbeit, ich helfe meiner Frau nicht mehr!«

Eine Vergewaltigung durch BILD

Es gibt keine Bild-Ausgabe, in der nicht mindestens eine mehr oder minder bekleidete Frau abgebildet ist. »Miezen im Blatt«, wie es im Jargon dieser Art von Journalisten heißt, gelten als Mittel zur Auflagensteigerung. Frauenbilder als Verkaufsargument sind die zwangsläufige Konsequenz der chauvinistischen Einstellung, in Frauen bloße Lustobjekte zu sehen. Und diese Einstellung zeigt sich in zahllosen Berichten von BILD. Besonders deutlich wird es dann, wenn BILD über Vergewaltigungen oder Vergewaltigungsprozesse berichtet. Nicht das Opfer der Gewalt, seine verletzten Gefühle, seine Scham und seine Angst haben das Mitgefühl der BILD-Voyeure, sondern genüßlich werden Tatumstände ausgebreitet, wird noch tiefer in das Leben einer Frau eingegriffen, indem auch der letzte Rest von Persönlichkeitsrecht und Intimsphäre zerstört wird. Uwe Maeffert, Rechtsanwalt in Hamburg, schildert, wie BILD über eine Frau berichtete, die seine Mandantin ist:

Inge B., 22 Jahre alt, wurde in der Nacht des 19. 2. 1981 in einer Zelle des Polizeireviers Pinneberg von zwei Polizeibeamten vergewaltigt. Sie selbst zeigte das Verbrechen nicht an, zog sich tief verletzt zurück, verschloß sich gegenüber ihrer Umwelt, wie dies bei Vergewaltigungsopfern nicht selten ist. Erst anläßlich eines Polizeieinsatzes eine Woche später brach es aus ihr heraus. Es werde etwas passieren, wenn man sie mitnehmen würde, sie sei in der Zelle mißbraucht, vergewaltigt worden.

Inge B. ist von sich aus nie an Presse und Öffentlichkeit getreten.

Die Staatsanwaltschaft ermittelte rasch. Die Anklageschrift datiert vom 23. 3. 1981 und stützt ihre Vorwürfe auf 16 Zeugen, überwiegend Polizeibeamte der Pinneberger Wache.

Am 28. 3. 1981 berichtete BILD unter der Überschrift »Sex-Spiele in der Zelle?« Inge B. wurde als »vollbusig«, beide angeklagten Beamten als »Familienväter« gekennzeichnet. Die Tendenz war offenkundig: Eine angetrunkene, sexuell aufreizende Frau hatte, wenn überhaupt, zwei bis dahin unbescholtene Durchschnittsmänner verführt. Die Tendenz des Artikels entspricht präzise den in der Bevölkerung weit verbreiteten Vorurteilen. Den Opfern wird unterstellt, sie hätten die Tat nur erfunden oder sie seien selber schuld daran oder sie hätten sich zumindest amoralisch verhalten. Die von BILD reproduzierte Voreingenommenheit ließ die Vergewaltigte gleichsam als »legitimes Opfer« erscheinen.

Was hatte die Staatsanwaltschaft der Presse mitgeteilt? Diese Frage beantwortete der Leitende Oberstaatsanwalt:

»Mit Rücksicht auf die damals vorliegenden spärlichen Erkenntnisse und die Besonderheit der erhobenen Vorwürfe sind die erfragten Auskünfte . . . sehr zurückhaltend erteilt worden. Sie haben sich im wesentlichen darauf beschränkt, zu bestätigen, daß ein Ermittlungsverfahren gegen zwei Polizeibeamte anhängig sei und daß in diesem Verfahren sexuell motivierte Handlungen von zwei Polizeibeamten an einer jungen Frau im polizeilichen Gewahrsam geprüft würden . . . Weder das Alter der geschädigten Frau noch deren körperliche Beschaffenheit sind erwähnt worden, wie dies nach dem Artikel der Bildzeitung . . . den Anschein hat. Auch das Wort ›Vergewaltigung‹ ist . . . nicht gebraucht worden. Dasselbe gilt für die Berichterstattung der BILDzeitung, daß im Keller der Polizeiwache ›Sexspiele‹ getrieben worden seien. Richtungsweisend für die Auskünfte ist im übrigen gewesen, weder den Beschuldigten noch insbesondere der Geschädigten durch überzogene Presseberichterstattungen irgendwelche Nachteile zuzufügen . . . Bei allen Erklärungen sind gerade die mögliche psychische Belastung der Geschädigten und der Schutz ihrer Persönlichkeit bedacht worden . . .«

Der spektakuläre Prozeß, der am 30. 6. 1981 vor dem Landgericht Itzehoe begann und am 31. 8. 1981 nach 12 Verhandlungstagen mit der Verurteilung der Beamten zu 6 und 6½ Jahren Freiheitsstrafe endete, hatte eine wesentliche Besonderheit: In jener Nacht waren fast zehn Beamte im Polizeigebäude und ließen sich's bei Bier, Essen und Tischtennisspielen so gut gehen, daß eine Telefonistin in Polizeidiensten von der »Männerfröhlichkeit« so angewidert war, daß sie auf eine Teilnahme am Essen, was sie eigentlich vorhatte, fluchtartig verzichtete. Und – Inge B. war aufgrund der in der Zelle herrschenden Dunkelheit, ihrer Schläfrigkeit und ihrer Betäubung durch Alkohol, bevor sie gegen ihren Willen in die Zelle gebracht worden war, nicht in der Lage, die Täter zu identifizieren. Das Prozeßverhalten einiger Zeugen der verhängnisvollen Nacht schließlich verstärkte eher die Ahnungen, es könnten auch andere als die angeklagten Beamten gewesen sein, als daß es sie ausräumte.

Das Gericht ging diesen Zweifeln nicht nach. Es schlug zu, um Zeichen zu setzen (so der Gerichtsvorsitzende wörtlich in der Urteilsbegründung). Hier vor allem hatte die Kritik anzusetzen.

»Nicht die Gewalt, die einer Frau angetan worden ist, wurde verurteilt. Verurteilt wurden zwei Polizeibeamte für das, was sie dem Staat zufügten, indem sie sich verdächtig machten«, schrieb Gerhard Mauz im »SPIEGEL«.

»Das Urteil ist kein Grund zum Jubel . . . wie einsam und unvollkommen die Entscheidung des Gerichts ist, wie sehr sie ein Ergebnis der Staatsräson ist, bis hin zu dem Verdacht, hier sind zwei Beamte für die Ehre des Reviers geopfert worden . . .« stellte Ortwin Löwa in einem Kommentar im NDR fest.

»Es gibt Prozesse, die reflektieren besonders unbarmherzig die Unzulänglichkeit menschlicher Rechtsprechung. Ein solcher ging gestern in Itzehoe zu Ende . . .« kommentierte das »Hamburger Abendblatt« das Urteil.

Für BILD dagegen war eine solche Betrachtung zu differenziert und sachlich. Über das Urteil von Itzehoe wurde am 1. 9. 1981 unter der Schlagzeile berichtet:

In keiner Zeile wurden auch nur die geringsten Zweifel an der Richtigkeit des Urteils geäußert; Zweifel, zu denen es keines Angriffs auf die Glaubwürdigkeit von Inge B. bedurfte. So wie BILD vor Beginn des Prozesses Ansehen und Persönlichkeitsrecht des Opfers beschädigte und es schlimmsten voyeuristischen Blicken und Phantasien freigab, vergewaltigte BILD nach dem noch nicht rechtskräftigen Urteil zum Schaden der verurteilten Polizeibeamten die Unschuldsvermutung.

Zweierlei Maß

Am 3. Januar 1980 erschoß sich Axel Caesar Springers Sohn und Erbe Axel auf einer Parkbank in Hamburg. Der unter dem Pseudonym Sven Simon bekanntgewordene Fotograf und Chefredakteur des Springer-Blattes »Welt am Sonntag« hatte, wie in einigen Zeitungen zu lesen war, einen Abschiedsbrief neben sich auf die Parkbank gelegt. Über den Inhalt dieses Briefes erfuhr die Öffentlichkeit nichts. Diskret verfuhr die Journaille beim Freitod dieses Kollegen. Nur »Welt am Sonntag«-Chef Claus Jacobi konnte in einem von Springer veranlaßten Nachruf auf die Geschmacklosigkeit nicht verzichten, den Freitod mit der Bemerkung zu kommentieren: »Er hatte sich zwischen die Augen geschossen – die Stelle der Tapferen.« Die Hamburger Staatsanwaltschaft, die den Tod routinemäßig untersuchte, händigte diese letzten Zeilen an den Vater persönlich aus. Ein korrektes Vorgehen, wie es in solchen Fällen eigentlich üblich sein sollte.

Nur: BILD geht mit Selbstmordfällen ganz anders um. Schon wenige Tage nach dem Tod von Sven Simon mußte in Schweinfurt die Mutter einer 18jährigen den Abschiedsbrief ihrer toten Tochter in BILD lesen, nachdem sie vorher schon von Nachbarn darauf angesprochen worden war.

Unter der Überschrift: »Liebespaar spritzt sich tot: Heroin« meldete BILD: »Auf einer Papierserviette kritzelte das Mädchen einen erschütternden Abschiedsbrief: »Sehr liebe Mutti, es tut mir leid, was ich getan habe. Aber ich konnte nicht mehr, denn ich bin mit den Nerven fertig. Es ist wieder wie vor der Entziehungskur im Krankenhaus. Du hast jetzt wenigstens keine Probleme mehr mit mir . . .«

Zwei Tage nach dem Tod der Tochter erfuhr die Frau bei der Polizei von der Existenz des Abschiedsbriefes. Als sie den Brief sehen wollte, verweigerte der Polizeikommissar die Herausgabe des Schreibens mit der Begründung: »Der Brief ist zu einer Untersuchung weggeschickt worden.« Dann stand er in BILD. Fünf Tage später erst erhielt die Frau das Original der letzten Zeilen ihrer Tochter. BILD hatte ausnahmsweise einmal richtig zitiert. Sogar das Briefpapier Serviette stimmte. Die Frau verlangte von der Polizei Aufklärung darüber, wer hier für die Verletzung ihrer Privatsphäre verantwortlich sei und Amtsmißbrauch begangen habe. Telefonisch teilte ihr Polizeikommissar L. mit: »Darüber hat Oberstaatsanwalt Müller entschieden. Wenn der den Brief freigibt, kann BILD den auch abdrucken. Es gibt bei uns ja schließlich so etwas wie eine Pressefreiheit.«

◆ »*Jedermann hat Anspruch auf Achtung seines Privat- und Familienlebens,*
◆ *seiner Wohnung und seines Briefverkehrs.*«
◆   *Artikel 8, Absatz 1 der* »*Konvention zum Schutz der Menschenrechte.*«

Die Konvention zum Schutz der Menschenrechte hat in der Bundesrepublik Gesetzesrang, was nicht alle Oberstaatsanwälte ständig zu wissen scheinen. Wenn aber schon der Abschiedsbrief des drogenabhängigen Mädchens aus Schweinfurt veröffentlicht werden kann, dann hätte die Öffentlichkeit erst recht erfahren müssen, aus welchem Grund sich Springers Erbe gerade an dem Tag das Leben nahm, als Rudi Dutschke beerdigt wurde. Springers Sohn war schließlich eine »Persönlichkeit des öffentlichen Lebens«. Und die Öffentlichkeit hätte erfahren können, daß der liberale Sohn das Erbe seines Vaters nicht antreten wollte. Sven Simons Tod sind heftige Auseinandersetzungen über die Mitschuld des Springer-Konzerns am Tode von Rudi Dutschke vorausgegangen. Dutschke wurde das Opfer von Spätfolgen der schweren Verletzungen, die ihm 1968 ein vorrangig von BILD aufgehetzter Fanatiker beigebracht hatte, als er ihn in den Kopf schoß.

Der Abschiedsbrief des Springer-Sohnes hätte einiges deutlich machen können. Der Brief – wäre er veröffentlicht worden – hätte das Image des Sohnes von einer passiven Gesichtslosigkeit zu einem moralischen Format hin verändert. Obwohl selbst hier – so finde ich – die Privatsphäre des trauernden Vaters Vorrang hat vor dem Interesse der Öffentlichkeit. Nur: Wenn das gilt, dann gilt es immer, auch für BILD.

Wolf Biermann: »Drei Kugeln auf Rudi Dutschke«

Drei Kugeln auf Rudi Dutschke
Ein blutiges Attentat
Wir haben genau gesehen
Wer da geschossen hat

Ach Deutschland, deine Mörder!
Es ist das alte Lied
Schon wieder Blut und Tränen
Was gehst Du denn mit denen
Du weißt doch was Dir blüht!

Die Kugel Nummer Eins kam
Aus Springers Zeitungswald
Ihr habt dem Mann die Groschen
Auch noch dafür bezahlt

Ach Deutschland, deine Mörder!
. . . .
Es haben die paar Herren
So viel schon umgebracht
Statt daß sie *Euch* zerbrechen
Zerbrecht jetzt ihre Macht!

Ach Deutschland, deine Mörder!
Es ist das alte Lied
Schon wieder Blut und Tränen
Was gehst Du denn mit denen
Du weißt doch, was Dir blüht!

Leichenfledderei

Selbstmorde sind für BILD begehrte Themen. Und die BILD-Journalisten haben meist einfaches Spiel. Oft lassen sich die hinterbliebenen Angehörigen, vom Schock wie gelähmt, leicht überrrumpeln. Sie liefern Abschiedsbriefe, Fotos und manchmal auch sich selbst aus. Der Tote aber kann sich nicht wehren. Auf seine Kosten kann man die übelsten Erfindungen durchziehen, kann fälschen und lügen nach BILDes-Lust. Ein Beispiel.

Heinz Baatz, der Rektor einer Berliner Oberschule, wird wegen Krankheit vom Dienst suspendiert. Zwei Selbstmordversuche scheitern, der dritte gelingt. Am 30. Januar wird Heinz Baatz in seiner Garage gefunden. Am nächsten Morgen macht BILD seinen Tod zur Schlagzeile: »Die Intrigen kommunistischer Lehrer treiben mich in den Tod ... In einem Abschiedsbrief an seinen Sohn nannte er den Grund für seine Verzweiflung.« Dieser Satz und der darauf aufgebaute Artikel entstammte allein dem Wunschdenken von BILD. Der vollständige Text des Abschiedsbriefes lautet:

»Mein lieber Jürgen, nun ist mir das Leben doch echt zuviel geworden. Anbei alle Erbschaftsunterlagen, Du bist Alleinerbe von bar etwa 42 000 Mark. Das Boot hat ferner einen Wert von etwa 25 000 Mark. Nun kauft Euch das Haus. Ich selbst will verbrannt werden und auf unsere kleine Familienstelle in Ruhleben. Ich will, daß keine Trauerfeier stattfindet, ich will, daß nur kleine Trauerkarten gedruckt werden. Inhalt: Am 29. 1. verstarb überraschend unser Vater Herr Heinz Baatz. In Trauer Jürgen Baatz und Familie. Eine Trauerfeier findet auf Wunsch des Toten nicht statt. Dies soll wörtlich der Text sein, diese Kurzinformation gib bitte an alle, die im beigelegten kleinen weißen Adressbüchlein aufgeführt sind. Mehr nicht. So, nun alles Gute für Euch und nicht so viel Pech, wie ich es in letzter Zeit hatte. Euer Vater Heinz Baatz«

Der Sohn des Verstorbenen Jürgen Baatz:

»Ich habe an diesem Tag in der BILD-Zeitung angerufen, den verantwortlichen Redakteur zu sprechen. Nachdem mir dies gelungen war, habe ich mit ihm vereinbart, eine Gegendarstellung zu schreiben und außerdem eine Kopie des Abschiedsbriefes meines Vaters hinzuzulegen, um zu beweisen, daß die Zitate in der BILD–Zeitung frei erfunden waren. Ich habe dies getan, habe dieses beides der Redaktion gesandt, aber dann nichts mehr von der Redaktion gehört.«

Dafür erhielt Jürgen Baatz einen Brief der Rechtsabteilung des Springer-Verlags Hamburg. Darin heißt es: »Der Redaktion habe ich angeraten, Ihre Gegendarstellung nicht zu veröffentlichen. Nach ständiger Rechtssprechung ist der Gegendarstellungsanspruch von höchstpersönlicher Art. Er kann demzufolge nur von dem Betroffenen persönlich geltend gemacht werden. Im vorliegenden Fall ist von der Veröffentlichung ausschließlich Ihr verstorbener Vater betroffen. Er alleine könnte die Gründe angeben, weshalb er freiwillig aus dem Leben schied. Ich bedaure zutiefst den Tod Ihres Vaters und hoffe, daß Sie für unsere Ablehnungsgründe Verständnis haben werden. . .«

Jürgen Baatz nimmt einen Anwalt und erwirkt eine Einstweilige Verfügung gegen den Axel-Springer-Verlag. Fünf Tage später erscheint dieser Text auf der Titelseite, aber er ist kleingedruckt und unauffällig plaziert.

Jürgen Baatz beantragt sofort eine zweite einstweilige Verfügung. Er verlangt die gleiche Schriftgröße, in der BILD zwei Wochen zuvor das erfundene Zitat gedruckt hatte. Eine Woche später legt der Axel-Springer-Verlag Widerspruch ein. In der Begründung findet sich kein Wort zu dem erfundenen BILD-Zitat, dafür werden u. a. formale Mängel als Argument angeführt: »Fehlt die konkrete Angabe, welches Objekt der Antragsgegnerin die vom Antragsteller beanstandeten Behauptungen ausgestellt hat. Erst in einer Antragsschrift des Antragstellers wird die Berliner Ausgabe der BILD–Zeitung genannt; und: »Fehlt die Konkretisierung, an welcher Stelle die Behauptungen in der BILD-Zeitung aufgestellt wurden.«

In einem Nachtrag bemängeln die Springer-Anwälte schließlich, »daß der Antragsteller seine Gegendarstellung nicht unterzeichnet hat. Bereits aus diesem Formalgrund war die Gegendarstellung abzulehnen, und demzufolge durfte auch keine einstweilige Verfügung nicht erlassen werden.«

Vor der Verhandlung über diese Beschwerde verurteilte das Landgericht den Axel-Springer-Verlag zu 5000 Mark Zwangsgeld. Diese Strafe entfällt, wenn die BILD-Zeitung eine zweite Gegendarstellung druckt, die in Schriftgröße und Plazierung dem beanstandeten BILD-Artikel entspricht. Am 19. April druckt BILD korrekt die Gegendarstellung von Jürgen Baatz. Seit den Schlagzeilen über seinen Vater und dem erfundenen Zitat aus dessen Abschiedsbrief sind 78 Tage vergangen. Damit schien, zumindest für den Sohn des Toten, der Fall erledigt. Aber 97 Tage später mußte Jürgen Baatz erneut vor Gericht. Die BILD-Zeitung ging in die Berufungsverhandlung und gewann.

Ein sehr umstrittenes Urteil, das nach Meinung der Richter allein aus Formalgründen so ausfallen mußte, obwohl der Sohn inhaltlich voll im Recht war. Es bedeutete, daß Jürgen Baatz über 6000 Mark Prozeßkosten zahlen mußte, weil er ein verbürgtes selbstverständliches Recht wahrnehmen wollte, das Recht auf Wahrheit.

„Warum rechtfertigen?"

Der Freitod von zwei Brüdern, 20 und 22 Jahre alt, in Berlin ist für BILD Anlaß, eine Darstellung von beispielloser Brutalität zu verbreiten. In Großaufnahme von 20 Zentimeter Höhe werden die beiden Brüder am Strick baumelnd gezeigt. Dazu ihr voller Name abgedruckt, sowie ein Foto der Mutter in dem Augenblick, als BILD die Nachricht vom Tod ihrer Kinder überbringt.

Diese Veröffentlichung veranlaßt einen Berliner Bürger, an den Deutschen Presserat zu schreiben:

◆ »Der Selbstmord zweier Brüder (19. 3. 1980) wurde am 20. 3. 1980 von der
◆ gesamten Berliner Presse aufgegriffen. Keine andere Berliner Zeitung
◆ schockierte die Angehörigen der beklagenswerten Familie und die Berliner
◆ Öffentlichkeit jedoch mit einem derart brutalen Bild. Allen Zeitungen war
◆ zu entnehmen, daß der Tatort von einigen Erwachsenen zum Schutz der
◆ Kinder weiträumig abgesperrt wurde. Die gute Absicht wurde doch durch
◆ dieses Foto durchkreuzt.
◆ Wenn es in Ihrer Kompetenz liegt, der dafür verantwortlichen Redaktion
◆ einen öffentlichen Verweis zu erteilen, bitte ich hiermit darum, das zu
◆ tun.
◆ Die BILD-Zeitung hat – unbestritten ohne Genehmigung der Familie –
◆ bundesweit die für jeden erkennbaren und identifizierbaren Leichen der
◆ beiden Selbstmörder abgebildet, obwohl der Vorgang von rein privater und
◆ geografisch beschränkter Bedeutung ist. Ein öffentliches Interesse an einer
◆ derartigen Zuschaustellung war und ist nicht gegeben. Dies ist ein eklatan-
◆ ter Eingriff in die Intimsphäre des Menschen.«

Die Rechtfertigung der BILD-Verantwortlichen geht noch über die Heuchelei und Brutalität der Veröffentlichung hinaus. Einmal wird BILD-Pfarrer Sommerauer bemüht, der das Photo für BILD schließlich bundesweit abgesegnet hätte. Dann wird auf die Veröffentlichung von Fotos des im Blut liegenden Erzbischofs Romero von San Salvador im »stern« hingewiesen, der allerdings hatte – wie bekannt – keinen Selbstmord begangen, sondern er war von den Rechtsextremisten ermordet worden. Dann wird der Fotograf und einer der stellvertretenden Chefredakteure von BILD, Niels Paulsen, mit folgender Erklärung losgelassen:

»Ich habe mich über das Photo und über den Text vor und nach der Veröffentlichung mit vielen Kollegen und Außenstehenden unterhalten. Niemand hat das Photo oder den Sinn dieser Veröffentlichung mißdeutet. Um abzuschrecken, bleibt oft nur der Weg, Schreckliches zu zeigen. Man zeigt den Atompilz von Nagasaki, um vor Gefahren eines Atomkrieges zu warnen ...

144

Man zeigt Jesus am Kreuz, um daran zu erinnern, daß er für die sündige Menschheit gestorben ist. Gestatten Sie mir noch eine persönliche Anmerkung: Der AP-Photograf Huynh Con ›Nik‹ UT gewann den Pulitzer Prize für ein Photo, das vier verzweifelte Vietnamkinder zeigt. Sie flüchten vor einem Napalmangriff. Huynh Con wollte mit der Aufnahme an das Elend der Kinder in Vietnam erinnern. Ich habe keinen Pulitzer Prize verdient, aber ich frage mich, warum sich ein Journalist in Deutschland vor dem Presserat rechtfertigen muß . . .

Niels Paulsen

P.S. Das vielfach ausgezeichnete AP-Photo lege ich bei.«

Das den Krieg anprangernde Foto der Kinder aus Vietnam erschien bezeichnenderweise nicht in BILD, sondern im »stern«. BILD sah schließlich damals seine Aufgabe darin, den Krieg der Amerikaner in Vietnam zu rechtfertigen und zu verherrlichen. Auch hatten diese Kinder keinen Selbstmord verübt. Sie wurden von Napalmbomben der Amerikaner verbrannt.

Der Presserat spricht eine Mißbilligung aus, auch weil bekannt ist, daß derartige Veröffentlichungen »bei labilen und gefährdeten Jugendlichen zur Nachahmung führen« könnten.

Skrupellos und abgebrüht setzt BILD seine vom Presserat gerügten Methoden fort. Bei Springer pocht man offenbar auf das Recht des Stärkeren. Schon wenige Tage später steht in der Berliner BILD-Ausgabe: »Berliner Lebensberater: Sohn erhängte sich an der Leiter«. Und wieder geht BILD bis in die privatesten Details auf Kosten des Vaters. Ihm wird der Freitod seines Sohnes angelastet, weil er zwar anderen, aber nicht seinem Sohn helfen konnte. Der Name des Vaters wird ebenso genannt, wie seine frühere und seine jetzige Dienststelle. Auch die Wohngemeinschaft, die psychisch Kranken helfen wollte, wird genannt. Nicht genug damit, auch für die Verkaufswerbung mußte der Fall herhalten. Die Schlagzeile wurde auf den sogenannten »Händlerschürzen« verbreitet.

In diesem Fall verweigerte BILD dem Presserat jegliche Stellungnahme. Warum auch Papier, Porto und Zeit verschwenden, wenn der nächste Fall doch sicher wieder in der Mache war.

Diese Beispiele könnte man um Dutzende andere ergänzen. Doch der dafür nötige Apparat müßte fast so groß sein, wie der der Fälscherwerkstatt BILD. Und BILD weiß, was diese Einbrüche in die Privat- und Intimsphäre von Schutzlosen bedeuten können. In »Zeugen der Anklage« ist dokumentiert, wie ein Mann in Delmenhorst sich umgebracht hat, nachdem BILD falsch und ehrverletzend über den Selbstmord seiner Frau berichtet hatte.* Vielleicht haben sich solche Fälle längst wieder ereignet. Wieviel Menschen mögen - ohne Abschiedsbrief - im Schock, aus Scham und Verzweiflung in den Tod gegangen sein. Die Anlässe liefert BILD ununterbrochen. So wie dem Mann aus Delmenhorst, der in seinen letzten Zeilen BILD des Mordes bezichtigt hat.

* S. Kapitel »Denn sie wissen, was sie tun . . .«

Das Motiv

Es macht die Schlagzeilen der BILD-Zeitung für die Betroffenen so besonders gemein, daß BILD-Redakteure ihren Opfern stets die Motive unterstellen, die das Arbeiten in der BILD-Redaktion ermöglichen: die miesesten. Gewalttätigkeit, Rachsucht, Menschenverachtung, Intriganz, Geilheit auf anderer Leute Frauen und Geld, Speichelleckerei und Nepotismus.

Der Fall: Der Polizeichef einer Kleinstadt im Odenwald hatte einer Versicherung verschwiegen, daß ein tödlich Verunglückter 1,5 Promille Alkohol im Blut hatte, als er gegen einen Baum gefahren war. Wäre dies der Versicherung verborgen geblieben, hätte sie an die Hinterbliebenen die doppelte Versicherungssumme (60 000 Mark) auszahlen müssen. Warum hatte der Polizeichef so gehandelt?

Zunächst hatte er das Einverständis des zuständigen Staatsanwalts eingeholt, der ebenfalls der Auffassung war, »daß gegen Tote die Ermittlungen nicht fortzuführen« seien. Der Polizeichef selbst sagte später: »Auch war und bin ich der Meinung, daß Staatsanwaltschaft und Polizei nicht für die Versicherung zu arbeiten haben ... Wenn ein hoher Beamter gegen einen Baum fährt, schwer verletzt wird, eine Blutentnahme entnommen bekommt (und Alkohol festgestellt wird) und dann verstirbt, wirkt sich das auf die Versorgung seiner Hinterbliebenen nicht nachteilig aus. Erleidet ein Bürger (Arbeiter oder Angestellter) das gleiche Schicksal, so haben die Hinterbliebenen Nachteile hinzunehmen. Da stimmt etwas nicht. Ich gebe zu, diesen Fehler müßte der Gesetzgeber korrigieren. Ich durfte es nicht.«

Bemerkenswerte Gedanken, besonders bemerkenswert bei einem deutschen Polizisten. Jedenfalls Gedanken, die im Kopf eines BILD-Täters keinen Platz haben. Und das um so weniger, als BILD natürlich längst das »wahre« Motiv entdeckt hatte, das einzige, das einen BILD-Mann in solchem Fall etwa dazu bewegen könnte, die Trunkenheit eines bekannten BILD-Kolumnisten zu verschweigen:

Polizeichef verschwieg Blutprobe eines toten Bekannten

mb. Darmstadt, 27. November

Der Polizeichef einer Kleinstadt im Odenwald ist vom Dienst enthoben worden, geht spazieren. Er hat die Blutprobe eines Toten, den er gut kannte, verschweigen lassen. Jawohl, verschweigen lassen.

Der Bekannte, ein Tiefbauingenieur (39), war mit seinem Wagen verunglückt, dabei gestorben. Die Blutprobe ergab 1,5 Promille.

Das wurde allerdings im Protokoll an die Versicherung verschwiegen – die Witwe bekam 65 000 Mark ausgezahlt. Bei einer späteren Prüfung gestand ein Polizist: „Mein Chef hat gesagt, ich soll das mit dem Alkohol weglassen."

Die Witwe wird das Geld zurückzahlen müssen.

Motiv: Vetternwirtschaft. Und weil das Motiv erfunden ist, wird es in dem Artikel noch dreimal wiederholt. Erst viel später klärte ein Gericht, daß »der Angeklagte die Familie nicht gekannt hat und auch keinen persönlichen Vorteil, welcher Art auch immer, anstrebte«.

Chlodwig Poth: Ein ganz gewöhnlicher Tag in der „Bild"-Redaktion

Schlimmer als die Polizei erlaubt

Bei Polizei-Einsätzen gegen Demonstranten oder Hausbesetzer, bei Polizisten-Kugeln gegen Benno Ohnesorg in Berlin oder Ian McLeod in Stuttgart, die beide das Opfer schießwütiger Polizisten wurden, war BILD stets auf Seiten der Polizei.

Und die Polizei-Behörden wußten das durchaus zu schätzen. Da gab es schon mal exklusive Tips von der Staatsmacht an die publizistische Großmacht Springer, da wurden Bilder weitergereicht ohne Rücksicht auf die Rechte Betroffener. Oft eine rechte Kumpanei.

In letzter Zeit aber kommt es häufiger vor, daß auch Polizeistellen BILD nicht mehr bedenkenlos mit Informationen versorgen. Auch Polizisten können Betroffene, von BILD Geschädigte, Verleumdete, Verunglimpfte sein. Auch bei ihnen hat sich hier und da schon herumgesprochen, was BILD im einzelnen an manchmal nicht wieder gut zu machenden Schäden anrichtet.

Als ein Braunschweiger Polizeibeamter aus privaten Motiven heraus Freitod begeht, nimmt BILD es zum Anlaß, eine groß aufgemachte, spektakuläre Geschichte daraus zu machen. Sowohl der leitende Polizeidirektor von Braunschweig als auch die Gewerkschaft der Polizei Landesbezirk Niedersachsen wenden sich darauf hin an den Deutschen Presserat:

LANDESBEZIRK NIEDERSACHSEN

Deutscher Presserat
z. Hd. Herrn Peter Jansen
Wurzer Straße 46

53oo Bonn 2

Bild-Zeitung - Artikel vom 18.12.8o
Ehekrach nach Weihnachtsfeier - Polizeidirektor erschoß sich
sowie dessen Ankündigung

Sehr geehrte Herren,

die Bild-Zeitung hat in ihrer Ausgabe vom 18.12.8o auf Seite 3 in der Hannover-Ausgabe unter dem o.g. Artikel über den Selbstmord des Stellvertretenden Kommandeurs der Schutzpolizei in Braunschweig berichtet und mit einem besonderen Anzeigenhinweis für den Raum Braunschweig angekündigt. Beide Unterlagen fügen wir als Anlage bei.

Die Gewerkschaft der Polizei muß gegen eine derartige Berichterstattung ganz energisch protestieren, da unserer Auffassung nach in diesem vorliegenden Fall die Grenzen einer freien journalistischen Berichterstattung erheblich überschritten wurden.

Hier wurde ohne jede Spur von Achtung vor der Trauer und der Verzweiflung der Hinterbliebenen in ebenso menschenverachtender wie verantwortungsloser Weise die Privatsphäre der betroffenen Familie an das Licht einer sensationslüsternen Öffentlichkeit gezerrt.
Der Gedanke, welches Spießrutenlaufen für die 1o-jährige Tochter nach Beendigung der Weihnachtsferien allein schon in der Schule einsetzen muß, liegt offenbar vollständig außerhalb der Vorstellungswelt des Artikelschreibers und der verantwortlichen Redakteure.

- 2 -

MITGLIED DER UNION INTERNATIONALE DES SYNDIKATE DE POLICE

- 2 -

Als besonders schäbig, da nur auf Umsatz ausgerichtet, muß es angesehen werden, daß die Bild-Zeitung auch noch zu dem zusätzlichen"Werbemittel" griff, diesen Artikel für den Raum Braunschweig durch ein gesondertes Plakat anzukündigen. Dieser Plakataushang bei braunschweiger Zeitungshändlern muß als eine geradezu unglaubliche Entgleisung bezeichnet werden.
Aus diesem Grunde haben die Polizeibeamten in Braunschweig geschlossen mit Entsetzen und Abscheu darauf reagiert, in welch infamer Weise die Bild-Zeitung über den Tod des Polizeidirektors Heiner Kocziot berichtet hat.

Die Gewerkschaft der Polizei, Landesbezirk Niedersachsen, fordert Sie daher auf, diese Angelegenheit zu überprüfen, und wir wären Ihnen dankbar, wenn Sie uns über Ihre Auffassung zu dieser Berichterstattung und ggf. über die von Ihnen ergriffenen Maßnahmen informierten.

Hochachtungsvoll
Der Vorstand
i.A.
Ernst Schunbuk
Bundes- u. Landesvorsitzender

Die Springerrechtsabteilung, damit konfrontiert, zeigt auch gegenüber der Polizei ihr wahres Gesicht, schaltet auf arrogant. Eine entschiedene Grundsatzkritik, jetzt auch noch von Seiten eines früheren »Freund und Helfers« treibt dem sonst so unterkühlten Rechtsdreher und -wender Kühle den Schaum vor den Mund:

AXEL SPRINGER VERLAG AG

Deutscher Presserat
Zu Hd. Herrn von Mauchenheim
Wurzerstraße 46

5300 Bonn 2

Hamburg, den 30. Januar 1981
2004/kk-hm

Betr.: B 145/80 (2)

Sehr geehrter Herr von Mauchenheim,

die Tonart des Vertreters der Gewerkschaft der Polizei sowie des Herrn Dohr ist sicherlich an Infamie durch nichts mehr zu überbieten. Nehmen Sie bitte zur Kenntnis, daß ich zu derartigen Äußerungen keine Stellungnahme abgeben werde.

Schließlich sollte der Presserat einmal darüber nachdenken, ob er es eigentlich verantworten kann, wie ja schon mehrfach geschehen, Schreiben mit beleidigendem Inhalt so einfach weiterzugeben.

Mit freundlichen Grüßen
AXEL SPRINGER VERLAG AG
Rechtsabteilung Redaktionen

Kühle

Kaiser-Wilhelm-Straße 6, 2000 Hamburg 36 · Telefon (040) 34 7 1 · Telex 21 50010 · Deutsche Bank AG, Hamburg 70020 7 oH / 2003000 · Postscheckkonto Hamburg 12 092 207 oH / 200100 201 · Vorsitzender des Aufsichtsrats Axel Springer · Vorstand Peter Tamm, Nils Beeke · Amtsgericht Stadtverwaltung HRB 1395

Vera Bühne und die Schlagzeilen

Für die Öffentlichkeit ist Vera Brühne ein Markenzeichen. Wie Persil, 4711 oder Mercedes. Den Namen Vera Brühne müssen Journalisten in Schlagzeilen nicht erklären, so wenig wie Beckenbauer, Köpcke oder Elvis. Vera Brühne – der Name steht für Sensationsprozeß, für Mord aus Habgier und aus Leidenschaft oder für Justizirrtum, je nach Standort. Vera Brühne ist ein Thema für Stammtisch und Kaffeetafel, für Juristen und Klatschtanten. Und immer wieder natürlich für die Journalisten, die Vera Brühne überhaupt zum Thema gemacht haben. Wie sie das gemacht haben und wieso sie es machen konnten, das ist ein Musterbeispiel dafür, wie hilflos ein einzelner Mensch zum Spielball der Medien werden kann und wie wenig Justiz und Menschenrechte bedeuten, wenn ein gigantisches Geschäft, das sich als Journalismus tarnt, getätigt wird.

Wo solche Geschäfte laufen, da steht BILD in vorderster Front. Als Vera Brühne Anfang Oktober 1961 verhaftet wurde unter dem Verdacht, an der Ermordung des Arztes Dr. Otto Praun aus Pöcking bei München und seiner Haushälterin Elfriede Kloo beteiligt zu sein, kannten ihren Namen eben Verwandte, Freunde und Bekannte, so wie es jedermann geht. 20 Jahre später und nach einer Legion von Schlagzeilen, Texten, Fotos und Bildunterschriften gilt Vera Brühne als Person der Zeitgeschichte. Und das heißt für BILD-Journalisten – aber nicht nur für diese –, daß man über diese Frau, die 18 Jahre, zwei Monate und 12 Tage hinter Gittern saß, glaubt schreiben zu können, was immer einem gerade einfällt. Und diesen BILD-Journalisten, aber auch ihren Kollegen von anderen Springer-Zeitungen ebenso wie den Journalisten der Bauer-Blätter (Quick, Neue Revue) und anderer Gazetten, denen fällt allerlei ein. Ein Thema wie Vera Brühne hat alle Elemente eines Thrillers: Verbrechen und Sex, Geld und Geheimdienst, Prominenz und Politik.

Dabei ist die Bezeichnung »Fall Brühne« ungenau. Angeklagt und verurteilt wegen Doppelmordes waren Johann Ferbach und Vera Brühne. Geschossen haben soll Ferbach, am Tatort soll Vera Brühne nicht gewesen sein. Und daß heute nur Vera Brühne in den Schlagzeilen steht, nicht aber Johann Ferbach, liegt nicht daran, daß dieser in der Haft gestorben ist. Der Grund ist, daß er für die Presse »nichts hergab«. Ohne die Frage untersuchen zu wollen, ob das Urteil »Zweimal lebenslänglich« gegen Johann Ferbach und Vera Brühne korrekt oder ein Justizirrtum ist, kann man belegen, daß für die von den Gazetten, voran der BILD-Zeitung, konditionierte Öffentlichkeit Ferbach und Brühne »schuldig« waren, bevor am 4. Juni 1962 sechs Geschworene und drei Berufsrichter mit welcher Mehrheiten in der geheimen Beratung auch immer ihr »schuldig« gesprochen haben. Und sicher ist, daß die drei Richter, drei Landwirte, ein Architekt, ein Feinmechaniker und ein Angestellter zu eben dieser Öffentlichkeit gehörten und sich bei allem Bemühen um ein gerechtes Urteil dem Einfluß nicht entziehen konnten, den diese Presse ausübte.

Noch Monate nach der Verhaftung von Frau Brühne und Herrn Ferbach im Oktober 1961 war auch für BILD das Thema der »Mordfall Dr. Praun« und soweit korrekt. Als am 26. April 1962 der Prozeß in München begann, war er für BILD nur noch der »Prozeß Vera Brühne«, die Vorverurteilung begann. Schon am ersten Tag meldete BILD unter der Schlagzeile: »Geld und Männer – ihr Verhängnis« aus dem Gerichtssaal: »Zuerst war sie ihrer Sache sehr sicher: Frau Vera Brühne ... Drei Stunden nach Eröffnung des Prozesses verwickelte sich Vera Brühne bereits in Widersprüche ...« Lies: Sie ist schuldig. »Männer flüsterten: Sie ist hinreißend!« – »Frauen verfolgten sie mit neidischen Blicken.« – »Nach zwei Ehen kamen Männer, Männer, Männer ...« – »Woher hatte Sie das viele Geld?« Unter einer Überschrift: »Alles für einen Nerz ...« wird über die Angeklagte hergefallen: »Die Gier nach Besitz. Wenn diese Gier sie packte, war sie blind.«

27. April 1962: »Vera spielte das Mörderspiel«
28. April 1962: »Ist Tochter Sylvia nicht normal?«
30. April 1962: »Dr. Praun: Ich habe Angst«

Am 3. Mai 1962 meldet BILD unter der Überschrift »War es überhaupt Doppelmord« über die Aussagen eines Gutachters, dessen Ausführungen nicht in die von BILD gewünschte Richtung »Schuldig« gingen: »so stockend, widerspruchsvoll, unklar und unverständlich kamen die Aussagen des Gutachters«. Und über die Angeklagte können BILD-Leser erfahren: »Immer rätselhafter wird diese Frau. Ihre Beherrschung wirkt unheimlich.«

Am 5. Mai die Schlagzeile: »Die ›beste Freundin‹ sagte aus: Vera wollte »Praun erschlagen.« Zwei Tage später »Viel Schmutz – kein Alibi.« Dann: »Der bitterste Tag für Vera Brühne«. Am 10. Mai 1962 heißt es: »Brühnes Verteidiger kämpft verzweifelt um Zeitgewinn«. Ein Tag später: »Eine Nonne belastet Vera Brühne« und das im katholischen Bayern, wo das beinah soviel bedeutet, wie wenn der Papst gegen die Brühne ausgesagt hätte. Am 18. Mai kommt ein vielfach vorbestrafter Ganove als Zeuge zu Wort und wird prompt mit der Zeile zitiert: »Die Vera machte mich zum Mörder«. Am 19. Mai 1962 paßt BILD mal wieder die ganze Richtung des Prozesses nicht: »Was sind das für Zeugen! Viele Eide – aber noch keine Klarheit. Wieder fiel die Kronzeugin um.« Als am 24. Mai über das Plädoyer des Staatsanwaltes berichtet wird, lautet die Schlagzeile: »Lebenslänglich!«, als ob schon das Urteil gefallen wäre. Einen Tag später, als der Brühne-Verteidiger auf Freispruch plädiert, wird das beiläufig abgehandelt.

Als das Gericht in eine neue Beweisaufnahme eintritt, geht es BILD nicht schnell genug. BILD druckt die Schlagzeile: »Die Brühne stiehlt meinem Mann die Zeit!« Dann stellt sich der Richter Dr. Siebert BILD v o r dem Urteil zu einem Interview und freut sich darüber, daß in diesem Fall keine Frau unter den

Geschworenen ist. Waren noch am 26. April »Geld und Männer« das Verhängnis für Vera Brühne, so heißt es am 2. Juni in BILD: »Veras Verhängnis sind die Frauen«. Am 5. Juni dann die Zeile: »DARUM Lebenslänglich!« Und einen Tag später meldet BILD, daß bereits zehn Tage vor dem Urteil von BILD die Frauen von fünf Geschworenen – mit Foto gegen Honorar vorgestellt – nach ihrem Urteil über Brühne und Ferbach befragt wurden. Es lautete: Schuldig. Nur die Frau des Architekten Fill ließ sich nicht kaufen.

Kaum hatten sich so unter kräftiger publizistischer Mithilfe von BILD die Tore der Frauenhaftanstalt Aichach bei Augsburg hinter Vera Brühne und die der Haftanstalt Straubing hinter Johann Ferbach geschlossen, schalteten die Menschen-Jäger aus der BILD-Redaktion um. Hatte man bisher die Aggressionen der Leser angestachelt, wurde nun zunächst das spannende Spiel »Kommt ein neuer Brühne-Prozeß« gespielt und mehr und mehr auf das Mitleid der Leser spekuliert.

Schon ein halbes Jahr nach dem Urteil meldete BILD über Vera Brühne: »Eine gebrochene Frau« und »Ihr Schicksal bewegte Millionen«.

1963: »Modische Überraschung für die Doppelmörderin Vera Brühne«, als in Aichach die Anstaltskleidung geändert wurde. Von 400 Insassen der Haftanstalt wird nur Frau Brühne erwähnt.

1963: »Vera Brühne kämpft noch hinter Gittern.«

1964: »Stundenlang tagten die Brühne-Richter.« Es ging um ein Wiederaufnahmeverfahren von Johann Ferbach.

1965: »Auch eine Frau entscheidet über Vera Brühne: ›Fraß der Hund die Mordkugel?‹.«

1966: »Vera Brühne unschuldig!« – Das behauptet ein tschechischer Geheimdienstoffizier. BILD hängt sich hier an eine Geheimdienstklamotte der Illustrierten »Quick« an.

1967: »Vera Brühne; ›Ich komme hier raus!«

1968: »Alles aus für Vera Brühne.« Und dreieinhalb Monate später: »Neue Hoffnung für Vera Brühne?«

1969: »Vera Brühne: Neue Frisur Neues Kleid Neues Make-up.«

1970: »Vera Brühne weinte: Der arme Ferbach!« In der Strafanstalt Straubing war Johann Ferbach an Herzversagen gestorben. Tagelang nützte BILD die Gelegenheit, den »Fall Brühne« aufzukochen, bis die Story für die Zeile reif war: »Vera Brühne ist mit den Nerven am Ende – Wird auch sie einen neuen Prozeß nicht mehr erleben?«

1971: »Geheimnis um Selbstmord des Brühne-Zeugen.«

1972: »Endlich Beweis für Vera Brühnes Unschuld?«

1973: »Chance für Vera Brühne«, diesmal von BILD am SONNTAG.

1974: »Vera Brühne wird begnadigt! Nach 12 Jahren Haft kam jetzt ein Gnadengesuch aus der Einzelzelle« Nur zwei Tage später die Berichtigung, allerdings in Welt am Sonntag: »Anwalt will Vera Brüne zu Gnadengesuch überreden.«

Erstmals spielt hier in der Berichterstattung auch Franz Josef Strauß seinen Publicity-Part. BILD zitiert ihn: »Der Fall sollte beschleunigt und unbürokratisch behandelt werden. Sie sollte in wenigen Wochen wieder in Freiheit sein.«

152

1975: »Vielleicht wird Vera Brühne nach 13 Jahren Gefängnis bald begnadigt.« Und: »Vera Brühne: ›Laßt mich raus! Ich habe solche Schmerzen.«
1976: »Vera Brühne – Auf Krücken zurück ins Gefängnis.«
1977: »Arme Vera, alte Vera.«
1978: »Vera Brühne todkrank.« Zwei Wochen später: »Vera Brühne bald frei?«

Die Liste der Schlagzeilen und Meldungen ist nur eine kleine Auswahl. Jahr für Jahr wurden die Leser in die Wechselbäder gestürzt: Sie kommt raus, sie bleibt drin! Ab 1973 benützte BILD als Hauptinformanten den »Brühne-Anwalt« Dr. Wilhelm Haddenhorst aus Gelsenkirchen. Der war immer für eine Nachricht gut, die seine Mandantin in die Schlagzeilen und ihn in BILD brachte.

Das Trommelfeuer tat seine Wirkung. Die Öffentlichkeit war hinreichend präpariert für eine Freilassung von Vera Brühne. Der für die Begnadigung inzwischen als Ministerpräsident von Bayern Zuständige war Franz Josef Strauß, der sich schon Jahre vorher in BILD für eine Begnadigung von Frau Brühne ausgesprochen hat und auch BILD konnte im Frühjahr 1979 einen neuen Auflagenschub vertragen. Die Auflage war im 4. Quartal 1978 gegenüber dem dritten um 140 000 verkaufte Exemplare zurückgegangen. Haddenhorst trat Anfang März 1979 in Aktion.

Um einmal die Wahrheit ans Licht zu bringen, habe ich Vera Brühne am 15. September 1981 zu einem Gespräch gebeten. Sie hat dabei die BILD-Zeilen und -Meldungen über sie zum großen Teil erstmals gesehen und gelesen, denn in der Haftanstalt Aichach las Vera Brühne die Münchner Abendzeitung, die ihr eine Freundin als Abonnement geschenkt hatte. BILD dagegen war in Aichach für die Haft-Insassen nicht zu lesen.

Jahrelang hat Vera Brühne es abgelehnt, einen Antrag auf Begnadigung oder Haftverschonung zu stellen. Ihre Position war und ist: Ich bin unschuldig. Mir ist Unrecht geschehen. Ich kann nicht um Gnade bitten. Ich will mein Recht. Brühne-Anwalt Haddenhorst war für ein anderes Vorgehen als seine Mandantin. Frau Brühne erzählte mir:

»Der Haddenhorst hat mich jedenfalls überfahren mit der Begnadigung. Ich wollte nicht begnadigt werden. Er war morgens da und hatte schon Fühlung aufgenommen mit dem Justizministerium. Und dort hatte man gesagt, es muß unbedingt sein, die soll weg. Es geht gar nicht länger. Die wollten es lieber auf diese Weise – als daß hier so eine alte Frau zusehends vergreist und Wirbel gemacht wird. Und dann habe ich gesagt, nein, nein, ich tu's nicht. Und da hat er noch zwei Stunden auf mich eingeredet und da kam dann noch Frau K., die Leiterin (der Strafanstalt Aichach G. W.) und dann kam da noch Herr Sch., der ist da der Direktor: ›Also bitte, Frau Brühne, haben Sie doch ein Einsehen, was soll es denn? Das können Sie draußen genauso weitertreiben wie hier drinnen. Warum wollen Sie nur?‹ Und ich sag, ja ich fühle mich hier ganz wohl, ich bin hier zu Hause ... Ich wollte überhaupt nicht raus. Man ist da wohnhaft geworden. Heimat. Das war die Heimat, glauben Sie mir.«

In ihre Zelle zurückgekehrt, wollte Vera Brühne ihre Zusage zurücknehmen und schrieb dem Anwalt entsprechend. Aber der hatte seinen Brief ans Justizministerium bereits auf den Weg gebracht.

Am 18. April 1979 meldete BILD »Strauß begnadigt Vera Brühne.« Der Bericht stammt von Heinz Sünder, dem damaligen Leiter der Regional-Redaktion Nordrhein-Westfalen von BILD aus Kettwig. Ein Mann, der im Hause Haddenhorst auch privat verkehrt, von Haddenhorst nicht nur mit Informationen und Bildern aus dem Privatbesitz von Vera Brühne versorgt wird, sondern sich dafür auch mit PR-Gefälligkeiten revanchiert. So schrieb Sünder bereits fünf Jahre vorher, am 18. Mai 1974 unter der Überschrift: »Vera Brühne: So reich geht sie in die Freiheit« nicht nur Unwahrheiten über die Besitzverhältnisse von Frau Brühne, sondern auch: »Die vermögende Frau, deren Hauptanwalt Dr. Wilhelm Haddenhorst aus Gelsenkirchen kein Honorar verlangt . . .« Als dieser Anwalt nach der Freilassung seiner Mandantin von einem Illustrierten-Honorar von 200 000 Mark, das Frau Brühne zustand, 120 000 Mark – so jedenfalls erzählt Vera Brühne – als sein Honorar einbehielt, da stand nicht in BILD: »So wird Vera Brühne zur Kasse gebeten!«

Doch nicht die geschäftlichen Querverbindungen zwischen einem Anwalt und seiner Redaktion sollen hier untersucht werden, sondern die Praktiken von BILD. Und vom 18. April 1979 an startete BILD eine beispiellose Brühne-Kampagne. An der läßt sich beispielhaft beweisen, wie BILD lügt. Ich habe Frau Brühne die BILD-Schlagzeilen und Texte der Wochen nach dem 18. April 1979 zu ihrer Person vorgelegt und sie um Kommentare gebeten. Diese sprechen für sich.

BILD am 19. April 1979: *»Strauß: Brühne Samstag frei.«*

◆ Frau Brühne: »Freigelassen wurde ich am 17. Dezember 1979.«
◆ BILD am 20. April 1979: *»Brühne zieht zur Gräfin mit dem Messer.«*
◆ Frau Brühne: »Das war in keiner Weise geplant. Frau zur Elzt war eine sehr
◆ gute Bekannte. Weiter nichts. Im Gegenteil. Sie hat wieder geheiratet und
◆ hat zwei Kinder und ist mit ihrem Mann zusammen. Das ist eine ganz
◆ andere Generation.«
◆ BILD am 21. April 1979: *»Hat Vera Brühne Krebs?«* Und im Text:
◆ »Verläßt Vera Brühne das Gefängnis als todkranke Frau. Es soll Krebs
◆ sein! . . . Vera Brühne will nach ihrer Entlassung aus dem Frauengefängnis
◆ Aichach zu Krebsspezialisten gehen.«

154

◆ Frau Brühne: »Nie! Ich habe im Gegenteil auch nie eine Krebsvorsorgeun-
◆ tersuchung über mich ergehen lassen. Ich habe da auch keine Ambitionen.
◆ Es gibt Leute, die fühlen sich pausenlos den Busen ab. Ich nicht.«
◆ BILD am SONNTAG am 22. April 1979: *»Liegt Veras Geständnis im
◆ Safe?«*
◆ Frau Brühne: »So ein Quatsch! Im Panzerschrank der Münchner Staatsan-
◆ waltschaft lag jahrelang – jetzt ist es aus unerfindlichen Gründen ver-
◆ schwunden – ein Schreiben mit einer Äußerung eines meiner ersten
◆ Anwälte, Dr. K. aus München, der geäußert hatte: ›Auch wenn Sie es
◆ gewesen sind, ich hole Sie raus!‹ Ich habe dem Mann auf der Stelle das
◆ Mandat entzogen.«
◆ BILD am 23. April 1979: *»Brühne 100 Heiratsanträge«*
◆ Frau Brühne: »Davon weiß ich nun wirklich nichts. Ich habe die Briefe an
◆ mich überhaupt nicht gelesen, sondern bestenfalls das Rückporto, manch-
◆ mal lag da auch Geld drin, rausgefischt. Ich weiß nicht, ob mich da einer
◆ heiraten wollte.«
◆ BILD am 24. April 1979: *»Brühne frei. Sie wird in großem Schicksalsfilm
◆ zum ZDF-Star.«*
◆ Frau Brühne: »ZDF-Star ist gut. Also, da wollte mal einer einen Film über
◆ meinen Fall drehen. Was daraus geworden ist, was weiß ich.«
◆ BILD am 25. April 1979: »Morddrohung gegen Vera Brühne.«
◆ Frau Brühne: »Das war eine amüsante Sache, was der da gemacht hat, so ein
◆ Verrückter aus Augsburg.«
◆ *BILD am 26. April 1979: »Brühnes 1. Weg: Köhnlechner«* Und im Text:
◆ »Der berühmte Heilpraktiker ist ihre letzte Hoffnung. Ich glaube nur er
◆ kann mich von meinen entsetzlichen Schmerzen befreien.«
◆ Frau Brühne: »Von dem Köhnlechner halte ich gar nichts. Der soll doch in
◆ seinem Buchladen weitermachen. (Sie meint Köhnlechners frühere Tätigkeit
◆ als Generalbevollmächtigter des Buch- und Medienkonzerns Bertelsmann.
◆ G. W.) Wie kann der plötzlich Arzt werden. Wieso und so schnell. Nicht zu
◆ Köhnlechner. Der macht ja Publicity, daß es einem schlecht wird, finde ich.
◆ Der benutzt jede Situation, um sich ins Bild zu setzen.«
Acht Tage lang Schlagzeilen in BILD und BILD am SONNTAG mit Vera
Brühne. Acht Tage lang Erfindungen und Fälschungen, Verdrehungen und
Verunglimpfungen. Und vor dem Terrorismus der BILD-Zeitung und anderer
Gazetten sind Personen der Zeitgeschichte wie Vera Brühne nicht einmal dann
geschützt, wenn sie nach zwei Hüftgelenk-Implantationen außerhalb der
Haftanstalt Bewegungstherapie machen muß. Selbst dann lauern Fotografen.
Und bis ins Familienleben werden Erfindungen und Verleumdungen verbrei-
tet. Über die BILD-Schlagzeile vom 8. Mai 1979: *»Brühne Versteck in Afrika«*
und den Text: »Vera Brühne soll sich in Afrika verstecken. Der Präsident von
Sierra Leone hat sie in den Staat an der Elfenbeinküste eingeladen – aus
Mitleid.« kann Vera Brühne noch lachen: »Da haben die sich wohl einen Gag
erlaubt.«
Anders sieht's auch aus, wenn BILD behauptet, Frau Brühne habe Vor-
behalte gegen ihren Schwiegersohn »weil der nur Tischler ist«. Dazu Frau
Brühne: »Das ist ja Unsinn. Das ist ein gebildeter Mann, der sein Abitur hat,

aus gutem Hause kommt und wenn er nun sein Hobby ausübt als Kunstschreinerei, ist das seine Sache. Was geht das mich an. Sylvia ist mit ihm verheiratet, nicht ich. Als Sylvia sagte, er ist Kunstschreiner, da habe ich als erste Reaktion gesagt, meinste, ich könnte bei ihm in die Lehre gehen? Ich wollte nämlich immer als junges Mädchen Schreinerin werden.«

Die normale Reaktion einer Mutter auf die Mitteilung ihrer Tochter, daß sie sich verheiraten wolle, ist für BILD ja keine Geschichte. BILD muß Auseinandersetzungen erfinden, versucht Zwietracht zu säen und dadurch den Häftling Vera Brühne von dem Menschen abzuschneiden, auf den sie besonders angewiesen ist, nämlich das einzige Kind. Die Infamie von BILD geht soweit, Frau Brühne eine Schönheitsoperation anzudichten, weil der Mönchengladbacher Schönheitschirurg Dr. Tschoepe im publizistischen Gegengeschäft bundesweit in BILD für sich werben lassen wollte. Ihm entging Vera Brühne trotz aller Journalistenhartnäckigkeit, weil sie nichts von Gesichtsoperationen hält: »Ich finde, ich habe auch so ein Gesicht, mit dem ich mich sehen lassen soll. Warum die Rumpfuscherei.« Zudem war das – was BILD wohl wußte – ein Schönheitschirurg, dessen Frau nach einer Schönheitsoperation in Paris verstarb. Doch BILD sah eine Schlagzeile, BILD sah ein Geschäft und da wäscht eben eine Dreckpfote die andere.

Vera Brühne während ihres Prozesses in München

Und solche Geschäfte auf Gegenseitigkeit erledigt BILD auch, wenn CSU-Chef Strauß in die Schlagzeile (1. Juni 1979) gerückt wird: »Strauß Sie sind frei, Frau Brühne« mit der erfundenen Antwort: »Brühne: ›Herzlichen Dank, Herr Strauß‹« Erstens vergißt BILD seine eigenen Lügen, denn angeblich sollte ja schon am 19. April Frau Brühne laut Strauß am Samstag frei sein – was nicht stimmte – und zweitens hat Frau Brühne mit Strauß nie ein Wort gewechselt. Vera Brühne erzählte mir: »In einem chinesischen Lokal in München habe ich Herrn Strauß einmal einige Tische weiter gesehen. Ich habe ihm weder zugenickt, noch ein Wort mit ihm gewechselt, obwohl er zu meinem Tisch herüberblickte. Vielleicht hat er mich auch erkannt.«

Ich habe Frau Brühne um eine Stellungnahme zu den zahllosen BILD-Berichten über sie gebeten, weil sie mir als ein Musterfall dafür erscheint, wie ein Mensch von BILD brutal und rücksichtslos bis in die persönlichsten Bereiche hinein für die Schlagzeilen und das Geschäft »ausgeschlachtet« wird. Zugleich wird hier exemplarisch deutlich, wie hohe Politiker, Richter und Geschworene, Staatsanwälte und Begnadigungsinstanzen zu Kreuze kriechen, weil BILD es will. Eine Institution, die ihrerseits Rechte und Gesetze seit Jahren mißachtet.

Der getürkte Schah

Als Reza Pahlevi noch als Schah-in-Schah den Iran regierte, als seine auf zigtausenden von Hinrichtungen und bestialischste mittelalterliche Folter-methoden aufbauende Gewaltherrschaft noch unbeschränkt war, wurde er von der Springer-Presse – und nicht nur von dieser – umjubelt und verherrlicht. Als der todkranke, aus seinem Land geflohene Schah die Macht verloren hatte, wird er alsbald von »BILD am SONNTAG« für eine »Exklusiv«-Fälschung mißbraucht, startet das Springer-Blatt auf Kosten des Todkranken ein politisches Ränkespiel.

In der Fernsehsendung »Monitor« berichtete der Redakteur Volker Happel:

Schah gegen BILD am SONNTAG –
ein dubioses Interview macht Politik

»Selten hat ein Zeitungsbericht so viel Aufsehen erregt wie das angebliche Interview von BILD am SONNTAG mit dem Schah vor drei Wochen. Danach soll der ehemalige persische Kaiser während seines Aufenthaltes in den USA die amerikanischen Gastgeber beschimpft haben.

Das Interview löste eine innenpolitische Krise in den Vereinigten Staaten aus.

Schon bald aber wurden Zweifel an der Echtheit des Interviews geäußert, und der Schah ließ über seinen Sprecher, Robert F. Armao, ein Dementi verbreiten. Er habe während seines Aufenthaltes in den USA überhaupt kein Interview gegeben.

Die Chefredaktion von BILD am SONNTAG bleibt bis heute dabei, daß das Interview tatsächlich geführt wurde, und hat uns dies kurz vor dieser Sendung in einem ellenlangen Fernschreiben noch einmal mitgeteilt.

Wir haben Zweifel.

Es liegt an Ihnen, wem Sie mehr glauben: BILD am SONNTAG oder dem offiziellen Sprecher des Schah – einem Mann aus seiner engsten Umgebung.

Bevor er New York verließ, hat der Schah einer westdeutschen Zeitung ein Interview gegeben. Darin bekannte er, Fehler während seiner 37jährigen Amtszeit gemacht zu haben. Aber er sagte, John F. Kennedy machte in seinen drei Jahren als Präsident mehr Fehler. Der Schah denkt Stalin, Roosevelt und Churchill würden sich in ihren Gräbern umdrehen, wenn sie die Führer von heute sähen. – Bald würde es für den Westen zu spät sein.

In den USA war es die Nachricht des Tages:

Ein Interview einer deutschen Boulevard-Zeitung mit dem Schah. BILD am SONNTAG hatte einen journalistischen Coup gelandet, der keinem anderen Blatt gelungen war. Stolz meldete die Redaktion sogar ein »Exklusiv-Interview am Krankenbett« und frohlockte »jetzt packt der Schah aus«.

Der Schah prophezeit mit düsteren Worten den baldigen Untergang der westlichen Welt und BILD am SONNTAG war dabei:

New York, 2. Dezember, 17. Stock des Cornell-Hospitals in New York. Der gestürzte Schah von Persien . . . um fünfzehn Kilo abgemagert, ein Mann auf der Flucht. Mit heiserer Stimme gibt er BILD am SONNTAG ein sensationelles Interview.

Nicht nur amerikanische Fernsehstationen, auch die Massenpresse steigt groß ein. »Schah außer sich vor Wut auf die USA«, meldete die New York Post mit riesiger Schlagzeile.

Besonders entrüstet reagiert die amerikanische Öffentlichkeit auf die abfälligen Bemerkungen über John F. Kennedy.

Sein Bruder Edward nennt den Ex-Schah noch am gleichen Tag einen »Gauner, der sich fortmachen solle«. Er löst damit eine innenpolitische Krise um den Verbleib des Schah in den Vereinigten Staaten aus.

Robert F. Armao, der Sprecher des Schah: »Wann haben Sie zuerst von dem Interview gehört, in dem der Schah angeblich diese und frühere US-Regierungen kritisiert?«

Dessen Antwort: »Ich bekam einen Anruf von meinem New Yorker Büro. Ich war in Texas und bekam einen Anruf, daß sie einen Artikel in einer New Yorker Zeitung gesehen haben, der über dieses Interview für einen deutschen Verlag – oder ein deutsches Blatt berichtet. Ich habe sofort kontrolliert, was dahinter steckt – und Seine Kaiserliche Majestät hat mich informiert, daß er nie ein solches Interview gegeben hat und daß diese Äußerungen völlig falsch sind.«

Dazu erklärt Happel: BILD am SONNTAG muß zugeben, daß die Zeitung gar nicht beim Schah gewesen ist. Das Blatt behauptet jetzt, man habe das Interview angekauft. Es sei von einem ehemaligen iranischen Diplomaten, Saheb Jam, im New Yorker Cornell Medical Center geführt worden. Die Schah-Schwester Ashraf sei dabeigewesen.

Robert Armao, der Sprecher des Ex-Schah, spricht in einer eilig einberufenen Pressekonferenz von »Journalismus der übelsten Art« und wittert einen Versuch, den angeschlagenen Ruf des Schah in der amerikanischen Öffentlichkeit völlig zu ruinieren. Armao wird von Rudolf Rohlinger interviewt.

Rohlinger: *»Können Sie ganz sicher sagen, daß der Schah oder der Interviewer nicht doch Gelegenheit zu einem Gespräch fanden?*

Armao: *»Der Schah hat nie mit dem deutschen Blatt gesprochen – er hat kein Interview gegeben. Tatsächlich hat er, seit er sein Land verlassen hat, überhaupt kein komplettes Interview gegeben.*

Wie Sie wissen, hat er sich wegen der Geiselsituation zurückgehalten. Seit seiner Ankunft in den Vereinigten Staaten ist sein Grundsatz: auf keinen Fall die Geiseln zu gefährden. Deswegen hat er in dieser Angelegenheit mit niemandem gesprochen.«

Rohlinger: »*Und wie ist der Stand in Bezug auf das veröffentlichte Interview?*«

Armao: »*Ich habe – im Namen des Schahs – unsere Anwälte angewiesen, sofort von BILD am SONNTAG einen Widerruf zu verlangen. Sollten sie sich weigern, ein volles Dementi in gleicher Aufmachung zu drucken, beauftrage ich meine Anwälte, wegen Verleumdung zu klagen.*«

Volker Happel schließt seine Moderation von Monitor mit den Worten: »Der Verleger von BILD am SONNTAG ist Axel Springer. In seinem neuen Buch, das Ende Januar erscheinen soll, zitiert er einen Wahlspruch seines Hauses:

Unsere Linie: die gute, verläßliche Information.

Unsere Politik: Menschlichkeit, Klärung, Ausgleich.

»Bild am Sonntag« überschlägt sich vor Empörung. Doppelseitig aufgemacht zetert und geifert nun »BamS«-Chefredakteur Struve: »Die Wahrheit über ein Gespräch« und droht zivil- und strafrechtliche Schritte gegen »Monitor« an: »BILD am SONNTAG« will *alle* strafrechtlichen und zivilrechtlichen Schritte gegen die am Dienstag, 18. 12. 1979 vom TV-Magazin ›Monitor‹ ausgestrahlte Sendung zum Schah-Interview einleiten. Die juristischen Schritte umfassen Gegendarstellung, Widerruf, Unterlassung sowie Strafantrag wegen übler Nachrede gegen den Moderator Happel.«

Hunde, die bellen, beißen nicht. Außer einer Gegendarstellung, die Monitor mit Vergnügen sendete, wurde das Angedrohte aus gutem Grund unterlassen.

Zunächst hier die *Gegendarstellung* der ARD: »In der Sendung MONITOR vom 18. Dezember 1979 wurde in dem Beitrag »Schah gegen BILD am SONNTAG – ein dubioses Interview macht Politik« in Bezug auf BILD am SONNTAG von einem angeblichen Schah-Interview gesprochen.

1. Im Rahmen dieser Behauptung stellt MONITOR den Sprecher des Schah, Robert F. Armao, mit der Aussage vor, daß er über alle Verabredungen seiner Majestät des Schah Bescheid wisse und der Schah weder von dieser noch einer anderen deutschen Zeitung interviewt worden sei; seit er sein Land verlassen habe, habe er überhaupt kein komplettes Interview gegeben.

Diese Darstellung des Herrn Armao ist *falsch*

Richtig ist, daß Herr Armao über das Schah-Interview am 24. 11. 1979 im Cornell-Hospital wie bereits in vorangegangenen Fällen nicht informiert worden ist, weil der Interview-Partner des Schah familiäre Beziehungen zum persischen Kaiserhaus hat.

2. Schließlich wird der Sprecher des Schah mit der Behauptung wiedergegeben, er habe im Namen des Schah Anwälte angewiesen, von BILD am SONNTAG einen Widerruf zu verlangen. Für den Fall der Weigerung werde er diese beauftragen, wegen Verleumdung zu klagen.

Hierzu stelle ich fest: Der Schah hat über seine Schwester, Prinzessin Ashraf, mitteilen lassen, daß er keine rechtlichen Schritte gegen BILD am SONNTAG unternehmen werde – und sein Pressesprecher Armao anderslautende Behauptungen auch nicht verbreiten dürfe.

Ewald Struwe, Chefredakteur von BILD am SONNTAG«

Unmittelbar nach der Gegendarstellung überführt Monitor BILD am SONNTAG nun endgültig der Lüge, indem der Ex-Schah in Bild und Ton selbst zu Wort kommt. Vorher hat noch sein Sprecher Armao Gelegenheit, BamS zu widerlegen.:

Sprecher: Hier soll das angebliche Interview stattgefunden haben, im New Yorker Cornell-Hospital. Interviewer soll ein freier Mitarbeiter des Blattes gewesen sein, der in Paris lebende Saheb Jam. Von ihm liegt uns seit sechs Stunden die Eidesstattliche Versicherung vor, er sei beim Schah zu einem vertraulichen Gespräch gewesen, dessen Inhalt er dann mit Zustimmung des Schah veröffentlicht habe.

MONITOR hat – um alle Zweifel zu beseitigen – dem Sprecher des Schah, Robert F. Armao, die Behauptungen von BILD am SONNTAG vorgelegt.

Armao: »*Ich kann mit Nachdruck sagen, daß der Schah kein Interview mit Herrn Saheb Jam im New Yorker Krankenhaus gehabt hat. Ich habe Seine Majestät den Schah direkt gefragt und seine Antwort war: absolut nicht!*

Ich habe dann auch noch, um sicher zu gehen, die Unterlagen der Sicherheitsbeamten überprüft, die ganz genau aufzeichneten, wer das Krankenzimmer des Schah betrat. Und es gibt keinen Hinweis, daß dieser Mann jemals das Krankenzimmer des Schah betreten hat.«

Rohlinger: »*Wenn Sie heute mit mir sprechen, Herr Armao, mißachten Sie damit nicht ein Ersuchen oder sogar eine Anordnung des Schah, keine Erklärung mehr abzugeben, die die Richtigkeit des Interviews bestreitet?*«

Armao: »*Absolut nicht, ganz im Gegenteil. Als ich vor ein paar Tagen Panama verließ, war seine Majestät der Schah noch immer aufgebracht. Und er beauftragte mich, wie er es selbst schon getan hat, seine Anwälte zu ersuchen, diese Sache gerichtlich zu verfolgen. Seine Anwälte haben nach eingehendem Studium die Sache verfolgt, und in ihrem Ersuchen an den Chefredakteur von BILD am SONNTAG verlangen sie:*

Nummer eins: einen Widerruf, und

Nummer zwei: eine Entschuldigung bei seiner Majestät dem Schah. . . .«

Rohlinger: »*Sie wissen aber auch, Herr Armao, daß Prinzessin Ashraf laut BILD am SONNTAG einen Befehl des Schah bestätigt, künftig über das Interview zu schweigen.*«

Armao: »*In meinen täglichen Unterhaltungen mit Prinzessin Ashraf zeigt sie sich genau so entsetzt wie der Schah – und wie wir alle über die Fälschung.*«

Sprecher: Die Widersprüche auflösen kann nur einer: der ehemalige Schah von Persien selbst.

Er lebt zur Zeit in Panama. Zum ersten Mal seit seiner Abreise aus den USA gelang es einem deutschen Reporter, mit dem Schah zu sprechen. So wichtig ist es für den Schah, endlich Unterstellungen und Erfingungen zurückzuweisen. MONITOR führte mit dem Schah ein wirkliches Exklusiv-Interview.

Rohlinger: *Sind Sie voll informiert? Sind Sie in Verbindung mit der Welt?*

Reza Pahlevi: *Wir bekommen alle Zeitungen, es gibt Radio und natürlich gibt es Leute, die uns von überall her Nachrichten schicken.*

Rohlinger: *Gab es ein Interview mit Mister Saheb Jam in New York – im Krankenhaus?*

Reza Pahlevi: *Ich habe diesen Herrn in New York nicht gesehen. Nein, es gab kein Interview.*

Rohlinger: *Was die Fälschung angeht: Waren nur Teile geschickt erfunden – oder ist das alles Unsinn gewesen?*

Reza Pahlevi: *Ich habe mir gar nicht erst die Mühe gemacht, etwas zu lesen, was gar nicht stattgefunden hat. Aber man hat mir gesagt, daß das jene Sorte von Interview ist, wie man sie in Sensationsblättern findet.*

Rohlinger: *Kennen Sie den Ausspruch, wonach Sie gesagt haben sollen, John F. Kennedy machte in drei Jahren Regierungszeit mehr Fehler als ich in siebenunddreißig?*

Reza Pahlevi: *Nein, das habe ich nie gesagt. Das, was ich getan habe, möchte ich nicht vergleichen mit dem, was andere getan haben. Das ist nicht meine Aufgabe.*

Casdorff: . . . Wer großzügig mit der Wahrheit bei wichtigen internationalen Fragen umgeht, verliert sicher auch dann die Glaubwürdigkeit bei Berichten über Ereignisse vor der Haustür . . .

Nachdem BILD am SONNTAG seine eigenen fetten Lügen so sichtbar und überaus drastisch ins Maul zurückgestopft bekam, verstummte das Blatt in diesem Fall erst einmal. Die meisten BILD-Geschädigten haben nicht die Möglichkeiten eines Schah, um sich zur Wehr zu setzen und auch nicht die Verbindungen von Monitor, um in aller Öffentlichkeit eine eindeutige Richtigstellung zu erreichen. Trotz alledem, ohne die sich ausweitende Aufklärungsarbeit gegen das »größte Rufmordblatt der westlichen Welt«, ohne die kleinen hunderte Einzelinitiativen der Gegen-Bild-Stellen, hätte sich wahrscheinlich auch eine Fernsehsendung wie Monitor nicht veranlaßt gefühlt, das Thema aufzugreifen und BILD so hartnäckig die Stirn zu bieten.

BILD am SONNTAG, 2. Dezember 1979

Exklusiv-Interview mit dem Ex-Schah

● „Der Geheimdienst Savak hat die Mullahs und die Schiiten bestochen!"

● „Großmächte zittern schon. Russen bedauern frühere Haltung mir gegenüber!"

● „Totale Selbstaufgabe des Westens immer schlimmer. US-Militärschlag zu spät!"

„Die Welt geht ihrem Untergang entgegen!"

Reza Pahlevi: Mein Volk wird merken, daß es betrogen wur

Wunderheiler Josef mit der hohlen Hand

Dauerbrenner unter den Horrorgeschichten der BILD-Zeitung sind UFOs von fremden Sternen. Anders als die DDR, die es für BILD eigentlich gar nicht gibt und die deshalb immer in Gänsefüßchen gesetzt erscheint, werden die UFOs von BILD in jeder Beziehung voll anerkannt. Ebenso Geister, Hellseher und sogenannte Wunderheiler. Manche von ihnen, Hochstapler, Scharlatane und skrupellose Geschäftemacher sind Heilsbringer von BILD's Gnaden. In großen Artikelserien werden sie von BILD aufgebaut.

Zwei Wochen lang stellte BILD im August 1979 seinen Lesern einen Trickbetrüger als »Josef – den Wunderheiler mit der sanften Hand« vor. In enger Komplizenschaft leistete BILD exklusiv Beihilfe zum Betrug und trieb Hunderte von Lesern einem gefährlichen Geschäftemacher in die Arme. Denn das einzige, was er gesund machte, waren seine Finanzen!

Josef Müller aus Dillingen/Saar, ein bankrottgegangener Unternehmer, wegen Betruges vorbestraft, erneut gescheitert mit dem Versuch, sich in einem obskuren »Magazin der Zukunft« über Anzeigen als »Jo Miller aus USA« . . . »bietet Heilung mit Parapsychologie« ins Geschäft zu bringen, machte erstmals bundesweit von sich reden, als er sich an den beginnenden Heilungsprozeß des seit Monaten bewußtlosen Handballers Jo Deckarm dranhing und seinem Handauflegen zuschrieb.

BILD nahm ihn für 7000 DM unter Vertrag, und die Wunder wollten kein Ende nehmen:

»Homburgs Torwart die Hand aufgelegt. Jetzt hält er wieder!«

»Wie er eine Blutung stillte«

»Wie er einem Kind die Schmerzen nahm . . .«

»Plötzlich war Stefan ein guter Schüler . . .«

»Als keiner Ulrike helfen konnte, ging sie zu Josef Müller . . .«

Und Offensiv-Werbung auf Seite 1, Schlagzeile:

TAUSENDE WOLLEN ZUM WUNDERHEILER

Der BILD-Kommentar auf Seite 2 gibt den u. U. lebensgefährlichen Praktiken des nicht zugelassenen Heilpraktikers zusätzlich noch die höheren Weihen: »Zwischen Himmel und Erde gibt es manches, was weder zu erklären noch zu leugnen ist.« –

Aber dann erklärt es BILD seinen auf Fakten dressierten Lesern doch: »Und jetzt sagt Herr Müller den Satz, den die Zweifelnden nicht fassen können: Mein Kontrollgeist hat Verbindung zu berühmten verstorbenen Ärzten. (Sauerbruch z. B.) Sie diktieren, was ich zu tun habe.« – Zum Beispiel, daß ratsuchende Kranke bei Herrn Müller besser aufgehoben sind als beim Arzt oder im Krankenhaus.

»Wunderheiler soll 104mal betrogen haben« lauten ein halbes Jahr später die neuen Überschriften. Allerdings nicht in der BILD-Zeitung. Die hat ihr Soll erfüllt und hunderte Verzweifelte und Todkranke dem in Gelddingen nicht Übersinnlichen, sondern recht Diesseitigen zugetrieben. Seine »Patienten« (mindestens 20 am Tag), denen er gegen hohe Honorare sichere Heilungen versprach, waren allenfalls von ihrem Geld befreit, saniert hatte sich damit Herr Müller. »Dieser Scharlatan hat uns schändlich betrogen und die Popularität meines hilflosen Jungen mißbraucht, um für seine Geschäfte Werbung zu machen«, so der Vater des Handballers Jo Deckarm heute.

P.S.: Juni 81 verurteilte die 5. Kammer des Landgerichts Saarbrücken Josef Müller, den Chef der Wunderheiler-GmbH, wegen Betrugs und Verstoßes gegen das Heilpraktiker- und Heilmittel-Werbegesetz zu 2^{1}/$_{2}$ Jahren Gefängnis. Nach der BILD-Serie waren Kranke zu ihm gewallfahrtet. Er residierte in einem kleinen Ort in der Pfalz und sämtliche Pensionen und Hotels der Umgebung lebten von ihm. Er gründete die »Fa. Joe Styling GmbH« mit Sitz in Dillingen, zu deren »allein vertretungsberechtigten Geschäftsführer« er sich bestellte. In Anzeigen versprach er »100%ige Heilung bei fast allen Krankheiten«. Eine bei ihm sichergestellte Honorarliste gibt Aufschluß darüber, was er sich dank BILD alles zutraute:

164

Seit der BILD-Serie, als er sich vor Zulauf nicht mehr retten konnte, erhöhte er in Einzelfällen seine Handauflegungstantiemen um das Hundertfache.

Aus der Anklageschrift:

»versprach Müller im Sommer 1979 dem an Bauchspeicheldrüsenkrebs erkrankten Ehemann der Zeugin ... Heilung von seinem Krebsleiden und veranlaßt dadurch die Zeugin zur Hingabe eines Schecks über 10 000,– DM für die Vornahme von 25 Behandlungen, die jedoch entgegen der Zusage zu keiner Besserung des Krankheitszustandes führten, behandelte der Angeschuldigte Müller am 1. 9. 1979 in Hohenstaufen im Zusammenwirken mit der Angeschuldigten Wagner und dem gesondert verfolgten Manfred Voltmer in der Wohnung des Zeugen Mayer dessen hör- und sprachgeschädigten Sohn 20 Minuten lang durch Abtasten des Kopfes, Nackens und Oberkörpers, wobei die Angeschuldigte Wagner Nervenkrämpfe diagnostizierte und als Medium Therapieanweisungen gab, nachdem Müller vorher dem Zeugen durch Voltmer die Zusage geben ließ, er können den kranken Sohn heilen und durch Voltmer 5000,– DM kassieren ließ, weitere Behandlungen aber abredewidrig nicht erfolgten und eine Heilung oder Besserung nicht eintrat.«

Nur zwei Beispiele von Hunderten.

Der Hauptschuldige BILD hatte das Interesse an seinem Wunderheiler verloren. BILD war längst dabei, neue Scharlatane und Heilsbringer zu entdecken und aufzubauen, um sie auf die Kranken der Nation werbewirksam und auflagesteigernd loszulassen.

Hellseher – Dunkelmänner

An einem Betrug ähnlichen Zuschnitts war BILD mit seiner Serie »Zwi Pese – Der neue Hellseher der schicken Leute« beteiligt. Auch hier das rücksichtslose Spiel mit menschlichen Ängsten und Sorgen um Zukunft, Glück und Gesundheit. Auch hier das Kalkül auf von BILD selbst geschürte Wundergläubigkeit, die Spekulation mit dem Irrationalen und als Staffage für die Serie aus der BILD-Fälscherwerkstatt »die schicken Leute«, Show-Stars und Schickeria-Größen.

»Am Swimmingpool: Hellseher sah durch Daliah Lavis Körper«, »Vera Kalman: Operation gestoppt, weil der Hellseher was sah . . .« oder »Hellseher sagte: Sie werden reich – da wurde der Arbeitslose reich!« Lauter Schlagzeilen. Täglich aufs neue präsentiert BILD die Geschichten des Zwi Pese, wie dieser angeblich anderen geholfen hat, bis BILD vermelden kann, wie sich der Zwi(lichtige) Pese schließlich selbst saniert hat. Fast gefahrlos können die Fälschungen und Erfindungen von BILD ins Blatt gerückt werden, denn Show- und Schickeria-Prominenz läßt erfahrungsgemäß alles über sich verbreiten, Hauptsache man steht in der Zeitung und der Name ist richtig geschrieben. Und wenn es sich mal – wie im Fall des Arbeitslosen um keinen Prominenten handelt, sondern um einen normalen Bürger, dann hat die Hauptfigur nicht einmal mehr Namensinitialen, sondern bleibt ein arbeitsloser Augsburger, der sich nicht wehren und den man nicht befragen kann, wenn es ihn überhaupt gegeben hat.

Und so wird Zwi Pese, anders als der Wunderheiler Josef Müller aus Saarbrücken, auch kein Fall für die Münchner Staatsanwaltschaft. Was Tausende von Rat- und Hilfesuchenden mit leichtfertigen und unter Umständen sogar schädlichen Ratschlägen angetan wurde, wird nie in BILD stehen. Wie sie mit nutzlosen Ratschlägen um Hoffnungen und Geld gebracht wurden, interessiert keinen Staatsanwalt, ob lebensnotwendige Operationen auf Grund windiger Tips unterblieben sind, wohl auch nicht. BILD aber heizte das Geschäft des Hellsehers an:

◆ »Seine Telefonnummer hat Zwi Pese auf Auftragsdienst schalten lassen. Seit
◆ diese BILD-Serie begann, klingelt das Telefon bei ihm ununterbrochen.
◆ Der erste Anruf kam nachts um 2.30 Uhr aus Hamburg, vier Stunden vor
◆ Erscheinen des ersten Berichts. ›Wo kriegen die Leute so früh eine
◆ BILD-Zeitung her?« fragte der Hellseher.

(Dem im Dunkeln tappenden Hellseher kann geholfen werden, wenn ihm BILD schon nicht die Wahrheit sagt: Ab etwa Mitternacht ist in Hamburg bei Straßenverkäufern das Groschenblatt zu haben. G. W.)

◆ Bis halb zwölf Uhr mittags waren 160 Anrufe eingegangen und das
◆ Fernmeldeamt verlangte von Zwi Pese, daß er alle drei Stunden nachfragte,
◆ weil sonst die Liste der Anrufer den Umfang der Formulare sprengte.
◆ Einige der Anrufer schienen nicht durchgekommen zu sein, denn jetzt
◆ klingelten Telegramm-Boten an Zwis Tür.
◆   ›Die Sorgen der Menschen sind vielfältig – aber es gibt Schwerpunkt-
◆ Themen, die sich im Telegramm-Stil so formulieren lassen, sagte er
◆   + unmittelbar bevorstehende Operation – Rückruf dringend erbeten
◆ und
◆   + meine Scheidung steht bevor – muß Sie dringend sprechen.‹
◆   Zwi Pese bittet alle, die ihn um Hilfe ersuchen –« und dann folgt eine
◆ Postfachanschrift.

Doch daß auch den Fälscher-Profis der BILD-Zeitung in ihrer Skrupellosig-
keit Fehler passieren, dafür ein Beispiel:
Unter der Schlagzeile »Ich rettete den Dichter, weil ich seinen Tod sah«
nahm sich BILD, was selten genug geschieht, der deutschsprachigen Gegen-
wartsliteratur an – freilich auf BILD-eigene Manier: mit Lügen. Weil sich der
gegen seinen Willen als Kronzeuge des Zwi Pese mißbrauchte Dichter wehrte
und vor Gericht vom Springer-Verlag wegen dessen Lügen ein Schmerzensgeld erstritt, konnte hier ein Fall – stellvertretend für die anderen – aufgeklärt
werden.
In einer Bildunterschrift meldete BILD: »Der Hellseher und sein schwerster
Fall, der Dichter Helmut Degner (kleines Foto). Zwi Pese las schon bei der
ersten Begegnung die Todesgedanken im Gesicht des Mannes. Mit Horoskop,
Trance und Bibelzitaten kämpfte er um das Leben Degners – und gewann.«
Dann folgte von BILD die »Dichterbiografie« des Kollegen Helmut
Degner, der für seinen 1979 im Suhrkamp-Verlag erschienenen Roman
»Graugrün und kastanienbraun« mehrere Literaturpreise erhielt:

◆ »Jeder andere wäre an die frische Luft gegangen – Zwi Pese jedoch weiß,
◆ was solche Übelkeit bei ihm zu bedeuten hat.
◆   Er musterte seine Tischnachbarn. Und wieder fällt sein Blick auf den
◆ apathisch dasitzenden Mann.
◆   ›Ich spürte die negativen Wellen, die von ihm ausgingen. Dort saß ein
◆ Bündel Chaos . . .‹
◆   Der Hellseher ging an den Tisch des Fremden. ›Darf ich mich setzen?‹
◆ Keine Antwort.
◆   ›Ich versuchte ein Gespräch mit ihm zu beginnen, aber er schien mich
◆ nicht zu hören. Was körperlich von diesem Menschen ausging, verursachte
◆ eine derartige Panik in mir, daß ich wußte: Hier sitzt ein Selbstmörder auf
◆ dem Sprung . . .‹ So etwas passiert Zwi Pese gelegentlich. Ich sagte zu ihm:
◆ ›Sie sind ein interessanter Mann . . .!‹
◆   Das hatte offenbar noch nie jemand zu Helmut Degner gesagt. Er blickte
◆ auf und antwortete: ›Wie bitte?‹
◆   Zwi Pese atmete auf. Gerettet, dacht er. Aber davon konnte keine Rede
◆ sein. Der schwerste Fall seines Lebens saß ihm gegenüber.

„Ich rettete den Dichter, weil ich seinen Tod sah"

Seine Telefonnummer hat Zwi Pese auf Auftragsdienst schalten lassen. Seit diese BILD-Serie begann, klingelt das Telefon bei ihm ununterbrochen.

Der erste Anruf kam nachts um 2.30 Uhr aus Hamburg, vier Stunden vor Erscheinen des ersten Berichts. „Wo kriegen die Leute so früh eine BILD-Zeitung her?" fragt der Hellseher?

Bis halb zwölf Uhr mittags waren 160 Anrufe eingegangen, und das Fernmeldeamt verlangte von Zwi Pese, daß

Ein Bericht von Claire Bonzano

er alle drei Stunden nachfragte, weil sonst die Liste der Anrufer den Umfang der Formulare sprengte.

Einige der Anrufer schienen nicht durchgekommen zu sein, denn jetzt klingelten Telegramm-Boten an Zwis Tür.

„Die Sorgen der Menschen sind vielfältig – aber es gibt zwei Schwerpunkt-Themen, die sich im Telegramm-Stil so formulieren lassen, sagt er:

● unmittelbar bevorstehende Operation — Rückruf dringend erbeten, und

● meine Scheidung steht bevor — muß sie dringend sprechen."

Zwi Pese bittet alle, die ihn um Hilfe ersuchen, an folgende Adresse zu schreiben:

Zwi Pese
Postfach 1344
8032 Gräfelfing

Herzschmerzen – als er den fremden Gast anblickte

Er bittet um Nachsicht, daß er nicht alle Zuschriften sofort beantworten kann.

„Ich möchte Ihnen heute von Helmut Degner erzählen.

© 1979: BILD Hamburg

---

einem österreichischen Dichter", sagt Zwi Pese.

Ich habe ihn im Frühling 1976 kennengelernt, als ich in Schwabing etwas essen wollte. Ich sah ihn gebückt ein paar Tische weiter sitzen und hatte sofort den Eindruck eines total gebrochenen Mannes ..."

Zuerst kümmerte sich der Hellseher nicht weiter um ihn.

„Aber plötzlich merkte ich,

Der Hellseher und sein schwerster Fall, der Dichter Helmut Degner (kleines Foto). Zwi Pese sah schon bei der ersten Begegnung die Todesgedanken im Gesicht des Mannes. Mit Horoskop, Trance und Bibelzitaten kämpfte er um das Leben Degners — und gewann.

wie mir schlecht wurde ... Ich bekam Herzschmerzen

Jeder andere wäre an die frische Luft gegangen — Zwi Pese jedoch weiß, was solche Übelkeit bei ihm zu bedeuten hat.

Er musterte seine Tischnachbarn. Und wieder fällt sein Blick auf den apathisch dasitzenden Mann.

„Ich spürte die negativen Wellen, die von ihm ausgin-

---

gen. Dort saß ein Bündel Chaos ..."

Der Hellseher ging an den Tisch des Fremden.

Sein schwerster Fall: Ein Mann will sterben

„Darf ich mich setzen?" Keine Antwort.

„Ich versuchte ein Gespräch mit ihm zu beginnen, aber er schien mich nicht zu hören. Was körperlich von diesem Menschen ausging, verursachte eine derartige Panik in mir, daß ich wußte:

Hier sitzt ein Selbstmörder auf dem Sprung. „Sag, was passiert Zwi Pese eigentlich. Ich sagte zu ihm: ,Sie sind ein interessanter Mann ...!'

Das hatte offenbar noch nie einer zu Helmut Degner gesagt.

Er blickte auf und antwortete: ,Wie bitte?'

...

Straßencafés, Menschen, die miteinander lachen, miteinander reden, das ist München-Schwabing. Hier, in dieser heiteren Atmosphäre, lernte der Hellseher den Dichter mit der Todessucht kennen.

kampf, Leid, Sorgen, das Gefühl der Einsamkeit — Tod.

„Woher nehmen Sie das?" fragte Helmut Degner. „Sie bestätigen ja nur die Trostlosigkeit meines Lebens ..."

Da griff Zwi Pese zu.

„Hören Sie ..." und wie hören nicht, sie haben Augen, und sie sehen nicht ...'

Und sagte: ,Sie können Ihr Schicksal mit Disziplin und Hilfe von außen ändern, Herr Degner!'

So fing das an – ein Rettungsunternehmen, das drei Jahre dauerte. Zwi Pese war

---

Zwi Pese Der neue Hellseher der schicken Leute

Zwi Pese atmete auf. Gerettet, dachte er. Aber davon konnte keine Rede sein. Der schwerste Fall seines Lebens stand ihm noch bevor.

„Ich stellte den Mann ein Horoskop und sah, daß eine Geburtsstunde im Zeichen Widder sich in einer Quadratur zum Mars und Saturn befand — ich sah Totenhaftigkeit, Niederlage im Lebens-

---

ständig zusammen mit dem Mann, der seit Jahren an einem Buch schrieb.

Im Sommer '76 kam Pese in einer meditativen Sitzung ganz scharf eine absolute Finsternis um den Dichter und drängte ihn, Ferien zu machen, mit vielen Menschen zusammen zu sein. Aber Helmut Degner fühlte sich frei. Er fuhr nicht.

Zwei Monate später rief er Zwi Pese aus einer Klinik an: Er hatte einen Selbstmordversuch begangen.

Im Jahr darauf wiederholte sich das ganze: Zwi Pese warnte, riet Degner zu Urlaub und Gesellschaft — weg vom Alleinsein!

Eine dankbare Widmung für den Lebensretter

Und im Juni '77 versuchte der Dichter sich wieder umzubringen.

Nur vier Wochen später erlebte der Hellseher grauenvolle Nächte und berechnete Degners Zustand von Neuem.

„Der Lähmungsfaktor Neptun berührte die Geburtsfaktoren Saturn und Mondknoten, was auf totale Trauer, auf einen neuen Selbstmordversuch Degners hinwies!"

Unmittelbar darauf stieg er auf das Dach des einen

Hauses in der Schleißheimer Straße und hielt stundenlang Polizei und Feuerwehr in Atem. Dann sprang er und wurde vom Sprungtuch aufgefangen.

... Und wer aber war Zwi Pese. Jetzt endlich hört der Mensch auch auf mich. Er hat mir ein Buch gewidmet und hineingeschrieben: ,Meinem besten Berater'

Das Buch heißt: GRAUGRÜN UND KASTANIENBRAUN — erschienen im Suhrkamp Verlag/Frankfurt, Frühling 1979.

Morgen lesen Sie:

Kristina Söderbaum, ein Filmstar einst und heute Fotografin, wartet seit einem Jahr auf den richtigen Zeitpunkt zur Eröffnung eines neuen Foto-Ateliers – Zwi Pese sagt ihr, wann die Sterne am besten stehen.

›Ich stellte dem Mann sein Horoskop und sah, daß seine Geburtssonne im Zeichen Widder ... ich sah Tatenlosigkeit, Niederlage im Lebenskampf, Leid, Sorgen, das Gefühl der Einsamkeit – Tod.‹

›Woher nehmen Sie das?‹, fragte Helmut Degner. ›Sie bestätigen ja nur die Sinnlosigkeit meines Lebens.‹

Da griff Zwi Pese zur Bibel und las ihm vor:

›Sie haben Ohren, und sie hören nicht, und sie haben Augen und sie sehen nicht ...‹ ... So fing das an – ein Rettungsunternehmen, das drei Jahre dauerte. Zwi Pese war ständig zusammen mit dem Mann, der seit Jahren an einem Buch schrieb.

Im Sommer '76 sah Pese in einer meditativen Sitzung ganz scharf eine absolute Finsternis um den Dichter und drängte ihn, Ferien zu machen, mit vielen Menschen zusammen zu sein. Aber Helmut Degner fühlte sich gut. Er fuhr nicht. Zwei Monate später rief er Zwi Pese aus einer Klinik an: Er hatte einen Selbstmordversuch begangen.

Im Jahr darauf wiederholte sich das ganze: Zwi Pese warnte, riet Degner zu Urlaub und Gesellschaft – weg vom Alleinsein!

Und im Juni '77 versuchte der Dichter, sich wieder umzubringen.

Nur vier Wochen später erlebte der Hellseher grauenvolle Nächte und berechnete Degners Zustand von Neuem. ›Der Lähmungsfaktor Neptun berührte die Geburtsfaktoren Saturn und Mondknoten, was auf totale Trauer und einen neuen Selbstmordversuch Degners hinwies!‹ Unmittelbar darauf stieg er auf das Dach des einen Hauses in der Schleißheimer Straße und hielt stundenlang Polizei und Feuerwehr in Atem. Dann sprang er und wurde vom Sprungtuch aufgefangen. ›Seitdem‹, sagt Zwi Pese, ›sind wir über den Berg. Jetzt endlich hört der Mensch auch auf mich ...‹«

Außer Namen und Foto des Schriftstellers war der ausschmückende »Rest« des halbseitigen BILD-Artikels frei erfunden. Degner hatte in der Vergangenheit »Zwi Pese« einige Male getroffen, um sich von ihm ein Horoskop erstellen zu lassen. Degner: »Ich habe Herrn Pese jedoch erst Februar '78 kennengelernt, als ich mein Buch bereits geschrieben hatte. Alles, was in dem Artikel über Kontakte mit Herrn Pese vor diesem Zeitpunkt steht, – vor allem alles über damalige Beratungen, Hilfeleistung durch ihn sowie Mitwirkung an der Entstehung meines Buches durch ihn, ist völlig frei erfunden.«

Degner hat nie in seinem Leben einen Selbstmordversuch unternommen, weder vor noch nach dem verleumderischen BILD-Bericht. Degners Anwalt in einem Schreiben ans Gericht:

»Der Kläger wurde, um der Griffigkeit willen, als neurotischer Mann mit Todessehnsucht vorgestellt. Um dies dem Lesepublikum veranschaulichen zu können, wurden flugs mehrere Selbstmordversuche frei erfunden.

Bei diesem Sachverhalt sich auf das ›verfassungsrechtlich verankerte Recht der Presse auf freie Berichterstattung‹ zu berufen (Schriftsatz Seite 14 unten), ist in der Tat an der Grenze des Erträglichen. Das Verfassungsrecht schützt zwar das Recht der freien Berichterstattung. Nicht geschützt ist allerdings ein Recht auf freie Erfindung einer Geschichte zu Lasten Dritter.«

Noch nicht genug, daß BILD in seinem Rufmordbericht dem Schriftsteller schweren Schaden zufügte: Die Verfilmungsrechte seines Romans, die bereits vertraglich abgeschlossen waren – Degner selbst sollte die Hauptrolle übernehmen – wurden wieder rückgängig gemacht, weil dem Produzent aufgrund der BILD-Berichterstattung die Zusammenarbeit mit dem »Selbstmordkandidaten« zu unsicher erschien.

Der typische BILD-Stil in Form von Verleumdung, Fälschung, versteckter Drohung bis hin zu offenem Erpressungsversuch prägte auch die Schriftsätze von Springers »Rechts«-wahrern.

Nachdem Degner es gewagt hatte, Springer die Stirn zu bieten, kommt aus Springers Unrechtsabteilung aus der BILD-Zentrale die unverhohlene Drohung:

♦ »Aufgrund der Persönlichkeit Ihres Mandanten, die hier nur andeutungs-
♦ weise dargelegt werden soll, würde ich eine gerichtliche Auseinanderset-
♦ zung für äußerst unglücklich halten . . .«
♦   gezeichnet Moojer, Rechtsabteilung Redaktionen

Das soll wohl soviel heißen wie: ›Wenn Du es wagst, uns der Lüge zu überführen, werden wir erst mal zeigen, was wir sonst noch können und weitere Verleumdungen nachschieben.‹

Eine weitere miese Anspielung:

♦ »Möglicherweise spielt die Krankengeschichte ihres Mandanten dabei eine
♦ Rolle. Nach den mir vorliegenden Informationen läßt das Buch Ihres
♦ Mandanten erkennen, daß Ihr Mandant häufig unter Depressionen lei-
♦ det . . .«

Degners autobiographischer Roman handelt von einer Jahre zurückliegenden psychischen Erkrankung und der Selbstheilung des Autors. In einem Schreiben ans Münchner Landgericht erfindet BILD-Anwalt einen Satz in Degners Buch hinzu, der dort nicht geschrieben steht, um BILD's erdichtete Selbstmorde auf primitivste Weise noch nachträglich zu rechtfertigen.

♦ »Hauptfigur des Romans ist ein Neurotiker, der sich zwischen den
♦ Aufenthalten in der Psychiatrie und *nach einem Selbstmordversuch* 8 Jahre
♦ lang in seiner Wohnung aus Angst vor der Welt und ›Angst vor der Angst‹
♦ verkrochen hat. Zuletzt hat er ein halbes Jahr ›mit dem Gesicht zur Wand
♦ und dem Rücken zur Welt auf der Couch gelegen‹. Aus diesen Zwangszu-
♦ ständen befreit er sich, indem er seine Ängste, seine zwangshaften Erinne-
♦ rungen, Erfahrungen und die täglichen Geschehnisse zu einem Roman
♦ verarbeitet . . .«

Die Sätze stimmen wörtlich mit dem Klappentext von Degners Buch überein, nur mit dem kleinen Unterschied, daß da die Worte »nach einem Selbstmordversuch« fehlen. –

Die Verdächtigungs- und Verleumdungsstrategie wird BILD-reif auch in dem Anwaltsschreiben durchgezogen:

♦ ». . . Im Übrigen kann es nicht mehr als schwere Kränkung gewertet
♦ werden, wenn dem Kläger in der Presse Selbstmordversuche unterstellt
♦ werden, nachdem er sich in dem autobiographischen Roman selbst als eine

◆ Persönlichkeit schildert, die unter Depressionen leidet und dem Thema
◆ Selbstmord nicht fernsteht. Wer einen autobiographischen Roman veröf-
◆ fentlicht, in dem die persönlichen Lebensdaten der Romanfigur mit denen
◆ des Schriftstellers offenkundig übereinstimmen, muß sich auch gefallen
◆ lassen, daß er hiermit identifiziert wird. Eine Verletzungshandlung liegt
◆ daher nicht vor ...«

Zuguterletzt schwingt sich der BILD-Anwalt auch noch zum Literaturkri-
tiker auf:

◆ »Erst nachdem sowohl der finanzielle, als auch der literarische Erfolg des
◆ Buches ausgeblieben ist (in der Pressekritik ist dem Buch mehrfach ein
◆ Mangel an literarischem Wert bescheinigt worden), ... hat sich der Kläger
◆ auf seine angeblichen Ansprüche besonnen, ...«

Es liegen über 60 Rezensionen von Degners Werk vor, nicht eine negative
darunter!

Die BILD-Serie ist gezeichnet mit »Claire Bonzano«, einem der vielen
Pseudonyme, hinter denen sich einer der übelsten BILD-Täter versteckt, der
BILD-Söldner Will Tremper.

Zwi Pese versuchte sich später Degner gegenüber zu rechtfertigen, indem er
erklärte, die Erfindungen seien allein Trempers Werk. Tremper habe ihn kurz
vor Erscheinen des Artikels von seinem Autotelefon aus angerufen und halte es
für erforderlich, dem Artikel etwas »Dramatik« zu verleihen.

Degners Anwalt an Frau Renate Damm, von der Springer-Rechtsabteilung:

◆ »In der Tat ist Herrn Tremper dies auch voll und ganz gelungen. Die
◆ ›Dramatik‹ ist nun Gegenstand unserer Auseinandersetzung.«

Zwei Jahre nach Erscheinen des Artikels kommt der Schriftsteller zu seinem
Recht. Im März '81 bequemt sich der Springer-Verlag endlich, eine Unterlassungserklärung abzugeben (»bei Vermeidung einer Vertragsstrafe«), in der er
sich verpflichtet, die erfundenen Behauptungen nicht zu wiederholen. Gleichzeitig wird Degner ein Schadenersatz und ein Schmerzensgeld von 30 000,–
DM zugesprochen. –

Tremper übrigens behauptet inzwischen, die Fälschungen habe nicht er,
sondern der Hellseher Zwi Pese zu verantworten. Es ist wie bei ganz
gewöhnlichen Kleinkriminellen. Einmal in die Enge getrieben und überführt,
belasten sie sich gegenseitig, um der Bestrafung zu entgehen.

Trempers Dementi ist unglaubwürdig. Denn Tremper hat als Fälscher –
wenn auch nur kurzfristig – Zeitgeschichte gemacht. »Mir fiel immer etwas
ein«, war sein Motto. 1947 als Polizeireporter in Berlin, wurde ihm seine
drängende Phantasie zum Verhängnis. Als er den Amerikanern erfundene
Nachrichten verhökerte, mußte er für einige Monate in die Strafanstalt
Plötzensee.

1950 bereits etablierter Nachrichtenhändler und in Geldschwierigkeiten,
erfand er »Stalins – neunzig – Punkte – Plan« für einen Friedensvertrag
zwischen der Sowjetunion und der Sowjetzone. Springers »Welt«, deren

damaliger Chefredakteur Kanzler Adenauers Ex-Pressechef Paul Bourdin war, fiel darauf herein und veröffentlichte den Plan wörtlich und sechsspaltig auf Seite 1.

CDU-Kabinett und SPD-Vorstand tagten darüber. Die Westmächte erneuerten vor der UNO ihre Berlin Garantie. Als der Schwindel aufflog, mußte Bourdin gehen und Tremper widmete sein Talent seitdem weniger weltpolitischen Themen.

Doch solche Fälschungen sind bei Springer und offenbar auch beim Burda-Verlag, wo Tremper zwischenzeitlich als Lohnschreiber diente, nur Empfehlungen. Als »Tele-Tremper« hat er sich bei Springers defizitären Flaggschiff »Welt« wieder hochgedient. Hier liefert er Kommentare, die aus der Propagandaküche des 3. Reiches stammen könnten.

Und in der »Welt am Sonntag« unter Chefredakteur Claus Jacobi versucht er »Weltspiegel«-Redakteur Hans-Jürgen Rosenbauer mit übelsten rassistischen Anspielungen zu diffamieren, weil dessen Frau farbig ist:

◆ »Mal ehrlich: ›Was haben die Jecken vom Rhein bloß all' mit den
◆ Schwarzen! Bin ich ein Rassist, wenn ich finde, daß die Fernsehbonzen sich
◆ mit Schwarzer Problematik viel zu wichtig tun . . ., wenn wir Pech haben,
◆ kümmert sich das katholische Tagebuch immer noch um die Unterdrückten
◆ in Rhodesien und Südafrika. Was uns im Weltspiegel erwartet, ist ohnehin
◆ klar, zumal Moderator Rosenbauer eine Black-Beautiful Amerikanerin zur
◆ Frau hat, die stolz auf ihren Kommunismus ist.«

In seiner Eitelkeit kennt dieser journalistische Schlüsselloch-Voyeur keine Grenzen. Unter dem Pseudonym Gerd Gregorian schrieb er in BILD eine Serie »Adieu, Harry« über den Freitod von Harry Meyen, der einst mit Romy Schneider verheiratet war. Der Tote kann sich nicht mehr wehren, wenn der Schmierer »Gregorian« ihn an die Brust drückt: »Harrys Freund Will Tremper erinnert sich: ›Anneliese sagte zu Harry: Geh zu Romy, wenn du ohne sie nicht leben kannst – aber hör auf, mich mit deiner Leidensmiene zu terrorisieren!«

Tote, die nicht dementieren können, sind ohnedies Trempers Spezialität. Im Januar 1981 besudelte Tremper, diesmal unter dem Pseudonym Petronius das Andenken und den Ruf eines anderen Toten, des Regisseurs Frank Wisbar. In der BILD-Serie »Petronius erzählt, wie es wirklich war: Die Liebe der Schönen und Reichen« setzt Tremper seine verkommenen Phantasien in Szene.

Annemarie Wisbar, die Witwe des Verstorbenen wendet sich daraufhin an den Rechtshilfefonds für BILD-Geschädigte:

◆ ». . . Die Art und Weise, wie mit meinem Mann, der seit 14 Jahren tot ist,
◆ umgegangen wird, hat meinen Sohn und mich sehr empört. Sie können sich
◆ vorstellen, daß, naiv, wie wir waren, wir, nachdem wir mit dem zuständigen
◆ Redakteur telefoniert und von ihm in üblicher Form behandelt wurden, mit
◆ einem Gefühl großer Ohnmacht zurückblieben. Über die Bettgeschichten
◆ könnten wir zur Not hinwegsehen; was uns am meisten empört ist die
◆ Darstellung, wie und warum mein Mann 1938 Deutschland verlassen hat,

◆ der damals Deutschland aus *politischen* Gründen verließ. An der Kampener
◆ Geschichte von Herrn Tremper stimmt, was die Tatsachen anbetrifft, kein
◆ Wort . . .«
◆ Original-Ton Tremper in BILD:
◆ ». . . Wisbar: ›In Berlin war ich dick im Geschäft, aber es roch nach Krieg,
◆ und in der Tasche trug ich ein Hollywood-Angebot . . .‹«
◆ ». . . Krupps Nebenbuhler Frank Wisbar, der Filmregisseur, erinnert
◆ sich: ›Ich hatte eine feste Absprache mit Warner Bros., aber als wir Ende
◆ 1938 in Hollywood landeten, fuhr ich mit der aufregenden Vera zuerst
◆ einmal in das nächste Hotel . . .‹
◆ Sie blieben in der ersten Zeit meistens im Bett.
◆ ›Ich sehe mich noch auf allen Vieren morgens zur Tür kriechen und
◆ Milchflaschen hereinholen . . . Der Wahnsinn muß mich gepackt haben,
◆ irgendein Liebeskoller‹, sagte Wisbar. ›Ich habe Warner Bros. ganz verges-
◆ sen.‹
◆ Als er endlich abgemagert in den Studios auftauchte, wollte man nichts
◆ mehr von dem begabten deutschen Regisseur wissen . . .«

Frau Wisbar gelingt es, durch eidesstattliche Erklärungen von Augenzeu-
gen, Trempers Erfindungen zu widerlegen. Sie konnte beweisen, daß Wisbar
allein nach USA ausreiste. Die niederträchtigste Fälschung allerdings ist, wie
Tremper die Emigration Frank Wisbars ins Gegenteil umlügt.
Die Wirklichkeit sah anders aus, jedoch sie darzustellen, hätte keine
BILD-Geschichte hergegeben. – Frank Wisbars Bruder Fritz in einer eidesstattlichen Erklärung:

◆ ». . . Frank hatte bereits 1934 (Drehzeit) nach dem Film ›Hermine und die 7
◆ Aufrechten‹ mit dem Propagandaministerium Krach. Ursache war die
◆ Inschrift der Fahne, die Frank entgegen dem Auftrag Goebbels doppeldeu-
◆ tig geändert hatte. Das Verhältnis zwischen beiden wurde von Jahr zu Jahr
◆ schlechter. Frank weigerte sich, nazistische Propagandafilme, die ihm
◆ Goebbels zuschob, zu drehen. Dafür machte man ihm in den wenigen
◆ Filmen, die er noch drehen konnte immer größere Schwierigkeiten. Nach
◆ dem ›Petermann‹ war das Maß voll. Statt des geforderten und erwarteten
◆ Tendenzfilms war ein Spottfilm auf den Nazismus geworden. Frank erhielt
◆ Berufsverbot und damit war der Stab gebrochen. Da Frank zu dieser Zeit
◆ (1938) noch mit Eva Krojanker, die als Jüdin seit 1935 mit ihren beiden
◆ Kindern in Amerika lebte, verheiratet war, entschloß er sich, ebenfalls zu
◆ emigrieren.
◆ Filmverträge oder ähnl. Verpflichtungen hatte er in Amerika nicht. Er
◆ arbeitete ja drüben in den ersten Jahren auch nicht in der Filmbranche. Er
◆ sprach auch kein englisch . . .«

Die Schilderung der Wahrheit hätte auch eine »Geschichte« abgegeben, aber
eben keine, wie sie BILD und Fälscher Tremper wahrhaben möchten.

Annemarie Wisbar und ihr Sohn Matthias setzen schließlich gegen Springer eine »Unterlassungserklärung« durch. Bei Strafandrohung verpflichtet sich der Konzern, die erfundenen Behauptungen nicht zu wiederholen. Da vergibt er sich kaum etwas. Der Artikel hat beim Leser seine Wirkung getan!

Keinen Ärger gibt's in der Regel, wenn Tremper seine eigenen Phantasien weder auf Kosten von Lebenden noch von Toten auslebt, sondern sie total erfundenen Gestalten andichtet. So in der BILD-Serie »Tatort Ehebett« wieder unter dem Pseudonym »Claire Bonzano«. Da scheint Tremper eigenen Gelüsten freien Lauf zu lassen. Unter der Schlagzeile: »Hier hast du zehn Mark – mehr warst du nicht wert«, legt er so richtig los:

◆ »Ich bin eine dressierte Frau«, sagt Jutta von L. ›Ich habe eine gute Partie gemacht, o ja. Mein Mann ist ein Baron und Zahnarzt dazu. Aber die Ehe ist die Hölle . . .«

◆ »Jutta von L. lag oben auf dem Ehebett und drückte wimmernd ein Handtuch vor ihren Leib. Das Handtuch färbte sich mit Blut.«

◆ »In dieser Nacht verprügelte er sie mit seinem Ledergürtel. Sie konnte eine Woche lang nicht auf die Straße: Blutergüsse, blaue Flecken.

◆ ›Ich weiß nicht, wo er diesen Tick her hatte, aber er gab mir nie Taschengeld. Was ich brauchte, mußte ich mir im Bett verdienen!‹, gesteht Jutta mit rotem Kopf. ›Als er mir beim erstenmal 10 Mark in die Hand drückte, lachte ich noch. Er hat mich beim Ausziehen erwischt und auf dem Bettvorleger genommen, kurz und heftig. Zehn Mark, sagte er, mehr warst du nicht wert!‹ Dann wiederholte sich das Spiel, und Jutta fand es gar nicht mehr lustig. Sie bat ihren Mann, damit aufzuhören. Er antwortete ›Du willst mir aber auch alles verderben!‹ und ließ sie drei Wochen lang links liegen. ›Als er wieder zu mir kam, war er auf einmal ganz anders, behandelte mich noch mehr als Hure, tat mir weh . . .‹

◆ ›Komm schon!‹, herrschte er sie warnend an.

◆ Und wenn sie sich wehrte, bekam sie Ohrfeigen – manchmal so starke, daß sie mit einer Gehirnerschütterung liegen blieb. Danach, wenn sie sich taumelnd erhob, fand sie einen Hundertmarkschein auf dem Nachttisch.

◆ Nach dem ersten Ehejahr war Jutta entschlossen, sich scheiden zu lassen. Und so unvorsichtig, mit ihrem Mann darüber zu sprechen. Er schlug sie halbtot . . .«

◆ »Wie jede Frau, die ein Kind erwartet, hoffte Jutta sogleich auf eine Besserung der Ehe, ›wenn erst das Kleine da ist!‹ Es wurde ein Sohn.

◆ ›Aber vier Wochen nach der Geburt vergewaltigte er mich schon wieder und beschimpfte mich anschließend.‹

◆ Seitdem sind drei Jahre vergangen, in denen sich Unbeschreibliches in der Ehe ereignete . . .«

Im vorliegenden Fall gibt es keinen Geschädigten, der eine Unterlassungserklärung oder Schadenersatzforderungen gegen Tremper oder BILD durchsetzen könnte. Unter den rund 2000 Zahnärzten in Schleswig-Holstein gibt es weder einen Baron noch einen Grafen, noch sonst einen Adeligen L. Michael »von« oder »von und zu«. Vielleicht ist es sogar das kleinere Übel, daß Tremper als Claire Bonzano und unter anderen Decknamen seine verklemmten Phantasien in Millionen-Auflage zu Papier bringen kann. Vielleicht hätten ein Huonka oder Jürgen Bartsch und andere ihre Taten nie in die Tat umzusetzen brauchen, hätte ihnen so eine Millionenkläranlage für ihre unterdrückten Triebe zur Verfügung gestanden. – Vielleicht ist aber auch alles viel einfacher zu erklären. – Wenn man zum Beispiel eins der Tremperschen Pseudonyme beim Wort nimmt, sind derartige Spekulationen ausgeräumt. Da legt er sich hin und wieder für BILD auch den Tarnnamen »Magnus Carbon« zu. Vulgärlateinisch, auf deutsch: »große Kohle«!

Und für »große Kohle«, Jargon für »viel Geld«, tut Tremper schon was. Selbst in einer erfundenen Geschichte über einen Sadisten erledigt er ganz nebenbei auch noch seine politischen Schulaufgaben für Springer. »Michael von L.« beschreibt er so: ». . . hat eine athletische Figur, ist 1.89 Meter groß, *und hält sich für fortschrittlich.*« Nun weiß der BILD-Leser, was er von Fortschrittlichen zu halten hat: Sadisten sind es, die ihre Frau verprügeln.

Selbstmord wegen Juhnke

»Fernsehen wird durch BILD erst schön« behauptet BILD. Und BILD bestimmt auch, was im Fernsehen schön war und was nicht. Propagiert BILD eine Sendung, dann wird der Hauptakteur zum Star. Umgekehrt wird die Sendung zur Pleite.

Und die Akteure wissen das. BILD macht sie groß. Das kostet seinen Preis. Stars müssen sich mit BILD gut stellen, müssen sich für Telefonaktionen auch am Wochenende bereithalten, müssen Stoff für Zeilen liefern oder wenigstens still halten, wenn BILD sich selbst was ausdenkt, um eine Schlagzeile über einen Star hinauszuposaunen.

Einer der Stars, die BILD »gemacht« hat, ist Harald Juhnke. Als seine Show »Musik ist Trumpf« am 31. März 1979 im ZDF Premiere hatte, war der Terminplan für BILD nicht günstig. Es war ein Samstag und die nächste BILD-Ausgabe erschien erst am Montag. Um Juhnke noch am Montag in die Schlagzeile zu kriegen, mußte man schon etwas mehr als die – und sei sie noch so begeisterte – Reaktion auf eine Fernsehsendung vor zwei Tagen haben. Die Redaktion schaffte das:

Selbstmord wegen „Musik ist Trumpf"

Von W. SCHLAGEHAN und W. WINDEL

Zwanzig Millionen Fernsehzuschauer waren Samstagabend vom neuen Showmaster Harald Juhnke hellauf begeistert. Einer nicht — er sprang vor Wut von einer Autobahnbrücke in den Tod!

Der Bonner Heizungsmonteur Herbert H. (21) wollte im ersten Programm die „Gimmicks" und Wencke Myhre sehen. Seine Frau Angelika (19) dagegen im zweiten Programm Harald Juhnkes „Musik ist Trumpf".

Ein Polizeisprecher: „Es kam zum handfesten Familienstreit. Herbert H. rannte in die Kneipe um die Ecke, um seinen Ärger hinunterzuspülen."

Als er nach einer Stunde zurückkam, waren die „Gimmicks" schon zu Ende, und die Juhnke-Show lief immer noch. Da schrie der Monteur: „Das mache ich nicht länger mit."

Er rannte aus dem Haus. 800 Meter weiter schwang er sich über das Geländer der Autobahnbrücke „Endenicher Ei". Sechs Meter tiefer prallte er auf die Autobahn Bonn—Koblenz. Er fiel direkt vor einen Opel, wurde überrollt. Die Polizei: „Der Mann muß sofort tot gewesen sein."

An der Geschichte stimmt nur soviel: Herbert H. aus Bonn hat sich an diesem Samstagabend das Leben genommen. Alles andere ist erfunden. Die ZDF-Sendung »Musik ist Trumpf« endete kurz nach 22 Uhr. Herbert H. beging erst nach 23 Uhr Selbstmord. Als die ZDF-Sendung lief, war der Mann nicht zu Hause und hatte auch keinen Streit mit seiner Frau. Vielmehr war er zu dieser Zeit mit seiner Frau in einem Bonner Restaurant zum Essen.

Der Pressesprecher der Bonner Polizei, Halm, versichert: »Wir haben die BILD-Zeitung in dieser Form nicht informiert. Die Auskünfte zum Selbstmord stammen nicht von uns. Routinemäßig, wie bei allen Fällen von Selbstmord, haben Polizei und Staatsanwaltschaft den Fall untersucht. Die Akten sind längst geschlossen.« Der Sprecher der Bonner Staatsanwaltschaft, Dieter Ersfeld: »Für das, was in BILD stand, gibt es keinerlei Anhaltspunkte aus den polizeilichen Ermittlungen. Ich schließe, was das Motiv des Selbstmords angeht, jeden Zusammenhang mit der Fernsehsendung ›Musik ist Trumpf‹ aus.« Showmaster Juhnke, der direkt neben der Horrorstory gefeiert wird, muß derlei Fälschungen ertragen. Er weiß, daß seine Fernsehkarriere von BILD abhängt. Solange das Boulevardblatt sein hohes Lied trotz aller Alkohol-Ausfälle noch singt, solange bleibt er im Geschäft. Und Geschäft geht auch bei BILD über alles. Selbst wenn dabei ein Heizungsmonteur noch nach seinem Tode verleumdet wird. Den wirklichen Grund für den Freitod wollte BILD natürlich nicht melden: Der Mann war krank und hatte gerade zum zweiten Mal seinen Arbeitsplatz verloren. Das ist natürlich kein BILD-Thema.

177

Die Wunderpille

BILD, das sich gern Europas größte Boulevard-Zeitung nennen läßt, fälscht nicht nur seine Geschichten, sondern sogar seine Berichtigungen enthalten noch eine Lüge. Zwischen der Schlagzeile: »Erzbischof beim Beten erschossen« und der angeblichen Erkenntnis: »Frauen lieben's etwas mollig« verkündete das Blatt am 26. März 1980 auf Seite 1: »Die ›Pille‹ für den Mann wirkt eine Woche«. Schön wär's ja, was die Gazette da meldet: »Noch in diesem Jahr soll es in Deutschland die ›Pille für den Mann‹ geben. Die ›Münchener Medizinische Wochenschrift‹ berichtet, koreanische Wissenschaftler hätten aus Ginseng Zäpfchen entwickelt, die die Spermien absterben lassen. Das Zäpfchen muß einmal die Woche genommen werden. Die Nebenwirkungen sollen »erträglich« sein – und die Potenz wird angeblich gesteigert.«

April, April! An der ganzen Geschichte ist nichts wahr, denn die »Münchener Medizinische Wochenschrift« hatte sich mit seinen Lesern einen Scherz erlaubt. Dazu Dr. Till Uwe Keil, der stellvertretende Chefredakteur der Mediziner-Zeitung: »Unser Bericht war für jedermann erkenntlich eine Wissenschaftsglosse. Der Aprilscherz erschien zudem auf der Witzseite unserer Zeitschrift.«

Wenn BILD nur schlicht hereingefallen wäre, dann müßte man die Episode hier nicht ausbreiten. Aber selbst bei einer so einfachen Sache, wie eine Meldung abschreiben, kommen die BILD-Redakteure an ihren üblichen Lügen nicht vorbei. Nirgendwo stand in dem Mediziner-Blatt geschrieben, daß die »Pille« »noch in diesem Jahr« auf den Markt kommt. Vielmehr hieß es in dem Aprilscherz, sie sei »in greifbarer Nähe«.

Doch es reicht BILD noch nicht. Als die »Münchener Medizinische Wochenschrift« sich am 26. März über die Meldung beklagte, zog BILD seinen Beitrag unter der Überschrift »April-Pille« zurück: »Chinesen und Amerikaner arbeiten an der Pille für den Mann. Und über die Pille für den Mann hat die »Münchener Medizinische Wochenschrift« in ihrer letzten Ausgabe berichtet. Über diesen Bericht brachte BILD gestern eine Meldung. Leider: Der Bericht war ein Aprilscherz für die Ärzte, die das Münchner Fachblatt lesen. Es darf gelacht werden.«

Wenn man genau hinsieht, ist es nicht zum lachen. Denn BILD wußte, was an der Meldung »dran« war. Dazu Dr. Keil: »BILD hatte ich vor der Veröffentlichung auch angerufen und ich wollte denen klarmachen, daß es sich um eine Satire handelt. Aber davon wollten die nichts wissen.« Kein Wunder. Aprilscherze fallen in Bild ja auch nicht auf. Zudem wird hier ein Grundübel von BILD deutlich. Oft sind es freie Mitarbeiter, die auf Honorar arbeiten, die solchen Geschichten nachgehen. Und ehe diese – was natürlich kein Geld bringt – zu ihrem Redakteur gehen und melden: »Die Story ist tot. Das ist ein April-Scherz,« schreiben sie lieber erst mal. Die BILD-Leser sind dann die Dummen.

Der Krieg geht los

Die Zeile riecht nach einem neuen Sarajewo. Russen ermorden US-General mit einer Panzerfaust – wenn das kein Kriegsgrund ist! Doch im Kleingedruckten müssen Springers Verpackungsschwindler sich selbst dementieren. Denn der Überfall war »ein neues, heimtückisches Attentat von RAF-Terroristen«, die Panzerfaust (ein sowjetisches Fabrikat) traf nicht den General, sondern dessen gepanzertes Auto, die Insassen – Fahrer und Frau des Generals – blieben unverletzt, nur der General »blutete«. »Weiter Seite 2«, heißt es dann, und dort gibt das Opfer des Attentats, das von ein paar Glassplittern im Nacken getroffen worden war, der BILD-Zeitung ein freundliches Interview: »Angst? Nein. So ein Risiko muß man als Soldat immer tragen.« So spricht, ein paar Stunden nach der Tat, das Opfer, der von russischer Panzerfaust getroffene US-General. Gut, daß die Einsatzzentrale der Nato sich nicht von BILD-Schlagzeilen informieren läßt, sonst wäre Europa an diesem 16. September 1981 zur Atomwüste geworden.

BILD legt Bomben:
Hilfe für die CIA

Die psychologische Kriegsführung, die BILD systematisch gegen Osten betreibt, steht der faschistischen Hetze der »Deutschen National-Zeitung« in nichts nach. Hier wie da werden die Völker Osteuropas, vor allem die Russen, als Barbaren und unzivilisierte Untermenschen geschildert. Jede Verhandlung mit ihnen wird als Schwäche und Selbstaufgabe denunziert. Um den »Russenhaß« den BILD-Lesern richtig einzubläuen, werden ganze Kampagnen Schlag- auf Schlagzeile durchgezogen.

● Im Februar 1980 »ermordete« BILD den sowjetischen Kanusportler Cesiunas, dessen angebliche Entführung bereits im Oktober 1979 als Ente entlarvt worden war. Sportfunktionäre und KGB hätten den Sportler in den Tod getrieben, so empörte sich BILD. Am 27. Februar 1980 erlebte der »Tote« in der Tagesschau seine Auferstehung bei einem Interview mit dem ARD-Korrespondenten Bednarz.

● Am 20. März 1980 wartete BILD wieder mal mit einer Bombengeschichte auf: »Bakterienbomben explodiert – 1000 Russen tot.«

Die Weltgesundheitsbehörde und selbst sowjetische Wissenschaftler, die inzwischen als Dissidenten in London leben, wiesen diese Berichte als Erfindungen nach. Der Hintergrund der Story: Bereits 1979 waren in der Stadt Swerdlowsk Milzbranderkrankungen bei Tieren aufgetreten. Auch Menschen, die verseuchtes Fleisch gegessen hatten, waren infiziert worden.

Es deutet einiges darauf hin, daß diese BILD-Aktion in Zusammenarbeit mit dem US-Geheimdienst CIA zustande kam, denn dieser legte kurz darauf dem amerikanischen Parlament ein Dossier vor. Die Sowjets rüsteten heimlich biologisch und chemisch auf, hieß es darin. Als »Beweis« wurde BILD als Quelle genannt. Das Ziel der Desinformation wurde erreicht. Die USA nahmen daraufhin ihre eigene lange Zeit eingefrorene B- und C-Waffenproduktion auch offiziell wieder auf.

● Ein Tag nach den »explodierten Bakterienbomben« ließ BILD eine weitere Bombe platzen. Dieses Mal »Babys im Wassertank«, 840 an der Zahl, die jahrelang wie Amphibien gehalten werden, um sie für ihre Aufgabe als künftige Besatzungsmacht des Weltalls vorzubereiten.

840 Babys im Wassertank – Sowjets züchten 'Astronauten!'

Von HENRY GRIS

Wie finden Sie die Blume

Im Krankenhaus Nummer 68 in Moskau wachsen 840 Babys heran — die wichtigsten Kinder der Sowjetunion. Sie sollen einmal den Weltraum besetzen.

Russische Forscher haben alles vorbereitet: Die Babys werden unter Wasser geboren, dann leben sie fünf Jahre in einem Wassertank — so groß wie mehrere Schwimmbecken. Damit sollen die Kinder an die Schwerelosigkeit gewöhnt werden. Der renommierte Moskauer Arzt Dr. Igor

Tscherkowsky leitet dieses lange geheimgehaltene Programm.

Das destillierte Wasser im Tank wurde mit besonderen Ölen der zarten Baby-Haut angepaßt. Die Temperatur im Becken wechselt ständig. Jedes Neugeborene schwimmt bis zu 20 Stunden im Tank. Die Mütter geben ihnen sogar im Wasser die Brust. Fast alle sind bekannte Sportlerinnen, die besonders belohnt werden.

Dr. Igor Tscherkowsky erläutert: "Die Babys lernen im

Wasser zu überleben. Ihre Muskeln und Lungen sind dann besonders kräftig. Ein Wasser-Baby kann schon nach drei Monaten laufen. Die Kinder der fühlen sich im Wasser wohl. Viele können bis zu drei Minuten unter Wasser tauchen."

Fünf Jahre gewöhnen sie die Kinder an die Schwerelosigkeit in Wasser. Dr. Tscherkowsky: "Wenn sie später einmal im Weltraum leben, werden sie sich und ihr Körper an diese Zeit erinnern."

Nach der Horrorstory in BILD konnten sich westdeutsche Korrespondenten im Kosmonautenkrankenhaus ungehindert umsehen. Nichts von Frankenstein. Ihre Erkenntnis: Das Krankenhaus Nr. 68 in der Textilschikistraße ist ein normales Unfallkrankenhaus mit angeschlossener Kinderabteilung. Diese ist eine als vorbildlich zu bezeichnende Spezialabteilung für erb- und geburtsgeschädigte Babies, denen dort nach neuesten medizinischen Erkenntnissen unter anderem auch mit Unterwassermassagen geholfen wird. Zu den 150 Patienten zählen auch Kinder westlicher Diplomaten. Der von BILD zitierte Kronzeuge, der »Renommier-Arzt Dr. Igor Tscherkowsky« existiert nicht.

● Jedoch nicht nur Geschichten solchen Ausmaßes sind für die Springer-Lügenfabrik BILD druckreif. Auch weit geringere Anlässe sind es den Springer-Journalisten wert, den Lesern täglich aufgetischt zu werden. Wie folgender Hetzbericht auf S. 1, vom 17. Februar 1981:

»SOWJET-SKILÄUFER KLAUTEN JEANS

Drei sowjetische Langläufer (19), die an der Ski-WM in Schonach (Schwarzwald) teilgenommen haben, wurden beim Laden-Diebstahl erwischt. Sie hatten Jeans gestohlen und unter ihren Jacken versteckt. Als sie gestellt wurden, boten sie Wodka und Kaviar an, Geld hatten sie nicht. Chef Kaltenbach lehnte ab und verzichtete auch auf eine Anzeige: »Die Jungs haben mir leid getan. . . .«

Die Wahrheit: Von Diebstahl keine Spur. Einige sowjetische Sportler hatten – mangels genügender Devisen – dem Ladeninhaber von Anfang an einen Tausch vorgeschlagen, der dann auch zustande kam. Der Ladeninhaber Kaltenbach, der sich wegen des Lügenberichts mit mir in Verbindung setzte:

»Ich habe dem BILD-Journalisten von Anfang an klipp und klar gesagt, wie es war. Nachdem sie den erlogenen und beleidigenden Bericht veröffentlicht hatten, verlangte ich eine Berichtigung. Sie lehnten mit der Begründung ab, daß mir durch den Artikel ja kein Schaden entstanden sei.«

Die Schreibtisch-Killer

Seite 2 ★ BILD ★ 12. März 1981 ●●

● Hochbetrieb beim Henker

ck. **Kuala Lumpur**, 12. März

-Der Henker hat zu tun in Malaysia: In den letzten zwei Wochen hat er neun junge Männer hingerichtet – fünf Kommunisten, einen Rauschgifthändler, drei Mörder.

Zu einer Überschrift »Hochbetrieb beim Henker« kann nur ein Journalist fähig sein, dem jedes menschliche Gefühl abhanden gekommen ist. »Hochbetrieb« das klingt wie Schlußverkauf, wie Rummelplatz, so beiläufig, so nett, fast freundlich. Und das beim Henker. Ganze drei Zeilen hat BILD übrig für neun Menschen, die in Malaysia zum Tode gebracht wurden. Und in der Reihenfolge –Kommunist, Rauschgifthändler, Mörder – wird auch gleich der Grund für die Todesstrafe nachgeliefert. So ganz nebenbei steckt BILD Mörder und Kommunisten in eine Topf. Dem Leser wird ganz beiläufig beigebracht, das da ja wohl kein Unterschied besteht. Eben BILD-Propaganda.

Nur: Wie meistens, wenn man sich um eine BILD-Meldung kümmert, ist auch diese mal wieder verfälscht. Mit Post vom 4. März 1981 hat die bundesdeutsche Sektion von Amnesty International (AI) verbreitet, daß am Morgen des 4. März 1981 drei Personen, deren Namen nicht genannt worden sei, nach dem malaysischen »international security act« (isa) für illegalen Besitz von Schußwaffen verurteilt, erhängt wurden. Und AI meldet weiter, daß jeweils drei weitere Menschen schon am 26. Februar und dann am 2. März hingerichtet wurden. Alle nach demselben Gesetz verurteilt. Inhaltlich gleich eine Meldung der Nachrichtenagentur AP aus Kuala Lumpur, der Hauptstadt Malaysias. In beiden Meldungen ist ferner von weiteren Menschen die Rede, die – schon zum Tode veruteilt – im Gefängnis auf ihre Hinrichtung warten. AI fordert in seinem Brief dazu auf, in Luftpostbriefen gegen die Todesstrafe zu protestieren und die Behörden in Kuala Lumpur zu bitten, die ausgesprochene Todesstrafe umzuwandeln.

Eine solche Meldung läßt BILD tagelang liegen. Erst am 12. März, mehr als eine Woche später, druckt man sie schließlich. Und da BILD seinen Lesern einen illegalen Schußwaffenbesitz als Grund für die Todesstrafe nun doch nicht zumuten will, muß es was anders sein. Eben: Kommunist, Rauschgifthändler und Mörder. In dieser Reihenfolge. Und um den Eindruck zu erwecken, BILD sei eben weltweit und stets mit eigenen Leuten an der

Nachrichtenfront, tragen die drei Zeilen auch noch ein Korrespondentenzeichen. So exakt sind die Schreibtisch-Killer. Nur, daß weitere 60 Menschen in den Todeszellen sitzen, das ist BILD keine Zeile mehr wert.

Ein Beispiel für die BILD-Macht:
Auf- und Abstieg des Hans-Ulrich Klose

Es ist ein alter Streit, wieviel Macht die Presse habe. Großverleger sagen meist: fast gar keine. Gewiß ist, daß die Macht der Presse kaum gemessen werden kann. Aber es gibt einen Fall, an dem sich die Macht eines marktbeherrschenden Verlagskonzerns beschreiben läßt: den Aufstieg und das Ende des sozialdemokratischen Bürgermeisters von Hamburg, Hans-Ulrich Klose.

Der Fall ist idealtypisch: In der Hansestadt verfügt der Axel-Springer-Verlag bei den regionalen oder mit Regionalteil erscheinenden Tages- und Sonntagszeitungen über einen Marktanteil von über 80 Prozent, sonntags von 100%. Das »HAMBURGER ABENDBLATT«, die große lokale Abonnentenzeitung, verkauft täglich 277 277 Exemplare, »BILD«-Hamburg, das in der Hansestadt in verdreifachtem Umfang als lokale Boulevardzeitung erscheint, gibt eine verkaufte Auflage von täglich 440 744 Exemplaren an, die »WELT« mit Hamburger Lokalteil bringt es auf 65 379 Exemplare, auch »BILD am SONNTAG« (Gesamtauflage 2 517 654) und »WELT am SONNTAG« (326 421) erscheinen mit umfangreichem Hamburger Lokalteil. Die einzige größere Hamburger Tageszeitung, die nicht bei Springer erscheint »Morgenpost« (obwohl das oft nur schwer zu erkennen ist), gibt den Verkauf von täglich 113 896 Exemplaren an.

Idealtypisch ist auch, daß im Fall Klose die Ausübung von Pressemacht nicht auf die allgemeine Beeinflussung einer mehr oder weniger gut faßbaren politischen Entwicklung gerichtet war, sondern daß sie ein ganz konkretes Ziel verfolgte (und erreichte): Das politische Ende eines Mannes, der es wagte, sich gegen den Pressekonzern der Konzerne aufzulehnen.

Idealtypisch ist schließlich, daß das Opfer der Kampagne noch auf deren Höhepunkt die absolute Mehrheit der Hamburger Wähler hinter sich hatte, ja daß beispielsweise 77 Prozent der Hamburger Facharbeiter seine Politik guthießen, daß also die Kampagne nicht eine Mehrheitsmeinung unterstützt und schließlich vollstrecken half, sondern daß sie ihren Erfolg gegen den Willen einer großen Mehrheit errang.

Die Kampagne dauerte vom 27. September 1978 bis zum 25. September 1981, als die Wahl eines neuen Vorsitzenden durch den Landesparteitag der Hamburger SPD Gewißheit schuf, daß Hans-Ulrich Klose in dieser Stadt kein politisches Amt mehr bekleiden würde. Meine Dokumentation endet am 26. Mai 1981, dem Tag als »BILD« melden konnte: »Klose zurückgetreten«.

Scharfer Linksdrall im Senat:

In Hamburg können Kommunisten Lehrer werden

Weicht dem Radikalenerlaß auf:
Bürgermeister Klose

● Klose sagte zur Begründung: Lieber stelle ich 20 Kommunisten ein, als daß ich 200 000 junge Menschen verunsichere ● CDU-Chef Echternach: Verantwortungslos gegenüber den Kindern! Verstoß gegen das Beamtenrecht

Drei Jahre lang kämpften die Blätter des Konzerns ohne Unterbrechung: mit platten Lügen und Erfindungen, mit Denunziationen, mit Verächtlichmachung und Psychiatrisierung, vor allem aber mit einer journalistischen Methode, die zwar fast überall in sparsamer Dosierung vorkommt, aber in den Hamburger Blättern des Konzerns zum Zwecke der politischen Hinrichtung von Hans-Ulrich Klose inflationiert wurde. Gemeint ist der Hörensagen-Journalismus, das Verschweigen beinahe jeder wichtigen Zitat-Quelle (». . . erklärte ein hoher, prominenter, altgedienter, angesehener Politiker aus den Führungskreisen der Partei oder mit Senatsrang . . .«). Das erleichtert erstens die Arbeit, da man jedes Zitat auch erfinden kann; es verunsichert zweitens den Kreis der Betroffenen, weil es Mißtrauen sät; und es ermutigt drittens hilfswillige Informanten, Intrigen anzuzetteln, ohne dafür verantwortlich gemacht werden zu können.

Zwei Jahrzehnte lang war die Hamburger SPD die CSU der Gesamtpartei, ihre Bürgermeister und Senatoren waren die politischen Sachwalter der ortsansässigen Pfeffersäcke und fehlten an keinem »BILD«-Stammtisch. Hier, in Hamburgs Kaiser-Wilhelm-Straße, konnte sich Axel Springer richtig wohlfühlen. Die Leute im Rathaus mochten ihn und seine Produkte und er mochte die Leute im Rathaus. Einer den er besonders gern mochte, hieß Hans-Ulrich Klose, denn der war *unprätentiös*, hatte eine *direkte Art*, war voll *Abneigung gegen linke Theoretiker, was er sagt, hat Hand und Fuß*, er ist *eine Variante des modernen Politiker-Typs* und verbreitet *Selbstsicherheit* (HAMBURGER ABENDBLATT vom 1. November 1974). *Ulrich Klose ist das amerikanische Idealbild eines gutgeratenen Sohnes* (WELT vom 25. April 1977), *kein Stoff,*

185

aus dem man Träumer macht (WELT vom 22. Mai 1975), *ein Staatsmann ohne Ruhmsucht* (WELT vom 29. Mai 1978).

Der Konzern machte sich nur Sorgen um *Die Frau an seiner Seite* (BILD vom 21. April 1975), *Hamburgs neue First Lady* (BILD vom 2. November 1974) und: *Warum Elke Klose nicht ausschlafen kann* (BILD vom 10. September 1975).

Unter Springers wohlwollenden Blicken gewann Klose an der Spitze der Hamburger SPD bei der Bürgerschaftswahl 1978 die absolute Mehrheit, obwohl im Konzern schon hätte bekannt sein müssen, was Klose nach Auskunft des örtlichen CDU-Vorsitzenden Jürgen Echternach alles gesagt haben soll:

Er lasse sich nicht in die Dreckecke von law und order drängen . . . zudem habe Klose bei der letzten Bürgerschaftsdebatte über den Extremistenbeschluß das Angebot der Opposition auf eine gemeinsame Abwehrformel gegenüber den Verfassungsfeinden mit »üblen Unterstellungen« zurückgewiesen . . . Klose habe sich vom Kerngedanken des Ministerpräsidenten-Beschlusses ausdrücklich distanziert (WELT vom 10. Oktober 1973).

Der Konzern wollte es nicht glauben. Auch als Klose bei einer Wahlversammlung den Staat einen »Reparaturbetrieb des Kapitalismus« nannte, guckte der anwesende WELT-Redakteur Herbert Schütte nur gelangweilt in die Gegend, statt diese »Stamokap«-Kritik mitzuschreiben. Erst nach der gewonnen Wahl, am 27. September 1978, wachte der Konzern auf:

Scharfer Linksdrall im Senat: In Hamburg können Kommunisten Lehrer werden. »Ich stelle lieber 20 Kommunisten ein, als daß ich 200 000 junge Leute verunsichere.« Mit diesen Worten öffnete Bürgermeister Klose (SPD) gestern kommunistischen Lehrern die Tür zum Staatsdienst. 200 Extremisten unterrichten schon an Hamburger Schulen (BILD vom 27. September 1978). *Freie Bahn für Staatsfeinde?* (HAMBURGER ABENDBLATT vom 27. September 1978). *Roter Teppich für Extremisten* (BILD AM SONNTAG vom 8. Oktober 1978).

Den »roten Teppich für Extremisten« hatte Klose dadurch ausgerollt, daß er bei der Einstellung in den öffentlichen Dienst nur noch dann Informationen beim Verfassungsschutz abrufen lassen wollte, wenn gegen den Bewerber ein begründeter Verdacht auf Verfassungsuntreue bereits erhoben worden war. Auch sollte ein DKP-Mitglied nicht schon deshalb nicht Lehrer werden dürfen, weil es eben DKP-Mitglied war. Doch der Konzern interpretierte Kloses politischen Willen anders:

Kehrt dann der SS-Oberscharführer, der in einer Sondertruppe diente, ins Schulhaus zurück und erzählt den Kindern, daß es gar keine NS-Greuel gegeben hat und daß der Führer immer schon . . . ? (BILD am SONNTAG vom 8. Oktober 1978).

Das schrieb ein Blatt, das alte Nazis von Globke über Filbinger bis Carstens stets hofierte. Doch gegen Klose war schon jetzt jedes Mittel recht, es war Krieg, total und gewollt:

Stürzen Eltern Kloses Plan? Hamburger CDU startete größte Bürgerinitiative gegen linke Pädagogen (BILD vom 15. Oktober 1978). *Ernst Weiß: Darum stimme ich nicht für Klose. In BILD äußert sich der beliebte Ex-Senator erstmals . . .* (BILD vom 14. Oktober 1978). *Schon 2000 Unterschriften gegen Kloses KP-Lehrer* (BILD vom 17. Oktober 1978): *»Herr Bundeskanzler, hauen Sie mit der Faust auf den Tisch«* / *Das fordert ein verbitterter Sozialdemokrat* (BILD am SONNTAG vom 29. Oktober 1978). *Sensationelles Gutachten des Kölner Rechts-Professors Kriele (SPD): Pläne der SPD sind gesetzwidrig . . . Professor Kriele, selbst Mitglied der SPD, in einer ersten Erklärung gegenüber BILD am SONNTAG . . .* (BILD am SONNTAG vom 5. November 1978).

Jede vernünftige Wertung wird vom Konzern umgekehrt: Aus dem leicht-senilen, in der Partei nachsichtig belächelten Pensionär »Erni« Weiß wird der »beliebte Ex-Senator«, Professor Kriele figuriert als »selbst Mitglied der SPD«, ein exaltierter Leserbriefschreiber wird durch die Schlagzeile zum repräsentativen Sozialdemokraten promoviert und lächerliche 2000 Unterschriften, gesammelt in einer Zwei-Millionen-Stadt, erhalten in einem Blatt mehrspaltigen Titelsatz, das für die 1,2 Millionen Unterschriften des Krefelder Appells gerade mal fünf Zeilen Kleingedrucktes übrig hat.

Schon in dieser ersten Schlacht werden zwei taktische Prinzipien sichtbar, die im Verlauf des Krieges Bedeutung bekommen werden. Das erste: Der Konzern bietet jedem Überläufer reichlichen Lohn; wer in den Blättern Springers als Sozialdemokrat gegen den Sozialdemokraten Klose auftritt und wer es gar »erstmals in BILD« oder »in einer ersten Erklärung gegenüber BILD am SONNTAG tut«, dem wird seine Parteimitgliedschaft nachgesehen, der darf mit Werbung für seine Person rechnen. Das zweite Prinzip: Schüre der deutschen Bürger Angst vor finsteren Mächten. Daß der Gegner, den er kennt, so schlimm sei, wie der Konzern behauptet, mag er vielleicht nicht glauben; kannst du aber dunkle Hintermänner präsentieren, wird er dir auf den Leim gehen – wie er das von Ludendorff (»die finsteren Mächte des freimaurerisch-ultramontanen Weltjudentums«) und Hitler (»die jüdisch-bolschewistische Weltverschwörung«) gelernt hat. Da jeder Mensch, auch ein Bürgermeister, Freunde hat, ist alles ganz einfach:

Steckt Oevelgönner Kreis hinter »Kloses Wandlung«? Eine große Rolle bei Kloses Entscheidungen spielen ganz offenbar

genaues weiß man nicht, aber das ist ja gerade das Konspirative daran,

die jungen Leute, die er als Führungsstab um sich versammelte. Großen Einfluß hat auch der Oevelgönner Kreis: In Oevelgönne, an der Oste, im Haus von Regierungsdirektor Jörg Kubier, hatten sich gleich nach der gewonnen Bürgerschaftswahl linke Hamburger SPD-Leute getroffen . . . Ohne Zustimmung dieses Kreises, heißt es, könne Klose nichts durchsetzen (BILD vom 9. Oktober 1978).

Hier auch kommt es das erste Mal vor, jenes Zitat mit anonymer Quelle, mit dem der einzig wichtige Aspekt des ganzen Artikels »bewiesen« wird. Der renommierte Informant »Heißt es« wird die Rolle des »General Frost« in diesem Feldzug übernehmen.

Die erste Schlacht war noch nicht geschlagen, da eröffnete der Konzern schon seine zweite: Im Dezemberheft 1978 der Zeitschrift KONKRET hatte Hans-Ulrich Klose ein paar offene Worte riskiert. Der Staat, sagte er in einem Interview, wirke häufig als »Reparaturbetrieb des Kapitalismus«, er (Klose) halte deshalb die Analyse vom staatsmonopolistischen Kapitalismus (Stamokap) in Teilbereichen für zutreffend, wenngleich er die Therapie, die die Stamokap-Theoretiker anböten, entschieden ablehne. Ohne mit auch nur einem Wort zu bestreiten, daß der Staat gegenüber notleidenden Mittel- und Großunternehmen tatsächlich unentwegt als Reparaturbetrieb tätig ist, schlug die Konzernpresse los:

Hamburger SPD-Politiker gehen auf Distanz zu Klose: Helmut Kern, wirtschaftspolitischer Sprecher der SPD-Bürgerschaftsfraktion findet Kloses Äußerungen »außerordentlich unglücklich« . . . *Der SPD-Haushaltsexperte Gerd Weiland sagte: »Ich kann keinen Ansatzpunkt finden, daß die Analyse des Stamokap in Teilbereichen richtig ist«* (WELT vom 30. November 1978). *»Kloses Gerede gefährdet den Aufschwung« / BILD-Interview mit FDP-Generalsekretär VERHEUGEN . . . VERHEUGEN . . .: »Hamburgs Bürgermeister ist offenbar unter unkontrollierbaren Einfluß geraten (BILD vom 30. November 1978). Auch die Genossen in Bonn gegen Kloses Links-Kurs. Ein Vorstandsmitglied: »Klose, der überhaupt nichts von Wirtschaft versteht, schwenkt plötzlich nach links. Das nehmen wir nicht hin.« Sogar ein Senatsmitglied griff Klose scharf an: »Billiges Manöver, das Kloses Profilneurose dient« (BILD vom 1. Dezember 1978). Komplette Konfusion um Klose. »Man weiß wirklich nicht, was mit ihm los ist«, sagte mir ein Hamburger Spitzengenosse. »Klose fängt an, um sich zu schlagen, er wirkt gereizt, verbissen und angeschlagen. Ein besorgniserregender Vorgang« (WELT am SONNTAG vom 3. Dezember 1978). »Klose hat sich wieder mal gehäutet« / Interview mit Ex-Bürgermeister Biallas (BILD vom 4. Dezember 1978). Auch die Handelskammer gegen Klose (HAMBURGER ABENDBLATT vom 6. Dezember 1978). Unter grellen Scheinwerfern ein bißchen Missionar, ein bißchen Mephisto.« Die Inkarnation des gutmütigen, liebenswerten Politikers verbindet er mit etwas Mephistophelischem«, sinniert ein Mitglied der Hamburger SPD-Spitze* (WELT vom 7. Dezember 1978). *Widerstand gegen Klose. Dr. Gerd Weiland bestätigte dem HAMBURGER ABENDBLATT . . .* (HAMBURGER ABENDBLATT vom 8. Dezember 1978).

Das ganze Arsenal eines Pißrinnen-Journalismus ist zu besichtigen: Politisch und persönlich diffamierende Zitate werden »einem Vorstandsmitglied«, »einem Senatsmitglied«, »einem Hamburger Spitzengenossen« und »einem Mitglied der Hamburger SPD-Spitze« zugeschrieben – da soll mal einer dementieren; ein Politiker wie der Ex-Bürgermeister Dieter Biallas, der zuvor bei Springer als Kommunistenfreund niedergemacht wurde, wird zum Kronzeugen, auch wenn er mittlerweile in Afrika sog. Entwicklungshilfe betreibt und in der Hamburger FDP keine Rolle mehr spielt (seit seinem Auftritt gegen Klose wird Biallas, dessen FDP im Wahlkampf an der Fünf-Prozent-Klausel gescheitert war, von BILD regelmäßig gefeiert); Schmierenpsychologie (»etwas Mephistophelisches« und Psychiatrisierung (»schlägt um sich«, »besorgniserregend«, »wieder mal gehäutet«, »Profilneurose«) überschreiten jede Schamgrenze. Aber, auch das gehört dazu: Die Lieferanten der wenigen echten Zitate, die CSU-nahen Sozialdemokraten Gerd Weiland (Freund und Socius des rechtsradikalen Verlegers – »Das Dritte Reich« – Alexander Jahr) und Helmut Kern (vormals Wirtschaftssenator, vom Klose-Senat zum hochdotierten Vorstandschef der Hafen- und Lagerhaus AG befördert) geben der teils erfundenen, teils verdrehten, immer aber anonymen Masse der Zitate einen Hauch von Glaubwürdigkeit. Auf Hilfswillige dieser Art kann der Konzern nicht verzichten.

Besonders pikant ist die Ferndiagnose des FDP-Generalsekretärs Verheugen (»unkontrollierbarer Einfluß«), die in so krassem Widerspruch zu der sonst von ihm vorgeführten bürgerlichen Aufgeklärtheit steht, daß sich der Verdacht aufdrängt, hier habe es einer mit der Trennung von Frage und Antwort nicht so genau genommen, um ein wenig Erwähnung im Massenblatt herauszuschlagen. »Sind Sie nicht auch der Ansicht, daß Klose unter unkontrollierbaren Einfluß geraten ist, Herr Verheugen?« »Naja, ich weiß nicht.« »Ach, etwa nicht?« »Gut, wenn Sie meinen.« War's so? Ich weiß es nicht, aber es paßte schon sehr gut ins Konzept:

Die Frage ist, welche Berater eigentlich Klose auf den neuen Kurs trimmen (HAMBURGER ABENDBLATT vom 30. November 1978). *Bissinger hat Klose den Mist eingebrockt. Immer mehr Angehörige der SPD-Fraktion sehen in ihm den Sündenbock, der, so ein Abgeordneter, »dem Uli den Mist eingebrockt hat«* (HAMBURGER ABENDBLATT vom 29. Januar 1979). *Die Wandlung des H.-U. Klose – wie ich sie sehe. Er hat falsche Freunde, sie trieben ihn . . ., sie verleiteten ihn . . ., sie schotten ihn ab . . .* (BILD vom 31. Januar 1979) *Denkzettel für Klose. Klose, der sich unter den Fittichen seiner neuen Chefberater jüngst ruckartig wandelte . . .* (HAMBURGER ABEND-BLATT vom 31. Januar 1979). *Klose muß die von seinen Hintermännern in ihn gesetzten Erwartungen erfüllen* (WELT vom 4. Februar 1979).

Am 24. Januar kommt Bürgermeister Klose zu einem sogenannten »Hintergrundgespräch« in den Hamburger Presseklub. Prinzip dieser Art von Veranstaltung ist es, Journalisten im Gespräch über Motive und Absichten des Gastes zu informieren, ohne daß dieser mit seinen Äußerungen zitiert werden darf. Klose sagte an diesem Abend ein paar Unfreundlichkeiten über den SPD-rechten Kultursenator Tarnowski. Am nächsten Tag erschien BILD mit der Schlagzeile:

Der Bürgermeister kanzelt seinen Kultursenator ab (BILD vom 25. Januar 1979).

Der Konzern hatte die letzten Hemmungen abgeschüttelt. Sieg oder Tod:

Nachtsitzung im Rathaus: Attacken auf Klose: . . . wie aus Teilnehmerkreisen verlautet . . . erklärte ein Teilnehmer . . . wurde von einem prominenten Mitglied der Fraktion eingeräumt (WELT vom 30. Januar 1979).

Klose muß weg, so – oder anders:

Geht Bürgermeister Klose nach Bonn? Ein SPD-Spitzenpolitiker zu BILD: »Falls Klose ins Bonner Parlament will, hat er unsere Unterstützung und alle guten Wünsche sicher« (BILD vom 1. Februar 1979).

In der ganzen Meldung unter der dicken Schlagzeile ist der anonyme »Spitzenpolitiker« der einzige »Zeuge«, der etwas über Klose *und* Bonn sagt, und das auch nur auf die Frage eines BILD-Reporters, was er sagen würde, »falls« Klose nach Bonn wollte. Was man erfindet, hat man exklusiv. Klose will nicht nach Bonn? Bitte, er wird schon sehen, was er davon hat:

Klose: Angriffe aus eigener Partei. Schon wieder Angriffe gegen Bürgermei-

ster Klose aus seinen eigenen Reihen. Hans Erich Schult, Vorsitzender der Arbeitsgemeinschaft Selbständige in der SPD, gestern: »Die wenig differenzierten Äußerungen von führenden Sozialdemokraten über staatliche Hilfe an in Not geratene Betriebe« ließen den Eindruck aufkommen, »man habe es in der Wirtschaft überwiegend mit Subventionsempfängern zu tun«. Schult weiter: »Gerade für den Kreis der mittleren und kleinen Betriebe kann man das Gegenteil feststellen. Sie fühlen sich pauschal durch derartige Äußerungen diskriminiert« (BILD vom 6. Februar 1979).

Dies ist der vollständige Text der Meldung. Ein Sozialdemokrat, Sprecher einer Kleinstgruppe von Parteimitgliedern, der sein Leben lang unzitiert geblieben wäre, hätte ihm nicht BILD die Chance gewährt, im Konzernkrieg gegen Klose das Licht der Öffentlichkeit zu erblicken – dieser Sozialdemokrat tut eine Äußerung, in der er den Namen Klose nicht einmal erwähnt, und BILD formuliert den Titel: »Angriffe aus eigener Partei . . .« Angriff gibt es für BILD nur in der Mehrzahl. Doch nicht genug – der sensationellen Meldung über die »Angriffe« des Hans Erich Schult wird noch ein Kommentar beigegeben:

BILD-Hamburg meint dazu: Die Kritik Hamburger Sozialdemokraten an ihrem Bürgermeister reißt nicht ab. Sozialdemokraten sind sauer, weil sie sich von einem Sozialdemokraten verleumdet fühlen . . . Die Luft um Klose und seine Berater Hackmann, Bilstein und Bissinger – diese Hamburger Vierergruppe – wird zusehends dünner (BILD vom 6. Februar 1979).

Zwei Tage später:

Die Analyse: Bürgermeister Klose vor der Nagelprobe. »Wer hätte je im Traum erwartet . . .«, drückte ein führender SPD-Politiker sein Erstaunen aus . . . so ein Sitzungsteilnehmer . . . drückte gestern ein in der Partei wie in der Wirtschaft gleichermaßen angesehener Politiker seine Verbitterung aus . . . so mußmaßte gestern ein prominentes SPD-Mitglied . . . fragte ein Mitglied des Parteivorstandes . . . andere Männer aus der Führungsetage des Kurt Schumacher-Hauses . . . Der Höhenflug des Hans-Ulrich Klose ist zu Ende (WELT vom 8. Februar 1979).

Am Tag selben:

Der Zündstoff in Hamburgs SPD wird Klose gefährlich . . . so ein Kenner der Akte (WELT vom 8. Februar 1979).

Zwei Tage später:

Kommt Kloses Programm zu spät? »Wir hoffen, daß die ganze Geschichte nur als Schuß vor den Bug zu werten ist«, hört man aus gut informierten Rathaus-Kreisen (HAMBURGER ABENDBLATT vom 10. Februar 1979).

Hau den Lukas:

Da fehlten Klose die Worte. Millionen hat er viele Jahre lang Freude gebracht. Als Heinz Erhardt jetzt 70 wurde, schleppte der Postbote ein paar Säcke in Erhardts Hamburger Haus. Glückwünsche vom Kanzler, vom CDU-Chef, von vielen tausend Erhardt-Fans. Einer schwieg: Hamburgs Bürgermeister Klose. Kommunisten im Staatsdienst, Kritik an der Marktwirtschaft – da ist er zur Stelle (BILD-Kommentar vom 22. Februar 1979).

Völkisch beobachtet. Auch wenn Bürgermeister Klose dem Komiker Erhardt nicht gratuliert hätte: ein perverses Stück Journalismus. Daß Klose

tatsächlich einen Glückwunsch gesandt hatte, rundet den Gesamteindruck nur noch ab. Klose fehlten die Worte,
– der Konzern verlor die Sprache nicht. Am 24. Februar empfing Bürgermeister Klose im Rathaus die Redakteure und Redakteurinnen der Hamburger Schülerzeitungen zu einer Diskussion. Eine Handvoll Jungen und Mädchen zog sich aus und hampelte vor Klose und seinem Pressesprecher herum. Die beiden Politiker blieben schweigend sitzen, bis die Nackten sich nach einigen Minuten fröstelnd zurückzogen. Das war alles – bis BILD erschien und die neckische Szene zur Peep-Show-Bühne machte:

Schüler im Rathaus: Sex-Spiele vor Klose. Zwei nackte Mädchen schmusen vor Bürgermeister Klose. Auf dem linken Mädchenpo leuchtet in Rot das Zeichen der Atomkraftgegner ... Nackter Mädchenpo neben der Pfeifentasche ... Mit verschränkten Armen Klose hinter seinem Tisch. Ihm gegenüber ein Slip-Mädchen, das sich den Mikrofonständer vors Höschen hält (BILD vom 25. Februar 1981).

In der selben Ausgabe veröffentlichte BILD-Hamburg 39 Bordell-Anzeigen und 219 Inserate, in denen Prostituierte ihre Dienste den BILD-Lesern anboten. Am nächsten Tag entfachte BILD, der mit Abstand größte Kontakthof der Hansestadt, den Aufstand der Moral gegen den verworfenen Bürgermeister:

Hamburger Eltern empört über Sexspiele im Rathaus. Viele fragen: Warum sah Klose zu? Vater Schulz aus Neugraben: »Herr Bürgermeister, wie soll ich das meinen Kindern erklären?« (BILD vom 26. Februar 1981).

Und wie erklärt er seinen Kindern, daß er den Bordell-Anzeiger BILD liest? Ein anderer Vater hatte seine Empörung als bezahlte Anzeige aufgeben wollen, doch der Verlag nahm sie kostenlos in den redaktionellen Teil:

Offener Brief des Hamburger Rechtsanwalts Hans F. Gelpcke (44, Familienvater) an Bürgermeister Klose: »Sie scheinen sich nicht bewußt zu sein, (noch) Bürgermeister der Freien und Hansestadt Hamburg zu sein. Ein Voyeur schaut zu, ein Bürgermeister steht auf und läßt sich nicht noch erkennbar schmunzelnd fotografieren ... Ein Bürgermeister, der sich und seine Stadt schon in Sachen Brokdorf lächerlich gemacht hat ...« Getrud W. (77), Rentnerin aus Lokstedt: »Wenn der Klose sich sowas auch noch ansieht, verdirbt er doch so indirekt unsere ganze Jugend« (BILD vom 26. Februar 1981).

BILD druckt an zwei Tagen fünf große Fotos von den Nackten im Rathaus – und Klose ist »ein Voyeur«. BILD veröffentlicht an diesen zwei Tagen über 500 Annoncen seiner treuesten Anzeigenkunden, der Zuhälter – und Klose verdirbt die Jugend. Es ist nicht die doppelte Moral des Mannes, der heimlich tut, was er öffentlich geißelt: BILD macht öffentlich die Beine breit, steht triefend vor seinen Lesern und schürt zugleich die Volkswut gegen einen Mann, der sich beim Anblick eines nackten Pos nicht die Augen zuhielt. BILD – das ist hier der Osservatore Romano mit Sado-Maso-Keller. Erlaubt ist, was Klose schadet: alles. Und weiter geht's:

Bürgermeister Uli Klose und der taktische Fehler (HAMBURGER ABENDBLATT vom 2. März 1979). *Klose und der Senat zunehmend unbeliebt* (HAMBURGER ABENDBLATT vom 9. März 1979). *Wirtschaft fühlt sich von Klose versetzt ... Schon wieder hat Bürgermeister Hans-Ulrich*

Klose führende Vertreter der Wirtschaft in der Hansestadt düpiert ... In Wirtschaftskreisen gibt es keinen Zweifel, daß Klose aus sachfremden Erwägungen wirtschaftspolitisches Porzellan zerschlägt (HAMBURGER ABEND-BLATT vom 31. März 1979).

Klose hatte wegen anderer Termine eine Südamerika-Reise verschoben – das war alles. Als er diese Reise dann ein Jahr später absolvierte wars auch nicht recht. Gegen den Grundsatz: Was interessiert mich mein Geschwätz von gestern, Hauptsache es schadet H. U. Klose. :

Wenn der Uli mit dem Bili ... Einstimmen läßt sich der Bürgermeister – soviel steht fest – am liebsten von »Billi«, »Hacki« und »Bissi« ... Beraterrunde ... Skat-Syndikat ... Inzwischen wohnen seine Berater Helmut Bilstein und Manfred Bissinger sogar unter einem Dach in einem Uhlenhorster Mehrfamilienhaus. In diesem Haus dürfte denn auch die Wiege des Gedankens stehen, Klose müsse ... (HAMBURGER ABENDBLATT vom 31. März 1979) ...

Es dürfte – soviel steht fest – in Wirtschaftskreisen keinen Zweifel geben, schrieb eine hochangesehene Hamburger Tageszeitung ... Soviel steht auch fest: Helmut Bilstein kann gar nicht Skat spielen. Und aus dem Haus, in das Bissinger gezogen war, zog er gerade aus.

Als der Hamburger Landesbischof Wölber den Religionsunterricht an Hamburgs Schulen als unzureichend kritisierte, antwortete Bürgermeister Klose, ein gläubiger Protestant, seinem Kirchenherrn sehr taktvoll: »Es gibt in der Tat Schwierigkeiten, die der Bischof zu einem erheblichen Teil richtig dargestellt hat, die man aber nicht dadurch löst, daß man sich vor der Öffentlichkeit gegenseitig vorführt.« Daraus folgt:

Senat und Kirche auf Kollisionskurs? (HAMBURGER ABENDBLATT vom 7. Juni 1979).

Vier Monate nachdem »die Luft um Klose immer dünner wurde«, drei Monate nachdem »der Senat und Klose zunehmend unbeliebt« geworden waren, machte das Institut für angewandte Sozialwissenschaft (INFAS), ein der rechten Bonner SPD nahestehendes Unternehmen für Meinungsforschung, eine demoskopische Befragung der Hamburger Wähler. Darin kam die SPD auf 55 Prozent (drei Prozent mehr als bei Kloses Wahlsieg), die CDU auf 22, die FDP auf 4 und die Bunte Liste auf 2 Prozent. 71 Prozent wollten Klose als Bürgermeister, 18 Prozent den CDU-Vorsitzenden Echternach. Die größte Zustimmung fand Klose bei den tradtitionellen SPD-Wählern, den Facharbeitern: 77 Prozent.

Trotz (oder wegen?) der Liberalisierung des Berufsverbots, der Kritik an der Marktwirtschaft, – bei den Wählern hatte die Kampagne noch nicht gewirkt. Für den Konzern kein Grund zur Resignation: *Bürgermeister flüchtete vor betrunkenem Maler. Er sagte: »Hau ab, du schielst.« Eine feine Gesellschaft ...* (BILD vom 19. Juli 1979).

Der Maler war Horst Janssen. Das Spiel, das er mit seinem Freund Klose in einem italienischen Restaurant spielte, heißt »Stein, Schere, Papier« und ist auch unter dem Namen »Hau ab, du schielst« bekannt. Aber im Konzern wird nicht geknobelt, da wird gehobelt.

Zum vierzigsten Jahrestag des deutschen Überfalls auf Polen schrieb Klose: »Einzelne – eine Minderheit – leisteten Widerstand. Die Mehrheit stand auf der Seite des Unrechts oder fügte sich, sie ist mitschuldig.« Der WELT, dem Flak-Schiff des NSKK-Mitglieds Springer, war auch diese moderate Einschätzung noch zuviel:

H. U. Klose reißt alte Wunden auf . . . Der 1. September ist für uns alle, für die Jungen und die Älteren, ein Tag zum Nachdenken. Bürgermeister Klose möge aber auch einmal darüber nachgrübeln, ob ihm statt der vielen jungen Parteifreunde nicht auch einmal ein älterer, reiferer Freund hilfreich zur Seite stehen könnte (WELT vom 1. September 1979).

Zu denken wäre etwa an den Leitartikler der WELT, den NS-Psychologen Peter R. Hofstätter. Doch zwei Tage später gibt es schon Wichtigeres zu tun:

Schmidt geht Klose aus dem Weg. Ein Kanzler-Berater zum HAMBURGER ABENDBLATT . . . Alles, was der Hamburger Bürgermeister bisher an Unbedachtem und nicht zu Ende Gedachtem von sich gab . . . zu profilieren versucht . . . faselt . . . darf sich nicht wundern, wenn er von Politikern vom Schlage Schmidt nicht mehr sonderlich ernst genommen wird (HAMBURGER ABENDBLATT vom 3. September 1979). *Ein weiterer hoher Bonner Regierungsbeamter aus der engsten Umgebung des Bundeskanzlers erklärte dem ABENDBLATT heute früh . . .* (HAMBURGER ABENDBLATT vom 4. September 1979).

Als seit der INFAS-Erhebung vier Monate vergangen waren, traute sich der Konzern wieder, die Stimme des Volkes zu artikulieren:

Hans-Ulrich Kloses Popularitäts-Verfall (WELT am SONNTAG vom 7. Oktober 1979). *Aufstieg und Fall des Hamburger Bürgermeisters . . . Er spricht gern, so hat man den Eindruck, bevor er denkt, redet, ohne sich zu konzentrieren . . . Sein Pressesprecher, der beleibte Bissinger . . .* (BILD am SONNTAG vom 21. Oktober 1979). *Die Kernfrage in der Hamburger SPD: Wer wirft den ersten Stein auf Klose? Die Haltung der Partei wird – so drückt es einer ihrer höchsten Repräsentanten in der Hansestadt aus – mit einem »lauernden Abwarten« beschrieben . . . formulierte ein Mitglied des Landesvorstands . . . diagnostizierte ein Senatsmitglied . . . wie es im Senat heißt . . . sagen Genossen aus dem Senat und aus der Führungsetage der Partei . . .* (WELT vom 10. November 1979).

Endlich ein erster Erfolg: Die dubiose »Beliebtheitsnote« von Hans-Ulrich Klose sinkt von 2,4 auf 1,8 Prozent. Sie ist damit zwar noch zehnmal so hoch wie die des Springer-Heros Franz-Josef Strauß, aber ein Anfang ist es doch, wenn mans laut genug sagt:

Kloses Ansehen bei den Bürgern stark gesunken (BILD vom 15. November 1979). *Bürgermeister Klose nicht mehr so beliebt – das gab ihm zu denken. Interview mit dem SPD-Chef Oswald Paulig* (BILD vom 19. November 1979). *Gespräch mit Hamburgs SPD-Fraktionschef Ulrich Hartmann: Kloses Krise:* (HAMBURGER ABENDBLATT vom 19. November 1979). *Warum Klose sich warm anziehen muß. »Wir können nicht mehr alles mit Achselzucken hinnehmen«, sagt ein bekannter SPD-Politiker* (HAMBURGER ABENDBLATT vom 8. Dezember 1979).

Wie gesagt: ohne die Mitwirkung von ehrvergessenen Sozialdemokraten wäre auch der Konzern machtlos. Doch es gibt ja genug davon:

Dem neuen Selbstbewußtsein der Hamburger Mitte-Rechts-Genossen muß Klose erste Tribute zollen . . . diese Darstellung, die ein SPD-Politiker gab . . . so ein Mitglied der Fraktionsführung . . . räumt ein Senatsmitglied unter vier Augen ein . . . worauf ein Parteifreund mit Senatorenamt eine »psychosomatische Krankheit« (Kloses) diagnostizierte . . . meinte ein Mitglied der 35er Gruppe . . . (WELT vom 29. Januar 1980).

Dieser psychiatrischen Ferndiagnose eines anonymen Heilkundigen (eine Frage der ärztlichen Schweigepflicht?) folgt die Untersuchung durch einen Seelenforscher, der gleich eine Einweisung ausschreibt:

Es scheint, als sei der noch immer junge Hans-Ulrich Klose in die bittere Isoliertheit eines Menschen geraten, der an sich selbst irre geworden ist. Klose macht den Eindruck, als habe er seine Identität eingebüßt. Oder trägt seine Identität den Namen Bissinger? (WELT vom 7. Februar 1980).

An sich irre geworden, Identitätsverlust – die Grenze zum Vorwurf, »syphilitisch verseucht« zu sein, ist nahe. Doch immer wieder will die Mitgliedschaft der SPD nicht so wie der Konzern und seine Hiwis Weiland, Hartmann und Dahrendorf wohl wollen. Bei den Delegiertenwahlen im SPD-Distrikt (so heißen in Hamburg die Ortsvereine der Partei) Barmbek kommt Springers Favorit, der über die Giftmüll-Affäre Stoltzenberg gestürzte Justizsenator Frank Dahrendorf, nur auf 103 Stimmen. Klose erzielt 142. Was läßt sich daraus machen?

SPD-Basis verkniff sich Denkzettel für Bürgermeister Kloses Scheinsieg im Distrikt Barmbek. »Das Ergebnis täuscht«, sagt die Distriktsvorsitzende Karin Buggenhagen, »denn Klose hat nur aus Gründen der Solidarität zum Bürgermeister so viele Stimmen bekommen.« (HAMBURGER ABENDBLATT vom 6. März 1980).

Das Zitat täuscht, denn Karin Buggenhagen ist eine enge politische Freundin Frank Dahrendorfs und der Springer-Presse. Aber wenn denn die Partei – und insbesondere die Parteilinke – nicht von Klose lassen will:

In der SPD gibt es keinen Geheimtip mehr, der Hans-Ulrich Klose heißt. Klose, im Grunde mehr ein Jet-set-Linker, wie ein Mitglied des Parteivorstandes diagnostizierte . . . (WELT vom 5. Juni 1980).

Ein Mal machte Hans-Ulrich Klose den Versuch, sich zu wehren. Beim SPD-Landesparteitag im Juni unterstützte er den Antrag des Kreises Wandsbek: »Alle sozialdemokratischen Funktionäre und Mandatsträger werden aufgefordert, die Medien – insbesondere die BILD-Zeitung – nicht mehr als Forum innerparteilicher Konflikte zu benutzen.« Der Antrag wurde mit einer Mehrheit von 95 Prozent angenommen. Einer der Wandsbeker Mandatsträger ist der SPD-Fraktionsvorsitzende Ulrich Hartmann. An dem Sonntag, der auf den Landesparteitag folgte, hatte der Konzern wieder eine Schlacht gewonnen:

Klose will den Genossen Interviews verbieten . . . und Uli Hartmann gab WELT am SONNTAG eins . . . Hartmann: »Ich finde, der (Beschluß) ist eigentlich nichts wert« (WELT am SONNTAG vom 15. Juni 1980).

Von nun an kämpften Hartmanns Genossen und der Konzern Schulter an

Schulter. Klose wollte den Parteitagsbeschluß im SPD-Senat verbindlich machen:

Niederlage für den Bürgermeister. Klose konnte sich im Senat nicht durchsetzen. »Eine schwere politische Niederlage«, wertete einer der Eingeweihten den Ausgang der Sitzung . . . »eigentlich hätte der Bürgermeister danach zurücktreten müssen«, sinnierte ein langjähriges Mitglied der SPD-Abgeordnetenriege (WELT vom 5. Juli 1980).

In Hamburg ging es in dieser Zeit um den Bau des Atomkraftwerks Brokdorf. Die Mehrheit der Partei war den Argumenten des Bürgermeisters gefolgt und hatte eine Beteiligung an diesem Projekt, dessen Verwirklichung die Hansestadt zu 70 Prozent von Atomstrom abhängig gemacht hätte, abgelehnt. Doch die rechte Parteiführung, die teils den Konflikt mit dem am Bau interessierten Großkapital scheute, teils tief im atomaren Filz steckt, konnte und wollte nicht aus dem System ausbrechen, das den Staat als Handlanger der Großindustrie kennt. (Man nennt das auch: staatsmonopolistischen Kapitalismus, aber das gibt's ja nicht, sagen Weiland, Hartmann, der Konzern und das vom Staat betreute Monopolkapital.) Mit Klose war Brokdorf nicht zu machen, also mußte er weg. Und zwar jetzt:

Kloses Popularität auf dem Tiefpunkt. Gestandene Spitzengenossen an der Elbe, die ein »Paradiesvogel-Gehabe« des Bürgermeisters vorzugsweise bei Klose-Auftritten in der Pop- und Schickeria-Szene der Hansestadt ausmachten . . . Einer der altgedienten SPD-Politiker aus dem Führungszirkel der hanseatischen Staatspartei diagnostizierte . . . Führende Sozialdemokraten wissen: Klose hat das traditionelle Bündnis zwischen den Kaufleuten und der Hamburger SPD verkommen lassen (WELT vom 11. September 1980). *»Hans-Ulrich Klose ist aus dem Bewußtsein der Öffentlichkeit verschwunden«,* nannte ein prominenter Hamburger SPD-Politiker diesen Zustand (WELT vom 9. Oktober 1980).

Nun entdeckte die Konzernpresse auch »die Frau an seiner Seite« wieder, doch diesmal ganz anders. Die Illustrierte »Quick«, die später vor Gericht als Zeugen die Genossen Hartmann und Weiland benannte, hatte berichtet, Elke Klose wolle sich von ihrem Mann scheiden lassen, weil dieser ein Verhältnis mit einer jüngeren Senatsangestellten habe. Klose verklagte daraufhin den Heinrich Bauer-Verlag, der am 5. Dezember 1980 in Hamburg als Beklagter vor Gericht stand. Der Konzern sah das freilich ganz anders:

Kloses gestern vor Gericht: Frau Elke sagte über ihre Ehe aus

Von UTE DAUM-STUMMER

Hamburg, 7. Februar | zur Person: Vorname? Elke. Alter? 39. Beruf? Lehrerin.

Bürgermeister Kloses Ehe vorm Hamburger Landgericht. Um die Ehe von Bürgermeister Klose (43) ging's gestern vorm Hamburger Landgericht ... Frau Elke (38) wolle sich scheiden lassen ...« Kloses Neue« sei 34 und arbeite beim Senat (BILD vom 6. Dezember 1980). Zwei Monate später wurde wieder vorm Landgericht Hamburg verhandelt, wieder gegen den Schmuddel-Verleger Bauer, wieder meldete BILD:

Klose gestern vor Gericht: Frau Elke sagte über ihre Ehe aus. Elke Klose war nervös, bewahrte mühsam die Fassung, schien mit den Tränen zu kämpfen. Mit bebender Stimme ... (BILD vom 7. Februar 1981).

Was nützte es, daß Klose den Prozeß schließlich gewann, Bauer verurteilt wurde? Sieger blieb der Konzern, er konnte den Abgesang anstimmen:

Beliebtheit fast auf dem Nullpunkt. Vertraute sprechen schon von Rücktritt. So sank das Ansehen des Bürgermeisters (BILD vom 19. März 1981).

Was nützte es auch, daß noch im Januar INFAS ermittelt hatte, die Hamburger SPD (mit Bürgermeister Klose) liege bei 50 Prozent – vor der letzten Bürgerschaftswahl waren es nur 48 Prozent gewesen –, die CDU bei 20 Prozent? Der Konzern hatte die rechte Mehrheit der Hamburger SPD-Führung nun fest im Griff, Hartmann & CO. waren so tief in den Krieg gegen Klose verwickelt, daß sie selbst, dann nicht mehr hätten zurückkönnen, wenn sie gewollt hätten.

Als sich bis Mitte Mai so gar nichts tun wollte, weil auch die sozialdemokratischen Konzernfreunde angesichts der Stimmung an der Basis der Partei nicht in die Rolle der »Königsmörder« geraten wollten, ließ Springer durch seinen CDU-Vorsitzenden Echternach melden, daß die Zeit gekommen sei, wo er Taten sehen wolle:

Tritt Klose noch dieses Jahr zurück? . . . vermutet CDU-Landesvorsitzender Echternach . . . (BILD vom 22. Mai 1981).

Es dauerte nur noch drei Tage:

Klose zurückgetreten (Schlagzeile, 6,6 Zentimeter hohe Lettern). Die Hamburger Hamlet-Figur wirft ein Jahr vor der Wahl das Handtuch . . . Glaubwürdigkeit blieb auf der Strecke . . . Woran ist Hans-Ulrich Klose gescheitert? Vor allem an sich selbst (BILD vom 26. Mai 1981).

Vor allem an sich selbst. Denn das Opfer ist immer der Mörder.

Zitat des Tages

Wir in Bayern legen jedem Bewerber für den öffentlichen Dienst ein Klose-Foto vor. Wer sagt, das sei ein bayerischer Fremdenverkehrsdirektor, wird sofort eingestellt."

Bayerns Regierungschef Franz Josef Strauß (CSU) gestern zu Klose.

Warum sie BILD lesen

Vizekanzler und Außenminister Hans-Dietrich Genscher (FDP)

„Ich lese BILD, um möglichst schnell informiert zu sein. Und natürlich achte ich darauf, ob ich selbst irgendwo erwähnt werde oder gar ein Foto vor mir gezeigt wird. Das ist sehr wichtig in der Unterhaltungsbranche."

Georg Leber (SPD) Vizepräsident des Deutschen Bundestages

„Ich lese jeden Morgen die BILD-Zeitung, weil ich als Politiker wissen muß, was 12 Millionen Mitbürger täglich lesen und weil damit die BILD eine der wichtigsten Zeitungen ist."

Franz Josef Strauß, Ministerpräsident von Bayern

„12 Millionen Leser greifen Tag für Tag zur BILD-Zeitung. Auch ich gehöre zu Ihnen, weil BILD mir einen gerafften, trotzdem umfassenden und leicht lesbaren Überblick über die wichtigsten Tagesereignisse vermittelt. Für einen Politiker ebenso wichtig ist aber, daß BILD die Probleme aufgreift, die unsere Bürger wirklich bewegen. Die tägliche Abstimmung am Zeitungskiosk ist dafür der eindrucksvolle Beweis. Allerdings darf der durch Aufmachung und Überschriften erzielte Absatzerfolg nicht das einzige Kriterium sein."

Wenn BILD rot sieht:
Berufsverbot

Thomas Erdner ist in Hamburg Lehrer und Beamter auf Probe. Doch diese »Probezeit« dauert nun schon fast zehn Jahre. Der Grund für diesen Probe-Rekord: Thomas Erdner ist Mitglied der DKP. Er hat Berufsverbot.

1975, als die Hamburger SPD noch als die CSU in der Sozialdemokratie galt, hatte der Hamburger Senat, das ist die Landesregierung des Stadtstaates, seine Entlassung aus dem Schuldienst verfügt. Erdner klagte dagegen und bekam vom Hamburger Verwaltungsgericht Recht. Der Senat wurde verurteilt, ihn zum Beamten zu machen. Politiker und Bürokraten, die ja bekanntlich Prozeßrisiken nie aus der eigenen Tasche bezahlen müssen und deshalb mit rechthaberischer Sturheit und auf Kosten und Nerven der Bürger stets durch alle Instanzen prozessieren, wollten auch hier nicht klein beigeben. Der Senat zog vor das Oberverwaltungsgericht. Erdner, Mitglied der Gewerkschaft Erziehung und Wissenschaft, war inzwischen Personalratsvorsitzender für Gymnasien in Hamburg geworden, aber immer noch Beamter auf Probe.

Nach dem Sieg der Hamburger SPD bei den letzten Bürgerschaftswahlen begann der Senat seine Berufsverbotspolitik zu revidieren. Der Hamburger Schulsenator Grolle beantragte im Senat, die Berufung beim Oberverwaltungsgericht zurückzuziehen und die Entlassung von Erdner aus dem Schuldienst aufzuheben. In dieser Situation starteten BILD, die Hamburger CDU und der Verfassungsschutz der Hansestadt eine »konzertierte Aktion«. Mit der Überschrift »Lehrerversetzung und Unterrichtsausfall – Kommunisten blockierten in drei Monaten 1933 Anordnungen für 500 Schulen« und der Schlagzeile: »Senator Grolle, was nun?« vom 5. September 1979 schob das Springerblatt dem Personalvorsitzenden die Entscheidungen sämtlicher Personalräte in die Schuhe. BILD: »Seit der DKP-Funktionär Erdner zum Personalratsvorsitzenden gewählt wurde, geht an den 500 Hamburger Schulen nichts mehr ohne die Kommunisten«. Die CDU setzte als Opposition mit Großen und Kleinen Anfragen an den Senat die Hetze von BILD mit sogenannten demokratischen Mitteln fort.

Dann legte BILD noch etwas nach:

BILD-Hamburg Hamburg, 25. Oktober 1977 • BILD • Seite 7

KP-Lehrer Erdner: Ist sein Freizeitheim in der Marsch
chulungszentrum
r Kommunisten?

Rote Seminare – was sagt der Schulsenator?
Fünf Fragen an Professor Joist Grolle

Mit der vollen Angabe von Anschrift und Hausnummer der Privatwohnung
Erdners, damit BILD-Gesinnungsgenossen wie der neue Nazi-Führer Kühnen
und seine Schlägertrupps auch wissen, wohin sie sich zu wenden haben, wird
von BILD offenbar ein Tip des Hamburger Verfassungsschutzamtes ausge-
wertet. BILD berichtet von einem »geduckten, weißen Bauernhaus«, »gegenüber Weiden mit *rot*bunten Kälbchen. Und in dem Haus wird »manchmal bis
drei Uhr früh gefeiert« und zwar »bei *rotem* Licht«. Und um die rote Gefahr
vollständig zu machen, hat Erdner auch noch einen *roten* Vollbart, wie BILD
meldet.

Wo soviel Rotes im Spiel ist, ist der Staat in Gefahr. Zumal BILD auch noch
drei junge Mädchen ausgemacht haben will, die in Erdners Nachbarschaft die –
im Blatt fettgedruckte – Frage stellen konnten: »Wo ist hier das kommunisti-
sche Schulungsseminar?«

Dieser BILD-Bericht war die Basis einer weiteren Anfrage der CDU-
Opposition im Hamburger Landesparlament. Hatte vorher der Schulsenator
schriftlich erklärt, »daß Zweifel an der Eignung des Herrn Erdner nicht mehr
bestehen«, so wurde nun dem Parlament mitgeteilt, es seien »weitere Fragen
aufgetaucht, denen wir nachgehen werden ... Wir werden prüfen, ob Herr
Erdner ein kommunistisches Schulungsheim unterhält ... und auch, ob sich
drei Mädchen in Erdners Nachbarschaft nach diesem kommunistischen Schulungsheim erkundigt haben.« Trotz der offenkundigen Ironie in der Antwort
auf die CDU-Anfrage: Beamter auf Lebenszeit wurde Erdner bis heute
nicht.

BILD hats bisher geschafft. Ohne die BILD-Kampagne wäre Erdner nach
»zehn Jahren Probezeit« längst befördert worden: zum Oberstudienrat.

Kanal offen

Wer durch ständige Lügen und Fälschungen die eigene Glaubwürdigkeit verloren hat, hat es nötig, auf fremde Autoritäten zurückzugreifen. BILD tut das ständig und fälscht und lügt dabei erneut. Um auch die noch so abstrusesten Erfindungen verkaufen zu können, versteckt man sich bei BILD hinter »weltberühmten Autoritäten« und »anerkannten Kapazitäten«.

So klärt BILD am Tag des Attentats auf Reagan unter der Schlagzeile: »BLUT!« seine Leser darüber auf: »Jeder hat einen Schutzengel.« Als Zeugin benennt BILD »die berühmteste Todesforscherin der Welt, Frau Kübler-Ross aus Escondida/USA.« Diese Dame zitiert BILD: »Jeder Mensch hat einen Schutzengel! Vom Augenblick der Geburt bis zum Tod weicht dieser unsichtbare Begleiter nie von unserer Seite. Er gibt uns Lebensmut und spendet uns immer neue Energie, gegen alles Schlechte anzukämpfen.« (Nun, sei's drum, dann also auch gegen BILD?! G. W.)

Damit nicht am Ende besonders einfältige BILD-Leser annehmen, das mit dem Schutzengel sei nur symbolisch gemeint, läßt BILD Frau Kübler-Ross ganz unmißverständlich klarstellen: »Plötzlich war Anka, mein Schutzengel, da. Er berührte meine Hand, strich über mein Haar. Ich war sehr nervös. Da riet er mir: ›Sag' den Leuten, daß ich existiere.‹ Ich tat es.«

Da BILD im 20. Jahrhundert und nicht im Mittelalter erscheint, verlangt der aufgeklärtere BILD-Leser natürlich auch unserem technischen Zeitalter entsprechende Beweismittel. Damit kann BILD dienen, indem es wiederum Frau Elisabeth Kübler-Ross zitiert, die nun den unumstößlichen Beweis liefert: »Ich habe mit meinem Schutzengel gesprochen und seine Stimme auf Tonband aufgenommen. Er nennt sich Anka.« Na bitte!

Um auch letzte Reste von Zweifel besonders kleingläubiger Leser zu beseitigen, wartet BILD in einem weiteren Bericht mit noch umwerfenderen Beweisen auf.

Neue Schlagzeile: »Jenseits-Forscher: »Bald können wir die Toten im TV sehen . . . und mit ihnen reden.« Diesmal heißt der »weltberühmte« Kronzeuge Friedrich Jurgenson, BILD läßt ihn in Schweden leben und als besonderes Attribut seiner Seriosität nennt es ihn »deutschstämmig«. Als Nebenzeuge wird noch ein Fidelio Köberle (64) aus Düsseldorf eingeführt. BILD verleiht ihm den Titel: »Diplom-Psychologe«. Sein Leumundszeugnis »Jurgenson forscht schon seit 20 Jahren mit großen Erfolgen.«

Und wie er forscht! Laut BILD: »In Udine in Ober-Italien sagte Jurgenson voraus: »Wenn wir den richtigen Kanal einstellen, werden wir uns mit den

Verstorbenen sogar unterhalten können.« Nur ein paar kleine technische Details müssen vorher noch gelöst werden. So läßt uns der BILD-Artikel darüber im Unklaren, ob wir unsere lieben Verstorbenen wieder Fleisch geworden im Bild haben werden oder mit ihren Skeletten vorlieb nehmen müssen. In einem weiteren Punkt war BILD bei seiner Recherche ebenfalls nicht hartnäckig genug, so daß eine entscheidende Frage offen bleibt: (BILD fettgedruckt) »Wie die Gesichter der Toten auf den Fernsehschirm gelangen sollen, hat Jurgenson – er lebt in Schweden – nicht verraten.«

Das werden wir sicher dann erfahren, wenn Springer uns mit seinem Privatfernsehen ins Haus steht und Spukmaster wie Jurgenson uns zusammen mit den noch lebenden Gespenstern Heino und Dieter Thomas Heck den Totenmarsch blasen und die Springer-hörigen Geister zur großen Star-Parade aufmarschieren.

Nach wie vor läßt BILD die Ufos auf unserem Planeten ein- und ausschwirren und besonders anhängliche und gläubige BILD-Leser nehmen die Gelegenheit wahr, sich zur Abwechslung auch einmal zu einem Weltraumausflug entführen zu lassen. Zurückgekehrt sind ihre ganz frischen Eindrücke immer für eine Nachfolgegeschichte gut.

Die Halluzinationen von Wahnkranken macht sich BILD zu eigen und überträgt sie als tagträumerische Spekulationen auf manche verwirrte Leser.

Groß aufgemacht berichtet BILD:

◆ »MÜNCHNER UFO-EXPERTIN ÜBERZEUGT:
◆ MORGENS UM HALB SECHS
◆ BESUCH VOM FREMDEN STERN
◆
◆   Morgen früh schlägt für Deutschlands UFO-Expertin Nr. 1 die Stunde
◆ der Wahrheit: Die Münchner Übersetzerin Ilse von Jacobi (68) ist felsenfest
◆ davon überzeugt, daß alle Rundfunksender der Welt irgendwann zwischen
◆ halb sechs und 12 Uhr ihre Programme unterbrechen und DIE SENSA-
◆ TION ALLER ZEITEN verkünden:
◆   In der Nacht zum Freitag sollen auf dem Militärflughafen von Kimross
◆ im US-Staat Michigan zehn UFOs landen! An Bord: Bewohner des
◆ Plejaden-Planeten »Korendor« mit mehr als 200 Piloten (darunter zwei
◆ Wiesbadener), die in den vergangenen 30 Jahren von Außerirdischen
◆ gekidnappt worden sind!
◆   Auf diesen Tag, den Beginn eines kosmischen Zeitalters, wartet Ilse von
◆ Jacobi seit *25 Jahren*.
◆   Sie war deshalb auch nicht überrascht, als ihr am Sonntagabend »die
◆ Stimme eines Freundes« vom vier Lichtjahre entfernten »Korendor« die
◆ Ankunft der UFOs prophezeite.
◆   Ilse von Jacobi, die vor 50 Jahren ihr Abitur machte, im Krieg ihren
◆ Mann verlor und einen Sohn hat, gründete 1965 die Münchner UFO-
◆ Gruppe.
◆   PROFESSOR HERMANN OBERTH, der Vater der Weltraumfahrt,
◆ und Bestseller-Autor ERICH VON DÄNIKEN zählen zu ihren wichtig-
◆ sten Gesprächspartnern.

Was aber, wenn die Ufo-Landung in der Nacht zum Freitag ins Wasser fällt?

Ilse von Jacobi: »Darüber brauchen wir nicht zu reden. ES IST SOWEIT!«

Es ist schon so weit, daß es schon fast zu spät ist. Der planmäßige Schwachsinn, den BILD als Hilfsschule der Nation unter die Leute bringt, läßt in den Hirnen keinen Raum mehr für eigenes Denken, bevormundet den BILD-Bürger und entmündigt die Demokratie.

Wenn sich ein Haufen Verwirrter, Wichtigtuer und klinisch Kranker (hervorstechende Eigenschaft: Halluzinationen, Stimmen hören) zusammentut, um ihrem sicher eher harmlosen privaten Hobby und Vergnügen nachzugehen, liest sich das in BILD so:

»180 Wissenschaftler und Politiker hörten auf einem Kongreß internationaler Ufo-Forscher in London aufmerksam zu.« Und wenn ihr Vorsitzender, ein blasiert spinnerter Lord von Clancerty, seine Rassenthesen aus der »Ufologie« begründet, spendet ihm BILD doppelten Beifall: »Die Bewohner verschiedener Sterne kamen vor 63 000 Jahren auf die Erde und besiedelten sie. Deshalb gibt es heute Lords mit weißer Hautfarbe, schwarze Negerkönige in Afrika und rote Indianerhäuptlinge in Amerika.« –

»Über Ufos, die immer wieder gesichtet werden, erklärte der Lord: Manche kommen aus dem All, andere aus der Erde. Am Nordpol und am Südpol und in den Bergen Tibets gibt es Löcher, die zu gewaltigen unterirdischen Höhlen führen. Dort unten hausen Roboter aus dem All.« – Weiter, so BILD, »Kongreßteilnehmer Boven berichtet, aus einem zigarrenförmigen UFO über Frankreich seien auf einem Lichtstrahl zwei Männchen zur Erde gekommen und hätten einem Passanten auf französisch zugerufen: *»Was als Krebs bekannt ist, kommt von den Zähnen.«* Dann hätten sich die Außerirdischen aufgelöst – in Nichts.« –

Womit wir dann wieder bei Mildred Scheel wären, der Frau vom dazumaligen singenden und golfschlägerschwingendem Bundespräsidenten, die diesem allem als Ärztin und Vorsitzende der Deutschen Krebshilfe die höheren Weihen verleiht.

Wie hieß es bei BILD so tröstlich: »Dann hätten sie sich aufgelöst – in Nichts.« Bevor es mit BILD so weit ist, ist noch viel Aufklärungsarbeit zu leisten.

Noch kann BILD Wahn- und Hysterie, Schlag- auf Schlagzeile in die Hirne prügeln. Zwei Wochen zuvor lautete die Schlagzeile:

Auch der Papst muß für BILD's Wunderglauben herhalten. Da lauten die Schlagzeilen: »Papst küßt Krebskranke, geheilt«. Oder: »Wunder! Papst heilte todkrankes Baby . . . Er streichelte dem Jungen über den Kopf.« –

Selbst Papst Johannes XXIII., zu seinen Lebzeiten von BILD wegen seiner Fortschrittlichkeit weniger geschätzt, wird nach seinem Tode für Schauerstories mißbraucht. Er wird zum Kronzeugen für »die schrecklichen Weissagungen für die letzten Jahre unseres Jahrhunderts«: »Am 13. Mai 1960 brach Papst Johannes das Siegel der Kinder von Fatima auf und las das Schreiben.« Schon suggeriert BILD erneut seine Allgegenwart und Allwissenheit, denn das Groschenblatt meldet, da sei der Papst »aschfahl« geworden. Er soll »gezittert haben und tagelang unansprechbar gewesen« sein. Was »offiziell bis heute nicht bekannt gegeben wurde«, BILD weiß es und kann es exklusiv melden, weil man gewiß exklusiv nur haben kann, was man selbst erfindet. Nämlich: »Die dritte Voraussage . . . kündigt das Attentat auf den heutigen Papst an. Weiter soll es dann in der Voraussagung heißen: Danach kommt der große Krieg. Er fällt noch in das 20. Jahrhundert.«

(Kann ja sein, wenn Reagan weiter mit Nachrüstung und Neutronenbomben hantiert. Aber: Warum unterstützt ihn BILD dabei?)

Weiter im BILD-Text: »Feuer und Rauch werden vom Himmel fallen und das Wasser der Ozeane wird verdampfen. Millionen von Menschen werden ihr Leben verlieren.« Und schließlich: »Gesehen hat den Brief außer Johannes XXIII niemand.« Hier schließt sich der Lügenkreis. Aber der BILD-Leser ist schon mit soviel Unsinn vollgepumpt, daß ihm dieser Widerspruch kaum mehr auffallen dürfte. Sogar die apostolische Nuntiatur in Bonn hat – und das will schon was heißen – diesen Artikel als »anstößige Fälschung« bezeichnet.

In einer Fortsetzung ihrer Weissagungen läßt BILD den Nostradamus auferstehen. BILD: »Der Arzt und Seher beschrieb vor 450 Jahren den Ausbruch des 3. Weltkrieges Ende unseres Jahrhunderts. Er sagt auch voraus, *wann* er ausbricht.« Und wenn es auch alles der reinste Unsinn ist, so hat es doch Methode. BILD, in seinen politischen Kommentaren eine Politik der Stärke und indirekten Kriegshetze betreibend, stimmt seine Leser tiefenpsychologisch auf das unvermeidbare Weltende, das scheinbar einfach vom Himmel fällt, ein. Wenn diese unvermeidbare Katastrophe dem BILD-Leser emotional erst einmal tief genug eingetrichtert ist, läßt sich der dafür schuldige Aggressor politisch umso leichter aufbauen. Nur durch totale Aufrüstung können wir den Iwan u. U. noch bremsen, lautet die Parole oder noch sicherer, ihm zuvorkommen, bevor er uns . . . Wenn ein Bundeswehr-General dieser These widerspricht und den »angeblich offensiven Charakter der Sowjets« militärtechnisch mit Fakten zu widerlegen versucht, lautet die Schlagzeile schlicht:

»QUATSCH von General Bastian.« –

Nach dem der Wahn von BILD gesät und dem Leser als blühender Wahnsinn so richtig aufgeht, läßt BILD mal wieder seinen Pfarrer vom Dienst 'ran, auf daß alles in die richtigen Kanäle geleitet wird. Kommentar von Pfarrer Sommerauer, dem Kanonier der BILD-Zeitung:

Ohne Gott, ganz auf sich allein gestellt, wußte sich der 18jährige Bremer Schüler Thorsten Henning gegen BILD-Wahn zu erwehren. Er schritt zur Selbsthilfe und überlistete die Wahnproduzenten mit ihren eigenen Waffen.

Als Anfang Januar BILD mal wieder ein UFO über Bremen sichtete, sorgte der Schüler für eine Nachfolgegeschichte, die es in sich hatte.

»Ich wollte mal erleben und beweisen, wie die aus unüberprüften Spinnereien eines jeden Dahergelaufenen ihre ›wissenschaftlich untermauerten‹ Artikel fabrizieren. »Nach UFO-Alarm: Geheimmetall auf Bremer Acker«, lautete dann der Aufmacher neben einem Foto von Thorsten. »Aufgeregt rief der 18jährige Schüler Thorsten Henning in der BILD-Redaktion an: ›Ich hab' von dem UFO über Bremen gehört. Auf einem Acker am Alsterdamm liegen silbrig glänzende Steine 'rum. Die könnte doch der helleuchtende Flugkörper verloren haben.‹ Thorsten Henning traut sich nicht die Brocken anzufassen: ›Die könnten ja radioaktiv sein.« Dazu Thorsten Henning später: »Das habe ich überhaupt nicht gesagt, die haben mir das einfach in den Mund gelegt.«

Auf gleiche Art und Weise wird auch ein Wissenschaftler vorgespannt: »BILD nahm die geheimnisvollen Steine mit. Sie sind viel schwerer als Steine und haben viele kleine Löcher an der Oberfläche. Geologe Thorwald Kurckow vom Übersee-Museum guckte sich die Glitzersteine an und kratzte an der Oberfläche. ›Da hat jemand neue Metallegierungen ausprobiert. Die drei

Brocken stammen alle aus einem Schmelztiegel.›« Und bevor die Leser merken können, daß das, was Geologe Kruckow sagt, gar nicht geheimnisvoll klingt, geht es schnell fettgedruckt weiter: »Die Zusammensetzung können nur Wissenschaftler klären. Jetzt untersucht das Institut für Härtereitechnik die Geheimmetalle.

Fertig ist die BILD-Geschichte. Unabhängig von der Frage, für wie dumm BILD-Reporter ihre Leser halten, hätte BILD sich die Geschichte sparen können, wenn es den Wissenschaftler wahrheitsgemäß zitiert hätte. Thorwald Kruckow: »Ich habe dem BILD-Mann, der bei mir war, ganz deutlich gesagt, daß die Metalle alles andere als außerirdisch sind.« Es waren Abfallprodukte aus der Metallfabrik, in der Thorstens Mutter arbeitet. Er hatte sie zu Hause im Keller gefunden, mit Nivea-Creme bestrichen und als Köder ausgelegt.

Der NDR, die Gewerkschaftszeitschrift »ran« und einige Schülerzeitungen berichteten über den gelungenen Test. BILD, inzwischen hart im Nehmen, verlor kein Wort mehr darüber.

Mit Phantasie, gut organisiert und vorbereitet, können Einzelne oder Gruppen mit derartigen Aktionen den bereits angeschlagenen BILD-Moloch weiter in die Enge treiben und ihn sich selber austricksen lassen.

Bomben und Informanten

Als in Spanien noch der Faschismus herrschte, pries BILD seinen Lesern die Franco-Diktatur als friedliches Urlaubsparadies. Seit sich dort nach Francos Ableben so langsam demokratische Strukturen entwickeln, druckt BILD immer wieder Horrorberichte über angeblich unhaltbare Zustände dort. Berechtigte Streiks der Hotelangestellten für angemessene Mindestlöhne und Krankenversicherung werden in BILD wie terroristische Umtriebe abgehandelt.

Und wenn es keine Streiks zu melden gibt, fabriziert die Springer-Redaktion sich ihren Terror selbst. Am 6./7. April 1980 lautete die Schlagzeile in »BILD am Sonntag«:

»Nach Bombenanschlag auf Gran Canaria
Luxus-Diskothek eine Flammenhölle: 40 Deutsche verletzt.«

Wie eine Mischung aus Kriegsberichterstattung und Naturkatastrophe liest sich der urlauberabschreckende Bericht:

»Die gewaltige Detonation war an der ganzen Küste von Playa del Ingles zu hören: Eine Bombe war Karfreitag nacht im ›Tamango‹ hochgegangen – Sekunden später stand die berühmte Diskothek auf der spanischen Ferieninsel Gran Canaria in Flammen.

Panik unter den eintausend tanzenden Urlaubern, von denen die meisten aus Deutschland kamen! In dem Inferno von Flammen und Angstschreien stürmten alle die Ausgänge, boxten und rempelten sich gegenseitig nieder, trampelten über die am Boden liegenden Leiber hinweg ins Freie.

›Ich sah nur Flammen und blutige Gesichter‹, berichtet einer der Urlauber.

Als die eintausend Menschen um ihr Leben kämpften, beobachteten die Urlauber von der Nachbarinsel Lanzarote einen glutroten Feuerschein am Himmel. Sie glaubten ein Vulkan sei auf Gran Canaria ausgebrochen.

In dem Inselkrankenhaus wurden mehr als 40 verletzte Deutsche behandelt. Knochenbrüche, Prellungen, Gehirnerschütterungen . . .«

Wer weiß, daß der Badeort Playa del Ingles auf Gran Canaria 280 Seemeilen von der Insel Lanzarote entfernt liegt und sich dazwischen noch die größere Insel Fuerteventura befindet, wird hier bereits mißtrauisch. Es ist unmöglich, ein derartiges Feuer über eine solche Entfernung noch zu bemerken.

Aber dem Vergleich mit einem Vulkanausbruch zuliebe lügt sich BILD noch weit mehr in die Tasche als erforderlich. Wegen dieses »geografischen Naturwunders« ging ich diesem Bericht auf Verdacht hin einmal nach. Und siehe: Auch alles andere war frei erfunden.

Keine Bombe war explodiert, keine Panik brach aus, und es gab auch keine Verletzten. Der Anlaß der publizistischen Brandstiftung war ein kleiner unbedeutender Brand in jener Diskothek, die hauptsächlich von Spaniern besucht war. Selbst der Name über dem Inferno Artikel ist eine Fälschung, wie »BILD am SONNTAG« in einem internen Schreiben an den »Autor« sogar selber zugibt:

— 2 —

Chefredaktion

Herrn
Karl Burkhof
Roberto Bassas, 6 y 8
E - Barcelona - 28
S P A N I E N

Hamburg, 15. April 1980
hh/vs   ••

Sehr geehrter Herr Burkhof,

Sie haben sich darüber beschwert, daß Sie in dem Artikel "Nach Bombenanschlag auf Gran Canaria - Luxus-Diskothek eine Flammenhölle: 40 Deutsche verletzt" vom 6./7. April als Verfasser genannt werden. Bedauerlicherweise hat es aufgrund dieses Artikels inzwischen auch Auseinandersetzungen mit der spanischen Botschaft in Bonn, den spanischen Fremdenverkehrsamt in Düsseldorf und dem Direktor des "Patronato de Turismo" in Las Palmas gegeben.

Insbesondere wird beanstandet, daß der Brand auf einem Bombenanschlag beruht habe und 40 deutsche Urlauber verletzt worden sein.

Nachdem wir durch den Anruf eines deutschen Lesers von dem Brand erfahren hatten, haben wir verschiedene Telefonrecherchen begonnen, unter anderem haben wir Sie um Auskunft gebeten. Wir bestätigen Ihnen, daß wir die oben

genannten strittigen Angaben nicht von Ihnen erhielten. Unter diesen Umständen war die Nennung Ihres Namens als Verfasser falsch. Es hätte der Name des Redakteurs genannt werden müssen, der aus der Fülle der Einzelinformationen den Gesamtbericht verantwortlich geschrieben hat.

Wir bestätigen Ihnen daher, daß der beanstandete Artikel weder von Ihnen geschrieben wurde noch daß Sie Gelegenheit hatten, ihn vor Drucklegung zur Kenntnis zu nehmen und zu bestätigen.

Übrigens haben inzwischen Ermittlungen der spanischen Kriminalpolizei ergeben, daß das Feuer durch Kurzschluß entstanden ist. Damit entfällt der zunächst bei beteiligten Urlaubern entstandene Verdacht, daß eine Brandbombe explodiert sei.

Ebenfalls hat sich erfreulicherweise herausgestellt, daß die zunächst bestehende Befürchtung über erhebliche Verletzungen von 40 deutschen Urlaubern sich nicht bestätigt hat.

Wir hoffen, daß Ihnen durch die nicht verschuldete Situation keine Unannehmlichkeiten entstehen.

Mit freundlichen Grüßen

Harry Hinz
(stellv. Chefredakteur)

Es ist ja verständlich, daß die Erfinder derartiger Lügenstories darauf bedacht sind, ihre eigenen Namen nicht mehr gedruckt zu sehen, seitdem man ihnen immer häufiger auf die Schliche kommt. Daß sie sich neuerdings jedoch hinter den Namen zufälliger und argloser Informanten verstecken, ist schon ein qualitativer Sprung.

Die Elektroschweißer aus Eschweiler

Der Artikel vom 8. 2. 1981 war überschrieben »*Drogenskandal in Aachen – Sieben in Haft, 200 Ermittlungen.*«

Aber damit läßt es BILD nicht bewenden ... »Wir rechnen noch mit 50 weiteren Anzeigen«, läßt BILD noch einen Polizeisprecher erklären. Aber auch diese Prognose macht eine BILD-Geschichte noch nicht rund. Das schafft erst der folgende Fakt. Der Leser wird schonend auf ihn vorbereitet: »Das Aachener Rauschgiftdezernat deckte *unglaubliche* Zustände auf.« – Denn: »So saßen in einer Klasse des städtischen Gymnasiums Eschweiler unerkannt Elektroschweißer im Unterricht, *die als Drogenhändler die Jugendlichen mit ›Stoff‹ versorgten. Die Schulleitung war ahnungslos!*«

Der BILD-Leser ist ja darauf gedrillt, die Schurken der Nation an ihren Berufen zu erkennen. Das sind dann in der Regel sogenannte »Hilfsarbeiter«, »ungelernte Arbeiter«, »Gelegenheitsarbeiter«, »Aushilfsarbeiter«, »Arbeitslose«, »Metzgerlehrlinge«, »Montagearbeiter«, »Gastarbeiter« usw., die dann als »Sexgangster«, »Mörder« und »Einbrecher« für BILD dran glauben müssen.

Wie in diesem Fall die Elektroschweißer es geschafft haben sollen (in ihren Blaumännern?) am Unterricht teilzunehmen, verrät BILD seinen Lesern nicht. Der Leser bleibt genauso ahnungslos wie die Schulleitung.

Als auch die Schüler trotz intensivster Nachforschungen keine Elektroschweißer unter ihresgleichen zu entdecken vermochten, schlug der Stadtdirektor von Eschweiler Alarm und protestierte wegen des von BILD angestifteten groben Unfugs. Aber siehe da: diesmal hatte Springers »Kotflügel«, die Hausjuristin Damm sogar eine passende Ausrede parat. BILD sei »Opfer eines Produktionsirrtums geworden«. Im handschriftlichen Manuskript sei aus »Eschweiler« »Elektroschweißer« gelesen worden. Das mag sogar stimmen. Nur, daß dieser konfuse Blödsinn dann auch gleich und ohne Nachfragen so bereitwillig und gierig gedruckt wurde, zeigt, wie die BILD-Produzenten bereits Opfer ihrer eigenen Vorurteile und Zwangsvorstellungen geworden sind. Demnächst dürfen wir uns darauf gefaßt machen, in BILD z. B. im Zusammenhang mit Bad Aachen etwas über Blutlachen zu erfahren, oder im Zusammenhang mit München geht's sicher dann ums Lynchen. Vielleicht, wer weiß, geht's auch mal um die Stadt Frechen, wo sich die BILD-Lügen dann bitter rächen!

BILD sprach mit der Leiche

Kurz vor der Landtagswahl 1980 in Nordrhein-Westfalen erlitt der CDU-Spitzenkandidat Heinrich Köppler einen Herzinfarkt. Als er in einem Düsseldorfer Krankenhaus im Sterben lag, ließ das Lügenblatt den makabren Spruch Wirklichkeit werden: »BILD sprach mit der Leiche«. Einen Tag nach dem Tod des CDU-Politikers rückte BILD ins Blatt: »Letztes Interview mit CDU-Chef Köppler: ›CDU gewinnt die Wahl‹«. Groß und exklusiv stellte BILD das politische Vermächtnis des Verstorbenen heraus. Um alle Zweifel beim Leser zu unterdrücken, zeichnete gleich eine ganze Crew von fünf BILD-Redakteuren für die Richtigkeit dieses Machwerks verantwortlich.

Und trotzdem hatte es nicht stattgefunden. Der Chefarzt des Krankenhauses protestierte gegen den Bericht und stellte klar, daß »der Todkranke gar nicht in der Lage gewesen wäre, über Wahlchancen, Afghanistan und illusionäre Entspannungspolitik mit Moskau« zu reden. Kein Belagerungszustand von fünf BILD-Redakteuren um Köpplers Sterbebett. Aber die Erfinder müssen geglaubt haben, mit einer solchen Veröffentlichung der CDU im Wahlkampf einen Gefallen zu tun. Wie menschlich anrührend doch der pflichtbewußte, bis zum letzten Atemzug für seine Partei arbeitende Köppler.

Zwei Monate später, die Wahl war vorbei, entgegen der von BILD erfundenen Köppler-Vorhersage hatte die CDU die Wahl verloren – da sprach der Deutsche Presserat gegen BILD eine öffentliche Rüge aus:

»Der Ausschuß sah in der Veröffentlichung dieses Beitrages einen Verstoß gegen die Ziffer 1 des Pressekodex, da dem Leser der Eindruck vermittelt wurde, als hätten fünf BILD-Redakteure ein Interview mit Herrn Köppler geführt ... Hinzu kommt noch, daß dieses angebliche Interview nach dem Tode von Herrn Köppler veröffentlicht wurde, der Betroffene also nichts zur Klärung von Inhalt und Sachverhalt beitragen konnte.«

Und dann folgt in einem Fernschreiben an die BILD-Zeitung ein rührendes Anliegen des Deutschen Presserats: »Im Auftrage des Ausschusses darf ich Sie auf Ziffer 16 des Pressekodex hinweisen, wonach es fairer Berichterstattung entspricht, »vom Deutschen Presserat öffentlich ausgesprochene Rügen abzudrucken, insbesonders in den betreffenden Publikationsorganen! Ich darf Sie bitten, dem Deutschen Presserat ein Belegexemplar mit der öffentlichen Rüge bis zum 11. Juli zur Verfügung zu stellen.«

Da werden die Profis vom BILD-Fälschersyndikat aber gelacht haben. So etwas ficht sie nicht an. Im Gegensatz zu fast allen anderen Zeitungen denken sie bisher nicht daran, ihre Leser – und das hätten sie schon oft tun können – über die zahlreichen gegen sie erlassenen Rügen in Kenntnis zu setzen.

Hier ein Auszug der vom Deutschen Presserat gegen BILD und BILD am SONNTAG ausgesprochenen Rügen und Mißbilligungen:

8. 4. 1975	*Beanstandung* einer Überschrift in BILD, mit der während eines laufenden Gerichtsverfahrens das Urteil vorweggenommen wurde.
	Mißbilligung gegen BILD: Ein freier Mitarbeiter hatte sich in ein Krankenhaus eingeschlichen und damit einen Einbruch in Intimsphäre verübt.
24. 10. 1975	*Rüge* gegen BILD: Berichterstattung über einen Selbstmord mit Namensnennung. Nur mit Rücksicht auf die Hinterbliebenen verzichtete der Presserat auf eine *öffentliche* Rüge.
14. 9. 1976	Beschwerde gegen BILD hatte sich nach schriftlicher Entschuldigung des BILD-Chefredakteurs *erledigt*. Einem Reporter waren unlautere Methoden bei der Nachrichtenbeschaffung (falsche Angaben über die von ihm vertretene Zeitung) vorgeworfen worden. *Beanstandung* einer Schlagzeile im BamS (»Die Zigarette ist noch nicht überführt«) B 21b/76.
8. 12. 1976	*Öffentliche Rüge* gegen BILD wegen Vorverurteilung eines Angeklagten als Frauenmörder in einer Anzeigenserie für die BILD-Zeitung. B 33/76
	Öffentliche Rüge gegen BILD, weil zwei Werbeanzeigen nicht als Insertion, sondern wie Korrespondentenmeldungen aufgemacht worden waren. B 34/76
24. 1. 1977	*Schriftliche Verwarnung* gegen BILD wegen Vorverurteilung eines beschuldigten Jugendlichen als Mörder. B 36/76
	Schriftliche Verwarnung gegen BILD wegen Verletzung der Privatsphäre (»Papa Hesselbach«). B 42/76
17. 3. 1977	*Schriftliche Verwarnung* gegen BILD wegen »unangemessen sensationeller Darstellung« von Gewalt und Brutalität. B 41/76
	Aufforderung zur Richtigstellung an BILD wegen Verstoßes gegen die journalistische Sorgfaltspflicht. B 2/77
30. 6. 1977	*Schriftliche Rüge* gegen BamS wegen der Behauptung: »Nikotin schadet dem gesunden Herzen nicht.« B 21/77
4. 10. 1977	*Schriftliche Verwarnung* gegen BILD wegen Veröffentlichung eines Gerichtsurteils vor dessen Verkündigung. B 31/77
9. 9. 1977	*Zurückweisung* einer Beschwerde gegen BILD verbunden mit der *Empfehlung*, auch Gegenmeinungen zu publizieren. Anlaß: Berichte über medizinische Themen. B 38/77
4. 10. 1977	*Öffentliche Rüge* gegen BILD wegen Verletzung der Sorgfaltspflicht und Vorverurteilung im Zuge der Berichterstattung über den Mordfall Ponto. B 43/77
13. 12. 1977	*Beschluß* des Presserates gegen BILD, wonach BILD gegen eine Ziffer des Pressekodex verstoßen habe (Mißachtung der Privatsphäre). B 54/77
14. 2. 1978	*Aufforderung* an BILD, eine Personenverwechslung richtigzustellen. B 61/77

25. 4. 1978	*Mißbilligung* gegen BILD wegen des Artikels »Hamburg: Terrorist Hoppe wußte *vorher* von Attentat«. B 5/78

25. 4. 1978   *Mißbilligung* gegen BILD wegen des Artikels »Hamburg: Terrorist Hoppe wußte *vorher* von Attentat«. B 5/78

Beschwerde gegen BILD wird *als begründet anerkannt* wegen Verletzung des Privatlebens und der Intimsphäre durch Veröffentlichungen aus einem Obduktionsbericht. B 9/78

20. 6. 1978   Beschwerde gegen BamS wird als *teilweise begründet anerkannt*, weil eine Überschrift den Eindruck von bereits erwiesener Schuld vor Abschluß eines Verfahrens erwecken konnte. B 20/78

Mißbilligung gegen BILD wegen grober Verletzung journalistischer Sorgfalts- und Wahrheitspflicht. Anlaß war die Veröffentlichung des unrichtigen Aufmachers »Moro tot«. B 27/78

Mißbilligung gegen BamS wegen Vorverurteilung eines beschuldigten Jugendlichen als Täter und der Veröffentlichung seines Namens und Bildes. B 30/78

4. 10. 1978   *Zurückweisung* einer Beschwerde gegen BILD, verbunden mit dem *Hinweis* an die BILD-Redaktion, sich bei Berichterstattung über Frauenhäuser stärker zurückzuhalten. Anlaß für die Beschwerde war, daß BILD Vorwürfe *einer* Frau verallgemeinert hatte. B 43/78

21. 11. 1978   *Mißbilligung* gegen BILD wegen falscher Behauptungen über die Gründe einer Zwischenlandung des Bundespräsidenten auf Mauritius. B 72/78

17. 5. 1979   *Mißbilligung* gegen BILD wegen Verstoßes gegen die Verpflichtung zur wahrheitsgemäßen Berichterstattung. Den Freispruch in einem Betrugsprozeß hatte BILD wie einen Schuldspruch dargestellt.

12. 7. 1979   *Öffentliche Rüge* gegen BILD wegen Berichterstattung über den Suizid des Sohnes des Münchener Polizeipräsidenten.

10. 3. 1980   *Mißbilligung* gegen BILD, weil ein altes Interview als aktuell dargestellt wurde.

26. 6. 1980   *Öffentliche Rüge* gegen BILD wegen Veröffentlichung eines angeblichen Interviews mit dem rheinischen CDU-Vorsitzenden Köppler, obwohl kein BILD-Redakteur mit Köppler gesprochen hatte. B 38/80

Mißbilligung gegen BILD wegen Einbruchs in die Intimsphäre bei der Berichterstattung über den Suizid zweier Jungen. B 28/80

Beschwerde gegen BILD wird als *begründet anerkannt*. BILD hat einen Polizeibericht ohne Quellenangabe abgedruckt. B 20/80

Mehrere öffentliche Rügen gegen BILD aufgrund von Fällen, die der Schriftsteller Günter Wallraff in seinem Buch »Zeugen der Anklage – Die BILD-Beschreibung wird fortgesetzt« veröffentlicht hatte. B 90/79

10. 9. 1980   *Mißbilligung* gegen BILD wegen mangelnder Erfüllung der journalistischen Sorgfaltspflicht bei der Berichterstattung über einen Frauenmord. BILD hatte eine Frau als Opfer bezeichnet, die mit dem tatsächlichen Opfer nur die Anfangsbuchstaben des Namens gemein hatte. B 46/80
Mißbilligung gegen BILD wegen Einbruchs in die Intimsphäre bei der Berichterstattung über Anrufe bei einem Astrologen. B 54/80
Öffentliche Rüge gegen BILD wegen Einbruchs in die Intimsphäre der Berichterstattung über einen Suizid-Fall. B 72/80

Die Liste der Rügen für BILD und BILD am SONNTAG durch den deutschen Presserat ist unvollständig. In Wirklichkeit ist es noch schlimmer. Der Presserat listet nämlich seine Rügen, Beanstandungen, Mißbilligungen etc. gegen Presseorgane nicht auf. Auch faktisch hat diese publizistische Standesorganisation keine Wirkung. Eine paritätische Besetzung zwischen Verlegern und Journalisten führt häufig zu Patt-Situationen. Deshalb sind die Journalisten-Vertreter von der Deutschen Journalisten-Union im DGB und dem Deutschen Journalisten-Verband dazu übergegangen, ihre Voten auch im Alleingang zu veröffentlichen. Aber was nützt das? Im Gegensatz zu anderen Zeitungen druckt BILD und BILD am SONNTAG die gegen sie verhängten Rügen und Mißbilligungen grundsätzlich nicht ab. Vielleicht weil die Bekanntmachung der ständigen Wiederholungstaten doch viele Leser abschrecken würde.

Allein mit dem Feigenblatt Presserat werden Infamien, wie sie sich vor allem BILD immer wieder leistet, nicht verhindert. Die Liste der BILD-Vergehen zeigt, daß immer wieder Vorverurteilungen von Unschuldigen vorgenommen werden, immer wieder bei Suizid-Fällen die Privatsphäre der Toten oder Hinterbliebenen grob verletzt wird, immer wieder journalistisch geschlampt und gefälscht und erfunden wird. Und sie zeigt – bei zwei Fällen von Bild am SONNTAG – wie eng Werbeinteressen und Redaktionsabsonderungen bei Springer verbunden sind. Beim offenkundigen Schielen auf die werbende Tabakindustrie verharmloste das Blatt am 14. 9. 1976 und am 30. 6. 1977 die Krebsgefahr für Raucher.

Aus all dem kann nur gefolgert werden, daß zum Schutz der Interessen der Bürger Straftatbestände geschaffen werden müssen, die Vorverurteilungen (wie in Großbritannien) und Eingriffe in die Privatsphäre von Toten und der Hinterbliebenen nicht nur bei Suizid, auch bei Unfällen oder Tötungsdelikten unter erhebliche Strafen stellen. Zudem müssen die Schadenersatzsummen bei Verletzungen der Persönlichkeitsrechte drastisch erhöht werden. 15 000 Mark, die für die Denunziation etwa eines Menschen als »Vampir« zu zahlen sind, sind für Milliarden-Unternehmer wie Springer ein reines Trinkgeld. Richter in den USA hängen bei ähnlichen Schweinereien an die Schadenersatzsumme für den Betroffenen locker zwei Nullen dran. Und 1,5 Millionen Mark sind auch für BILD etwas, was einen Chefredakteur oder Reporter zur Vorsicht mahnt.

Zudem sollten auch die Verleger, die ja das Geschäft machen, nicht nur über den Geldbeutel bestraft werden. Werden die Herrschaften vorbestraft für das, was in ihren Gazetten erscheint, dann gibt's nicht nur keine wohlfeilen Bundesverdienstkreuze aller Stufen, dann werden sie auch in ihrem privaten Umfeld als Kriminelle angesehen und behandelt. Einer solchen Gefahr ausgesetzt, würde ein Axel Caesar Springer nicht nur »leiden wie ein Hund« und vorgeben, »hunderte von Briefen« an die BILD-Chefredaktion geschrieben zu haben, dann würde er verhindern, daß er leidet und weitere Briefe schreiben muß, wie er sonst auch verhindert, was ihm *wirklich* nicht paßt.

Dietrich Kittner, 45, hannoverscher Kabarettist, nahm den Titel seines Programms »Dem Volk aufs Maul« ernst und führte eine »empirische Felduntersuchung« durch.

An 20 Zeitungskiosken im Bundesgebiet zwischen Kiel und Regensburg verlangte der »Denkspaßmacher« (Kittner) ganz harmlos: »Das Lügenblatt bitte!«

In allen 20 Fällen erhielt er kommentarlos und erwartungsgemäß die BILD-Zeitung. Kittner, der seine Aktion sicherheitshalber (»man kennt ja Springers Juristen«) unter Zeugen vornahm und Tatort und Datum notieren ließ: »Eine wissenschaftlich wirklich seriöse und faire Aktion. Schließlich hätten die Verkäufer ja die Möglichkeit gehabt nachzufragen oder mir irgendeine andere Zeitung zu geben. Aber sie wußten's wohl besser.«

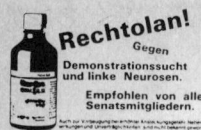

Sonderseite

Der neue Straßenterror

APRIL ● KOSTENLOS
1981 BERLIN-AUSGABE

Blid

BERLIN
verführerisch · gelogen

Vor ihnen liegt ein Stück verantwortungsvoller Journalismus. Es ist in letzter Zeit sehr viel gelogen und falsch berichtet worden über Hausbesetzungen in der Presse. Gerade darum können und wollen sich die Journalisten unserer Zeitung nicht ausnah-

men. Die große Anzahl von Falschmeldungen sind wohl zurückzuführen auf die allgemeine Hektik und Unrast unserer Zeit, die eine gründliche Recherche kaum zuläßt. Wie auch allzu oft auf irreführende Meldungen der Polizei, auf die wir uns blind verlas-

sen. Die beiden Seiten enthalten nur das wie Sie lesen wollen, genau recherchierte Fakten und Hintergrundberichte, die wir mit unserer ehrlichen und aufrichtigen Meinung kommentieren. Wir betonen, daß diese Sonderseite auch ausdrücklich auf den

Traumhaft
Millionengewinne
wie beim Bankraub

Willen unseres Verlegers hin erscheint, der schon recht früh seine mahnende Stimme erhob und Kritik an journali-

stischen Unzulänglichkeiten übte, er in einem Interview äußerte: „Ich leide wie ein Hund darunter, daß ma-

ches in meinen Blättern steht, womit ich überhaupt nicht einverstanden bin. Und wie oft leide ich, wenn ich morgens die ''Bild''-Zeitung lese."

Hausbesitzer und Sanierungsträger müssen weiterhin ihre Gewinne machen, damit unsere Wirtschaft nicht kaputt geht. Deshalb meinen wir: „Die Mieten müssen steigen!"
Jeder muß ein Opfer bringen. Neuerdings werden diese Gewinne der Hauseigentümer und Sanierungsträger durch kriminelle Hausbesetzer gefährdet, und zwar aufs Äußerste. Deshalb haben wir in den letzten Tagen und Wochen eine Pressekampagne gegen Hausbesetzer und ihre Sympathisanten angezettelt. Aber immer noch werden seit Jahren leerstehende Häuser in unserem Berlin besetzt. So darf

das nicht weitergehen! Deshalb haben wir zum Schutz des Eigentums und des Bürgers leidenschaftlich Stellung bezogen:
Bewußt haben sämtliche Hintergründe für die Hausbesetzungen (Wohnungsnot, Spekulantengeschäfte) verschwiegen und verdreht. Wir bezeichnen Hausbesetzer und ihre Sympathisanten als linke Terroristen, um sie bei Ihnen zu verteufeln. Damit wollen wir erreichen, daß Sie sich mehr vor den Hausbesetzern

als vor den Hausbesitzern und Spekulanten fürchten. Wir wollen nicht, daß Ihr Vertrauen in unseren freiheitlich-demokratischen Rechtsstaat erschüttert wird, deshalb haben wir nicht berichtet über:
– die brutalen Polizeieinsätze gegen Hausbesetzer und Demonstranten
– die Millionengewinne von Hauseigentümern und Spekulanten aus unseren Mieten und Steuern
– die Verpulverung von Steuergeldern für Subventionen

für Modernisierungsvorhaben, Abriß und Leerstand
– die 80 000 Wohnungen, die in Berlin leer stehen... leerstehende Wohnungen.
Die Verantwortung für diese Zustände haben wir nicht als Terroristen bezeichnet, sondern diejenigen, die sich dagegen wehren.
Mit allen Mitteln setzen wir uns für die Erhaltung des Privateigentums ein. Genauso wie Sie Ihre wunderschöne Villa erhalten wollen, haben...

weiter Spalte

Dem Mob nicht
nachgeben!

In Moabit sind in den vergangenen Wochen harte Urteile gegenüber Hausbesetzer Demonstranten gefällt worden. G.

Weitz und P. Freitag wurden zu 14 Monaten und 18 Monaten Freiheitsentzug ohne (!) Bewährung verurteilt. Die Verurteilten waren angeklagt, Steine gegen Polizi-

sten geworfen zu haben. Trotz widersprüchlichsten Aussagen der Polizeizeugen konnte sich der Staatsanwalt Müllenbrock mit seinen Strafmaßforderun-

gen durchsetzen. Die Richterin Frutschi-Hoch hatte erklärt: „Ich werde mich dem Mob der Straße nicht beugen." Wir freuen uns, daß die Justiz sich unseren Vorstel-

lungen von Recht und Ordnung angeschlossen hat und die Sprache von Zeitungen für ihre Urteile verwendet. Da kann man nur sagen: Weiter so!

Achtung

Und können Sie Ihren Beitrag zum Schutz von Hausbesitzern und Spekulanten leisten:
– bewahren Sie absolute Ruhe und Besonnenheit
keinesfalls sollten Sie sich über die Hintergründe von Wohnungsnot und Mißbrauch des Senats informieren
– sollten Ihnen Zweifel kommen, ob die Interessen der sogenannten „Instandbesetzer" nicht doch auch die Ihren sind und Sie genauso betroffen, stellen Sie sich taub und blind!
Sie können uns voll und ganz vertrauen. Wir werden Ihnen auch weiterhin sagen, was Sie denken müssen, getreu unserem Prinzip:
„Die Bild-Zeitung nimmt dem Leser das Ordnen, Sichten und Bewerten der Ereignisse ab." Dieses fanden Wissenschaftler in unserer bewährten Psychoanalyse der Bild-Zeitung heraus.

Vierter Teil

Zeugen der Wirkung

Wallraffs Leser dokumentieren ihre Leseerlebnisse*

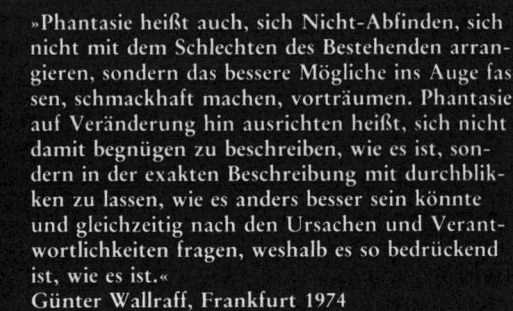

»Phantasie heißt auch, sich Nicht-Abfinden, sich nicht mit dem Schlechten des Bestehenden arrangieren, sondern das bessere Mögliche ins Auge fassen, schmackhaft machen, vorträumen. Phantasie auf Veränderung hin ausrichten heißt, sich nicht damit begnügen zu beschreiben, wie es ist, sondern in der exakten Beschreibung mit durchblicken zu lassen, wie es anders besser sein könnte und gleichzeitig nach den Ursachen und Verantwortlichkeiten fragen, weshalb es so bedrückend ist, wie es ist.«
Günter Wallraff, Frankfurt 1974

»Ich wußte zwar, das BILD übertreibt, aber die Bücher haben mir meine Meinung geändert«
– eine 19jährige Schülerin aus Nordenham/Wesermarsch.

»Wallraff setzt sich in bewundernswert konsequenter Weise für den Menschen ein«
– eine 21jährige Azubi/Erzieherin aus Emden.

»Es sollten mehrere so handeln wie Wallraff«
– eine 39jährige Busfahrerin aus Bremen.

Diese Wertungen gelten einem zeitgenössischen Autor, der durch seine Bücher und Aktionen auf alltägliches Unrecht aufmerksam macht und aktiv an der Veränderung des politisch-sozialen Klimas mitwirkt. Ein Autor, einerseits wegen seines persönlichen Einsatzes bewundert und geachtet, andererseits durch Lauscher am Telefon, durch diffamierende Hetzkampagnen und sogar durch kostenlos verbreitete Pseudobiografien in seiner Arbeit gehindert.

Und natürlich hat Wallraff auch Kritiker. Zu den massivsten Vorwürfen gegen seine Arbeit gehört der Vorhalt »Einzelgängertum«, wodurch er angeblich die Leser höchstens neugierig macht, statt sie aufzuklären.

Wohl jeder Schriftsteller, Lyriker oder Journalist will mehr über die eigene Wirkung erfahren. Darin liegt die Chance für eine neue Literatur – und Kommunikationswissenschaft, die mit ihren Methoden die Frage nach der Wirkung zu beantworten versucht. Wallraff schreibt für die Öffentlichkeit, für Leser und eben diese Leser sollen hier zu Wort kommen.

Literatur kann nur in ihrem speziellen

* Die Hamburger Germanistin Karin Behlmer hat mich über Monate bei Gegen-Bild-Veranstaltungen begleitet. Unter den Besuchern verteilte sie einen von ihr ausgearbeiteten Fragebogen um zu ergründen, wer die Leser meiner Bücher sind, wie sie mich und meine Arbeit bewerten und was sie von der BILD-Zeitung und deren Journalismus halten. Nach meiner Kenntnis ist dies das erstemal, daß Literatur auf ihre Wirkung in solchem Umfang analysiert wurde. Obgleich ich seit Jahren zahlreiche Leserbriefe erhalten habe, war das Ergebnis von Karin Behlmers Arbeit auch für mich überraschend. Ihren analysierenden Bericht hat Karin Behlmer dankenswerterweise für das BILD-Handbuch zur Verfügung gestellt.   G. W.

Wirkungskreis begriffen und bestimmt werden. Daher begleitete ich Wallraff bei neun Lesungen im norddeutschen Raum und erlebte, in welchem Wechselverständnis der Autor und seine Leser zueinander standen. Vor jedesmal überfüllten Sälen las Günter Wallraff aus seinem Buch »Zeugen der Anklage« und stellte dem Publikum die GegenBILDzeitung KILLT vor.

Bedürfnis und Interesse, sich mit dem Autor und seinen Texten auseinanderzusetzen, zu diskutieren und Alternativen zu BILD zu entwickeln, waren außerordentlich groß. Selbst in Kleinstädten, wo man mit literarisch-politischen Veranstaltungen – so ein Volkshochschulleiter – »kaum noch jemand hinter'm Ofen hervorlocken kann« – waren die Säle überfüllt. Zusätzliche Sitzplätze wurden organisiert, denn niemand sollte nach Hause geschickt werden. Dabei waren die Besucherzahlen nicht etwa das Ergebnis einer aufwendigen Werbekampagne. Im Gegenteil. Immer wieder waren die wenigen Plakate der Veranstalter von Unbekannten zerstört oder abgerissen worden. Die Stimmung auf den Veranstaltungen war, trotz des ernsten Themas, keineswegs so trocken wie sonst auf politischen Veranstaltungen. Ironie, Satire und Listigkeit des Autors und seiner Texte lösten im Publikum oft ein befreiendes, zustimmendes Lachen aus.

Auf diesen öffentlichen Veranstaltungen teilte ich Fragebögen aus, um von den Lesern mehr über ihre Einstellung zu Wallraff und seiner Literatur zu erfahren. Diese Umfrage ist die Basis dieses Berichts. Er stützt sich auf 387 ausgefüllte Fragebögen.

Die soziale Zusammensetzung des Publikums

Der Anteil Jugendlicher – Schüler, Auszubildende, Studenten – ist mit 45,2 Prozent besonders hoch. Erstaunlich auch, daß mit 22,9 Prozent die zweitgrößte Gruppe aus dem Bereich der pädagogischen Berufe kam. Die dritte Gruppe der mittleren Beamten und Angestellten und die Gruppe der technischen Berufe (zusammen 13,8 Prozent) und die Gruppe der Arbeiter und Facharbeiter (3,1 Prozent) veranschaulicht, daß Wallraffs Bücher nicht nur von einer politisch informierten Bildungselite gelesen werden. Zwar scheint der Anteil von Arbeitern auf den ersten Blick gering. Zieht man zum Vergleich aber den Anteil von Arbeiterkindern im Hochschulbereich heran, der zur Zeit bei 10 Prozent, bei Arbeitertöchtern sogar bei nur 3 Prozent liegt, so ist es doch ein beachtlicher Anteil.

Die Altersgruppen entsprechen den Berufsgruppen. Über 50 Prozent der Zuhörer sind zwischen 15 und 25 Jahren alt. Die Alterspyramide der Wallraff-Leser auf den Veranstaltungen scheint beim 40. Lebensjahr zu gipfeln. Ältere Zuhörer waren nicht zahlreich. Interessant ist: Wallraff hat mehr Leserinnen als Leser. Offensichtlich besteht gerade unter jungen Frauen ein großer Bedarf nach politischer, aktueller Literatur.

Die BILD-Leser

Die größte Gruppe der anwesenden Wallraff-Leser gibt an, BILD ›nie‹ zu lesen – ein Umstand, der bei dem relativ hohen Bildungsstand der Anwesenden zu erwarten war. Die zweitgrößte Gruppe, 33,8%, liest BILD ›selten‹, wobei aus Randbemerkungen auf den Fragebögen zu schließen ist, daß diese Gruppe die BILD-Zeitung entweder am Arbeitsplatz oder im Elternhaus vorfindet. Sie sind somit nicht aktive BILD-Leser bzw. BILD-Käufer, sondern passive BILD-Konsumenten. 6,4% lesen BILD ›gelegentlich‹. Das bedeutet zusammenfassend, daß immerhin mehr als 40% der Anwesenden über die Inhalte von BILD näher informiert, also nicht nur Schlagzeilenkonsument sind und von daher von ihnen auch eine Urteilsfähigkeit zum Inhalt dieser Zeitung zu erwarten ist.

Auf die Frage: »Ist Günter Wallraff mit den beiden BILD-Büchern eine treffende BILD-Analyse gelungen?« und die Aufforderung: »Urteilen Sie selbst und schilder Sie ihre Eindrücke!« hier zwei typische Antworten.

»Ich halte mich für gut informiert, aber nach dem Lesen dieser Bücher war ich ja doch reichlich schockiert von den Praktiken.« So eine 18jährige Schülerin aus Bremen.

»Ich nehme es an: schockierend und unglaublich – man muß was dagegen tun«. So eine 20jährige Auszubildende aus Emden.

82,6 Prozent der Befragten drücken spontan aus, daß sie Wallraffs Beschreibungen Glauben schenken, daß sie seine Erfahrungen bei BILD als identisch mit der Wahrheit über BILD ansehen und drücken diese Betroffenheit auch aus. Die Zustimmung verläuft etwa gleichwertig auf der emotionalen und der rein rationalen Begründungsebene. 15,7% halten Wallraffs BILD-Beschreibungen für realistisch, beiweiskräftig und sehr stimmig – eine weitere Gruppe mit 14,2% stimmt Wallraff mehr auf der rein gefühlsmässigen Ebene zu – hinzu kommen 6,9%, die Wallraffs Arbeit für sehr wichtig halten und ihm vor allem auf der moralischen Ebene ihre Zustimmung geben:

»Endlich hat jemand Mut, offen über die Verletzung von Menschenrechten in unserem Staat zu sprechen.« So eine 22jährige Praktikantin aus Wilhelmshaven.

In diesem Zitat deutet sich eine allgemeine Tendenz der Zustimmung an: Die Leser stimmen Wallraff auf individuell unterschiedliche Weise zu, aber Betroffenheit ist die am häufigsten genannte Lesehaltung:

»Analyse ist nicht nur treffend, sondern macht auch betroffen« – eine 27jährige Fernmeldebeamtin aus Bremen.

Manchmal mußte ich mich überwinden, weiterzulesen, weil mir regelrecht schlecht geworden ist« – ein Student, 21, aus Emden.

»Mir sind erst durch Wallraff die Augen geöffnet worden, obwohl ich schon vorher ablehnend BILD gegenüber war« – ein Schüler, 19, aus Leer.

Wallraffs kämpferische und entlarvende Literatur wird als sachlich zutreffend, als notwendig, wirkungsvoll und mutig von seinen Lesern erlebt. Die Beschäftigung mit Wallraffs Texten wird immer wieder als faszinierend empfunden, weil die Erfahrungen durch viele Beispiele lebendig gestaltet werden. Überzeugend werden immer wieder Wallraffs klare Beschreibungen und seine verständiche Sprache genannt.

»Klare Gegenüberstellung von BILD-Bericht und Wahrheit sprechen für sich« – ein Industriekaufmann aus Wilhelmshaven.

»Er hat Vermutungen bestätigt« – ein Polizeibeamter aus Bremen.

Zweifel an Wallraffs Arbeit werden dahingehend von 5,1% der Anwesenden geäußert, die zwar Wallraffs Arbeit grundsätzlich befürworten, aber meinen, daß Wallraffs Arbeiten nur in ›bestimmten Kreisen‹ gelesen werden.

Auf die Frage: »Welche Perspektiven bzw. Lösungsmöglichkeiten und Handlungsaufforderungen werden von Günter Wallraff angeboten? Urteilen Sie!« hier typische Antworten:

»Er vermittelt Mut zur Gegenwehr« – eine Realschullehrerin aus Aurich.

»Keine konkreten, fordert zur Auseinandersetzung auf« – bei den Angaben zur Person: Kontrolle? Nein danke!!

»Wallraff bietet fast nur Information, Lösungsmöglichkeiten müssen selbst erdacht werden« – ein 19jähriger Schüler aus Aurich.

Die weitaus größte Gruppe der anwesenden Leser (44,9) Prozent entscheidet sich in dieser Frage eher zu einer passiven Haltung, d. h. sie verzichtet auf eigene Bemerkungen.

Möglicherweise ist die Erklärung in Wallraffs Texten selbst zu suchen. Wallraff wirft Probleme auf, verzichtet aber ganz bewußt auf vorgegebene Lösungsmöglichkeiten oder Handlungsanweisungen. Er versetzt auf diese Weise seine Leser in die Lage, selber eigene Perspektiven zu entwickeln.

Die zweitgrößte Gruppe der anwesenden Leser, 19,1 Prozent, entscheidet sich für Perspektiven, die im politischen Alltag anzusiedeln sind, die der politischen Aktivierung, im Entwickeln von Initiative, im Widerstand leisten, im Durchhaltevermögen und im politischen Engagement und politischen Handeln ihre Orientierung finden.

»Aufforderung zum kritischen Nachdenken, zum Handeln, aber nicht zum gewaltsamen, sondern zum gewaltfreien und legalen Handeln«
– ein Schüler eines Gymnasiums in Emden.

Ein 34jähriger Lehrer aus Aurich formuliert neben der politischen Handlungsaufforderung eine zusätzliche Wirkungsweise des Autors:
»Widerstand auf qualitativ unterschiedlichen Wegen, wie z. B. juristisch, politisch-ideologisch«.

Dem schließt sich eine Gruppe von immerhin 6,7% an, Leser, die im juristischen Widerstand – z. B. durch Unterstützung des BILD-Rechtshilfefonds oder durch Führen von Gegenprozessen als auch in Gegendarstellungen wichtige notwendige Handlungs-Schritte erkennen. Als Beispiel ein 15jähriger Schüler aus Aurich, der das folgendermaßen ausdrückt:
»Daß man auch als kleiner Mann den Schritt vor Gericht gegen Große (Industriekonzerne, BILD) wagen sollte.«

Fast gleich stark mit der zweitgrößten Gruppe benennen 17,8% gezielte Aktionsvorschläge, um den Einfluß von BILD einzudämmen oder wenigstens zu reduzieren:
»Boykott gegen BILD, persönlicher Einsatz im Bekanntenkreis, nie mehr lesen, informieren, aufklären«
– eine 37jährige Lehrerin aus Leer.

»BILD-Boykott, Bewußtseinsförderung der Bevölkerung, politisches Rückgrat zeigen.«
– Fachoberschüler aus Leer.

»BILD-Boykott, persönliches Engagement, Eigeninitiative
– ein Kfm. Angestellter, 20, aus Leer;
»Mithelfen, daß immer weniger dieses Lügenblatt lesen«
– ein Kfm. Angestellter, 32, aus Leer.

Hinzu kommen noch 4,9%, die die Herausbildung einer Gegenöffentlichkeit als Perspektive, als direkten Wirkungseffekt anhand praktischer Beispiele aufführen:
»Gegen BILD Klagen anstrengen, KILLT einlegen, die Narrenkappe aufsetzen«;
»Wirkungsvolle Aufklärung in Betrieben und Schulen, sinnvoll erscheint Gegenzeitung«
– eine Lehrerin, 29, aus Leer.
»An Öffentlichkeitsarbeit mitwirken, eigene Initiative ergreifen.«
– ein 26jähriger Zimmerer aus Hannover, der über den 2. Bildungsweg zum Studium gelangt ist.

Äußerst bemerkenswert ist die Gruppe von Lesern, die in der Förderung der Kritikfähigkeit eine Wirkungsmöglichkeit sehen: »Förderung des Durchhaltevermögens«
– eine 32jährige Sozialpädagogin aus Emden.
»Aufforderung zur Kritik; Sachverhalte hinterfragen«
– ein Schüler eines Gymnasiums in Emden.

Der kritisch-emanzipatorische Anspruch Wallraffs, mit seiner Literatur nicht ab –, sondern zu den gesellschaftlichen Mißständen hinzulenken, wird vom Leser aufgenommen und in die Praxis umgesetzt. Als Beispiel hier eine Beamtin aus Wilhelmshaven:
»Zunächst einmal sich selbst informieren, dann handeln (z. B. keine BILD-Zeitung mehr kaufen); 3. Schritt: Information mit Bekannten und Verwandten einschließlich Diskussionen.«
»Solidarisieren, Widerstand leisten, geistig befreien«
– eine 50jährige Verkäuferin aus Wilhelmshaven.

Schließlich fragte ich: »Halten Sie die schriftstellerische Arbeit von Günter Wallraff für notwendig? Urteilen Sie!«
Die Antwort: »Notwendiger als jede andere politische Arbeit oder sogar deren Voraussetzung« einer 54jährigen Hausfrau aus Nordenham ist typisch für die meisten Befragten.

Diese Formulierung war bereits gezielt und eindeutig auf die Notwendigkeit der Wallraffschen Literaturproduktion ausgerichtet und im wesentlichen als Herausforderung an den Leser gedacht. Er sollte sich aktiv mit dieser Frage auseinandersetzen, um möglichst konkrete Anhaltspunkte für mögliche Wirkfaktoren zu gewinnen. Das Ergebnis: Der Anteil derjenigen, die keine näheren Angaben machten, ist mit 5,1% extrem niedrig. 21,7% der Leser stimmen den Texten ohne weitere differenzierende Angabe auf der rein emotionalen Ebene spontan zu. Der weitaus größte Teil der Leser (32,8%) formuliert hingegen seine gewonnene Erkenntnisse politisch-sachlich, so wie sie während des Lesens bereits rational umgesetzt wurden. Der hohe Informations- und Aufklärungswert der Wallraffschen Literatur wird immer wieder betont und besonders auffällig scheint das Bedürfnis, es ihm gleichzutun, sich mit ihm zu identifizieren – in der Zustimmung erscheint häufig die Aufforderung:

»Es müßte viel mehr Wallraffs geben«
– ein 19jähriger Schüler aus Bremen.

»Jeder sollte so arbeiten«
– ein 38jähriger Studienrat.

12,4% der Leser halten Wallraffs Arbeit vor allem im Hinblick darauf für wichtig, neue Denk- und Handlungsmodelle als Gegenpol zu BILD und zu Springer zu entwickeln:

»Ja, für sehr notwendig, da er in einem angemessenen Sprachstil schreibt, kann er auf diese Art und Weise auch die weniger lesegewohnten Leute erreichen, so daß es endlich zu einer Massenbewegung gegen BILD kommen könnte«
– ein 25jähriger, ohne Berufsangabe, aus Wilhelmshaven.

»Es ist notwendig, eine starke Organisation gegen BILD aufzubauen; Wallraff könnte der Initiator sein.
– Ein Fernmeldetechniker, 34, aus Nordenham.

»Um einem derartigen Machtapparat wie dem Springer-Verlag z. B. entgegenzuwirken, ist Aufklärung unbedingt notwendig. Wallraff ist auf dem richtigen Weg.

– Eine 20jährige, ohne Berufsangabe, aus Emden.

Auch auf die Notwendigkeit, daß vor allem BILD-Leser Wallraffs Bücher lesen sollen, wird hingewiesen.

»Es ist notwendig, daß viele BILD-Leser diese Bücher lesen, damit die geschäftliche Basis der BILD-Zeitung ausgetrocknet wird.«
– ein 17jähriger Schüler aus Nordenham.

10,8% der Leser nehmen Wallraff vor allem als Vermittler politisch-gesellschaftlicher Aspekte wahr: »Wallraff fördert gesellschaftskritisches Denken«
– ein 20jähriger Student aus Leer.

»Die Arbeit eines Einzelnen zeigt mir, daß dirigistische, ja beinahe totalitär zu nennende Methoden zur Verdummung der Arbeitnehmer durch Konzerne ins Wanken gebracht werden können«
– ein kfm.Angestellter aus Emden.

Zählt man die 3,3% der Leser hinzu, die sich von Wallraffs Wirkung als absolut überzeugt zeigen, so bewirken Wallraffs Texte für fast die Hälfte der Leser politische Aktivierung, Wahrnehmung politischer Rechte, Wahrnehmung der gesellschaftlichen Wirklichkeit.

Die Gruppe derjenigen, die daran zweifeln, ob Wallraff seine wirklichen Adressaten erreicht, ist gemessen an der sonstigen vorbehaltlosen Zustimmung mit 4,9% relativ hoch. Diese Leser halten Wallraffs Arbeit dennoch für absolut notwendig:

»Für notwendig. Ich weiß aber nicht, ob die Leute, die von ›BILD‹ überzeugt sind, die Bücher von Wallraff lesen und sich überzeugen lassen.«
– eine 19jährige Schülerin aus Wilhelmshaven

»Ja, da die grosse Masse sich nicht darüber klar ist, wie Geschichten in der BILD entstehen. Doch eingefleischte BILD-Leser werden sich wohl schwer überzeugen lassen.«
– Eine 22jährige Studentin aus Bremen.

Diejenigen Leser, die den Zugang zur Literatur Wallraffs über emotionale und persönlich gesteuerte Prozesse erleben und finden, bilden mit 10,3 und 11,1% (= 21,4%) eine sehr große Gruppe. Die moralischen Fähigkeiten des Autors, sein Vorbildcharakter, seine immer wieder hervorgehobenen und nachahmenswerten Eigenschaften wie Mut, Zähigkeit, Zivilcourage und menschliches Engagement sind Grundlagen seiner Wirkung:

»Da ›BILD‹ vom Gesetz her erlaubt ist, muß es einfach G. W. geben. Schade, daß es nicht mehr sind«
– eine 50jährige Hausfrau aus Emden.

»Wallraff muß täuschen, um nicht getäuscht zu werden«
– eine Erzieherin, 25, aus Emden.

»Ich halte sie für äußerst notwendig und bewundere seine mutige Tätigkeit, nicht nur bei BILD.«
Ein 21jähriger Student aus Bremen.

Der Leser bleibt jedoch nicht auf der rein autorzentrierten Ebene stehen, sondern er schlägt im Leseprozeß Brücken zu seiner eigenen Situation, versucht gewissermaßen, die durch Wallraff vermittelten Inhalte für sich selbst produktiv zu machen:

»Ja, es gibt leider nur wenige, die über die Arbeitswelt schreiben, um sie zu verändern. Gibt Motivationen zum eigenen Handeln.«
– ein 26jähriger Student aus Hannover (von Beruf Zimmerer).

Soweit der Bericht über die Fragebögen, die ich auf sogenannten »öffentlichen« Veranstaltungen ausgegeben habe. Öffentlich heißt hier im Gegensatz zu gewerkschaftlich organisierten Lesungen, wo naturgemäß ein anderes Publikum gekommen ist. Hier waren es teilweise die Vertrauensleute der jeweiligen Betriebsbelegschaften. Und hier kann man davon ausgehen, daß sie durch ihre politische Arbeit einen hohen Informations- und Bewußtseinsstand haben. Bei den Gewerkschaftsveranstaltungen war zu spüren, daß es sich um sehr engagierte und dem Thema BILD sehr kritisch gegenüberstehende Arbeiter und Facharbeiter handelt, die dem Schriftsteller Wallraff offenbar sehr zugetan waren.

Diese Gewerkschafter haben einen sehr direkten Kontakt zu BILD-Lesern, sowohl am Arbeitsplatz als auch im sonstigen alltäglichen Leben. Und gerade von dieser Gruppe waren spontane Äusserungen zu hören, wie z. B. aktive Bewußtseinsarbeit gegen BILD zu betreiben und vor allem die Kollegen davon zu überzeugen, BILD nicht mehr zu lesen.

Ausgehend von meinem Vorurteil, unter aufgeklärten Gewerkschaftern keine BILD-Leser anzutreffen, sondern im Gegenteil Leute zu finden, die BILD radikal ablehnen, mußte ich bei der Auswertung feststellen, daß ein Großteil der Anwesenden in den Fragebögen Angaben machte, die darauf schließen lassen, daß sehr viele unter ihnen zu einer BILD-Lektüre neigen – vorsichtig ausgedrückt.

Immerhin konnten 35,1% der Befragten ein spontanes ›nie‹ ankreuzen, dagegen hielten sich – und hier macht sich, wie bei allen Umfragen, Unsicherheit breit – 34,4% für ›seltene‹ und 22,8% für ›gelegentliche‹ BILD-Leser. Der Umwelteinfluß, die Anwesenheit des Anti-BILD-Kämpfers Wallraff und der Gewerkschaftskollege als Nachbar werden sicher eine Rolle gespielt haben und lassen mit größter Wahrscheinlichkeit den Schluß zu, daß es sich hierbei wohl doch um sehr viel häufigere BILD-Lesegewohnheiten handelt, als dies angegeben worden ist. Dennoch zeigte sich, daß hier immerhin 87,8% der Leser Wallraffs BILD-Analyse als treffend bezeichnen, sowie seinen Erfahrungen und Erlebnissen bei BILD Glauben schenken. Von den anwesenden BILD-Lesern müssen einige durch Wallraffs Texte überzeugt worden sein, BILD in Zukunft kritischer zu lesen. Auf die Frage: »»Ist Günter Wallraff mit den beiden BILD-Büchern eine treffende BILD-Analyse gelungen?« antworten 130 von 148 Befragten mit ja.

Auf die Aufforderung: »Urteilen Sie selbst und schildern Sie Ihre Eindrücke!« Gab es Antworten wie diese: »Ich wußte, daß BILD lügt, trotzdem hat mich die Analyse schockiert«.

Für die Gewerkschafter sind die über Wallraffs Texte vermittelte Eindeutigkeit und Wahrheit wesentliche Merkmale für ihre Zustimmung. Wallraff, das soll hier noch hinzugefügt werden, wird als einer der ihren akzeptiert, als einer, der sich für die Veränderung ihrer gesellschaftlichen Situation einsetzt:

»Er hat durch seine schriftstellerische Tätigkeit mit viel Mut in der Vergangenheit bewiesen, für wen er schreibt. Nämlich für uns – Arbeiter – Ausländer – Frauen, schlichtweg für »die da unten«. (Text eines Flugblattes, zusammengestellt von Opel-Arbeitern in Bochum vom 17. 1. 80).

Wallraff kennt und beschreibt die Realität und zeigt durch sein couragiertes Handeln die Chancen und Möglichkeiten zur Veränderung.

»Wallraff schreibt so, wie wir reden«, schrieb ein 19jähriger Elektriker und auf die Frage:

»Halten Sie die schriftstellerische Arbeit von Günter Wallraffs für notwendig?« antwortete ein 26jähriger Wärmepumpenmonteur aus Bremen quasi stellvertretend für viele: »Ja, unbedingt notwendig, denn den Bossen muß in die Papiere geschaut werden!«

Die Auswertung aller vorliegenden 536 Fragebögen läßt den summarischen Schluß zu, daß nahezu alle Befragten Wallraffs Leistungen gut finden und von seiner persönlichen Integrität überzeugt sind.

Zum ersten Mal konnte hier belegt werden, was in der Öffentlichen Meinung oft nur mit Skepsis beobachtet wird, daß Wallraff – zumindest bei den Lesern die sich zu seinen Veranstaltungen einfanden – durchschlagende Wirkung zeigt. Wallraff-Gegner oder Skeptiker waren – aus welchen Gründen auch immer – nicht zu einer Meinungsäußerung bereit.

Grundsätzlich ist erstaunlich, wie viele Leser sich zu einer ausführlichen Antwort auf die offenen Fragen und zu eigenständigen Beurteilungen entschlossen haben. Das Bedürfnis, sich mit dem Autor und seinen Büchern auseinanderzusetzen, ist offensichtlich groß. Auch das Maß der inhaltlichen Differenzierung veranschaulicht, wie sehr die Leser Wallraffs von der Person Wallraff abstrahieren und zu eige-

nen individuell sehr unterschiedlichen Erkenntnissen gelangen.

Hierin sehe ich die wichtigste Wirkung Wallraffs: die Leser reagieren zunächst auf den Autor und sein Werk stark emotional, sie zeigen sich in höchstem Maße schockiert und zutiefst betroffen über seine inhaltlichen Aussagen, aber diese Emotionen bleiben nicht im Irrationalen stecken, sondern werden rational umgesetzt in unterschiedliche Lernprozesse, die auf unterschiedlichen Ebenen verlaufen. Zentrale Erscheinungen sind z. B. Umsetzung in politische Aktivität, oder der Wunsch, kritikfähiger zu werden gegenüber Autoritäten und Institutionen oder zukünftig eigene Rechte, wenn nötig, auch vor Gericht, wahrzunehmen.

Die Vorbildfunktion Günter Wallraffs erschöpft sich nicht in moralischen Aspekten, das Gegenteil ist der Fall. Die Person Wallraff fungiert als Vermittler gesellschaftspolitischer Aspekte und verhilft durch sein literarisches Produkt zur rationalen Umsetzung. Es gelingt dem Autor, literarische Rezeption produktiv zu machen, Phantasien zu entwickeln und den Anstoß zur Umsetzung in die Praxis zu geben. Der Leser wird in die Lage versetzt, von der Person des Autors weg- und hin zur Verallgemeinerungen zu gelangen.

Die Leser gehen davon aus, daß die Person Wallraffs eine hohe politisch-gesellschaftliche Integrität besitzt – fast 90% sind davon überzeugt, daß er die Wahrheit über das Erlebte sagt, daß Inhalt seiner Reportagen und Wahrheit identisch sind. Dennoch bleibt der Leser nicht bei dieser vordergründigen personenbezogenen Kategorie stehen, sondern setzt sich inhaltlich mit den Texten auseinander. Die literarische Identifikation mit diesem Autor verläuft über die inhaltliche Auseinandersetzung. Obgleich Günter Wallraff ja bekanntermaßen als subjektive Person stark in seine Reportagen einbringt und auch für den Leser sichtbar wird, verläuft die Identifikation des Lesers nicht personenbezogen, sondern vorrangig sachbezogen.

Die Zustimmung verläuft auf der konkret-rationalen Handlungsebene. Wallraffs Literatur wird als realistisch, politisch bedeutsam, faktisch beweiskräftig und vor allem von hohem Aufklärungs– und Informationswert beurteilt. Ein großer Teil der Leser versteht sich als Multiplikator seiner gewonnenen Erkenntnisse, Erkenntnisse, die er sowohl in organisierter Form (in Gewerkschaften und Parteien) als auch im privaten Bereich (Familie und Freundschaften, Arbeitsbereich) und in basisnahen Initiativen verbreiten will.

Mehr als 200 000 Arbeiter, Angestellte, Beamte, Hausfrauen, Schüler und Studenten unterzeichneten innerhalb von 2 Jahren diesen Boykott-Aufruf.

Wallraff im Unterricht

Ein Erfahrungsbericht*

Im September 1978 wollten einige Schüler/innen über den Hamburger Giftskandal (Fa. Stoltzenberg) diskutieren. Anknüpfend an Presseberichte las ich aus Günter Wallraffs »13 unerwünschte Reportagen« vor. Günter Wallraff hatte den Skandal schon vor mehr als 10 Jahren aufgedeckt – ohne Wirkung.

Die Schüler waren über die drohende Gefahr und die von den Verantwortlichen dementierten Zusammenhänge zwischen Bundeswehr und Giftproduzenten mehr oder weniger schockiert. Nahezu alle aber waren fasziniert von dem listigen Einzelkämpfer gegen »die da oben«. Dutzende kauften die »Reportagen«. Eine typische Äußerung: ». . . weil ich es sagenhaft fand, daß sich ein einziger Mann, natürlich unterstützt durch Freunde und Helfer, so mutig, konsequent und menschenfreundlich für seine Umwelt einsetzte und dabei schon mehr als einmal sein Leben auf's Spiel setzte.«

In den nächsten Wochen bekam ich durch kleine Hilfeleistungen für Günter Wallraff die Fertigstellung seines Buches »Zeugen der Anklage« aus nächster Nähe mit. Mit deutlicher Sympathie für ihn und seine Arbeit ging ich ins Klassenzimmer und trug erstmal ausgewählte Stücke aus dem »Aufmacher« vor: über die Karatekämpferin; über Unfälle am Arbeitsplatz bei Conti, die angeblich vor allem auf Alkohol zurückzuführen sind; über die arbeitslosen Lehrlinge, die angeblich aus Faulheit tagsüber flippern.

Im Laufe der 25 Religionsstunden (pro Woche) in verschiedenen Klassen, brachte ich immer mehr Mimik und Gestik ein. Auch die Schüler wurden nunmehr lebendiger und unterbrachen die Lesung ebenso wie ich, um zu diskutieren. (Wir planen mittlerweile eine szenische Aufführung von Szenen mit Musik und Dialog.) Dann kam das Buch »Zeugen der Anklage«. Ich bringe es in den Unterricht mit. Die Schüler rätseln: Warum fehlen die Schlagzeilen? (Um mögliche Klagen etwas zu erschweren.) Warum »Printed in Europe«? (Um die geheim gehaltene Druckerei vor Repressalien des Springer-Konzerns zu schützen.) Ich lese vor, wie eine Schülerin – verlockt durch die Rubrik ›Bild kämpft für Sie‹ – sich mit Schulproblemen an Bild wendet. Die Schüler sollen aufschreiben, wie die Geschichte weitergehen könnte. Alle basteln auch an Schlagzeilen. Die wirkliche Bild-Geschichte schlägt dann ein wie eine kleine Bombe: Keiner hielt es für möglich, daß das Mädchen an den Pranger gestellt wird – als »Deutschlands faulste Schülerin«.

Eine begrenzte Zahl verbilligter Exemplare ist im Nu ausverkauft. Es wird

* Der Autor Klaus Schmidt (44), ist Berufsschulpfarrer, Mitherausgeber und -redakteur der protestantischen Monatszeitschrift »Junge Kirche«.

nachbestellt. Die Zahl geht in die Hunderte. Die Schüler diskutieren mit Freunden und Eltern (s. Zitate am Ende des Berichts), berichtet von Fernsehsendungen, bringen Zeitungsausschnitte mit.

Der Abhörskandal (BILD-Köln bei Günter Wallraff in der Leitung) führt ähnlich wie vorher der Giftmüllskandal zur Frage: Alle Gewalt geht vom Volke aus – wo geht sie hin? Wo liegen Verflechtungen von Wirtschaft und Politik (Bundeswehr, Bundesnachrichtendienst usw.)? Wer herrscht wirklich? Dann die Frage: Was kann man gegen den Springer-Konzern unternehmen? Die Enteignung fordern wie Ende der 60er Jahre?

Fast alle sind dagegen eingestellt. Das riecht nach »Kommunismus«. Fast alle sind dann erstaunt darüber, daß Art. 14,3 GG dies durchaus vorsieht, daß konservative Staatsrechtler die Enteignung des Springer-Konzerns nicht für möglich, sondern für »geboten« halten. Sie fürchten um die Pressefreiheit und wollen lieber aufklären statt enteignen. Immerhin, etwa 40% meinen, wenigstens »BILD« solle doch verboten werden – wegen seiner planmäßig existenzgefährdenden Handlungen und weil ›BILD‹ schon Leute in den Tod getrieben hat.

Einige ziehen praktische Konsequenzen. Sie berichten über ihre Versuche, Leser von ›BILD‹ wegzubringen. Mit teilweisem Erfolg. Ein Schüler, der am Wochenende an einer Tankstelle arbeitet, schritt zur Tat: »Wir sind sogar soweit gegangen, ›BILD‹ sonntags zu verstecken. Wir haben zu den Leuten, die ›BILD‹ kaufen wollten, gesagt, daß schon ausverkauft sei.«

Das Thema BILD-Zeitung wurde insgesamt positiv aufgenommen. Ein Schüler: »Es hat mich gefreut, über eine Sache nachzudenken, über die ich sonst in meinem von der Gesellschaft beschränktem Leben nicht hätte nachdenken können.« Allerdings gab es auch vereinzelte Kritik, z. B. an meinem Verhalten: »Was zu bemängeln war am Unterricht, ist, daß er sehr einseitig geführt wurde.«

In Fachoberschul-(FOS)-Klassen fragen künftige Sozialpädagogikarbeiter, ob ich die Sache nicht zu praktisch, zu wenig ausgewogen und objektiv angepackt habe. Ich gehe auf diese Kritik ein, meine aber (mit der Mehrheit), daß in (begründeten) Ausnahmefällen »einseitig« Stellung bezogen wird, werden kann und muß. Ich füge an, daß ich als Demokrat, Christ, Humanist, Sozialist immer »einseitig« auf Seiten der Opfer stehe – wenn ich stehe.

Eine weitere Frage: Benutzt Günter Wallraff nicht Methoden, die er selbst verurteilt? – Die Antwort fällt meist so aus: »Die Methoden sind nicht 100% gut, aber für diesen Zweck gibt es keine anderen Mittel, um richtige Informationen zu beschaffen.« »... zwar nicht immer mit dem Gesetz vereinbar, aber was er aufdeckt ... noch weniger.« – »... oft an der Grenze der Legalität. Ein bißchen weniger Agent 007.« Fast alle sind der Meinung, es müßte mehr Reporter dieser Art geben.

Einige Fragen, was wohl Günter Wallraff zu seiner Arbeit veranlaßt: »Liebe zu seinem Beruf? – Oder will er eine in Lethargie verfallene Gesellschaft auf gewisse Mißstände hinweisen?« –

Einhellig ist der Wunsch, »daß Wallraff sich von den ›Bild‹-Leuten nicht unterkriegen läßt«. Einige fügen hinzu: »... und daß er weiter daran arbeitet, ihnen das Handwerk zu legen.«

Immer wieder geht es auch um die Frage von Angst und Mut. Als ich die Schüler um schriftliche Aussagen zum ›Wallraff-Unterricht‹ bitte, schreiben sie gern, aber nur 10% schreiben ihren vollen Namen hin. Ich diffamiere diese Angst nicht. – Es gibt aber auch solche Aussagen: »Da mir klar wird wie gefährlich ›BILD‹ sein kann, wäre ich jetzt sogar in der Lage, ein aktives Mitglied gegen die BILD-Redaktion zu sein.«

Einige machen sich in diesem Zusammenhang auch ihre Gedanken um den Reli-Lehrer: »Das Buch, in der Schule besprochen, bringt ihm sicherlich auch Probleme mit seinem Kollegium.« Häufig werde ich direkt daraufhin angesprochen. Ich verweise auf den Spruch, den ein Schüler mit der Spritzpistole im Schulhof angebracht hat: »Wer sich nicht wehrt, lebt verkehrt.«

Ich erwähne kurz, daß ich Angriffe, die auf ein Berufsverbot zielen, gewöhnt sei – aus meinen acht Jahren als Kölner Studentenpfarrer. Ich sage, daß ich lieber mit Leuten zusammen bin, die um guter Ziele willen, versuchen, ihre Angst zu überwinden. Daß mir das Bier da besser schmeckt. Daß ich es gerade auch in der Schule für wichtig halte, gegen die Feigheit anzugehen.

Die Reaktionen im Kollegium sind verschieden. Einige freuen sich. Eine Deutschlehrerin, von den Schülern angesprochen, macht Günter Wallraffs Bücher zum Thema. – Es ereignen sich aber auch Szenen wie die folgende:

Ein Politik-Lehrer tritt mir – leicht erregt – im Lehrerzimmer entgegen: »Ich habe den Eindruck, daß Sie sich in mein Unterrichtsfach einmischen!« – «?!?«« – »Ich rede vom Pressewesen, erwähne BILD – und alle Schüler legen gleich mit Wallraff los. Ich höre, das kommt von Ihnen. Was hat Wallraff denn mit Religionsunterricht zu tun? Sie sollten etwas mehr bei der Bibel und den 10 Geboten bleiben. Finden Sie nicht?« –

Ich frage ihn: »Wissen Sie, was in der Bibel steht?« – »?!?« »Gott will, daß alle Menschen gerettet werden und zur Erkenntnis der Wahrheit kommen. – Finden Sie übrigens nicht, BILD lügt?«

»Doch, das schon . . .« –

»Meinen Sie nicht auch, daß die Wahrheit in Kollison mit der größten professionellen Lügenwerkstatt hierzulande kommen muß? Auch die Wahrheit will ›Fleisch werden‹, materiele Gestalt annehmen – gegen die materielle Gewalt der Lüge . . .« – »Wenn Sie das so sehen . . .« (Es entwickelt sich ein bis heute fruchtbarer Gesprächskontakt.)

Ich werde noch ein anderes Mal auf die »10 Gebote« angesprochen, die ja gern – entgegen ihrem ursprünglichen sozialen Richtungssinn – primär als Disziplinierungsmittel für Minderjährige benutzt werden.

Wie soll das gehen? – Ich soll den Schülern sagen »lüge nicht – und nicht von der BILD-Zeitung reden? – »Stiehl nicht!« – und nicht von den Chiquita-Bananen, die wir essen, nicht von der United Fruit Company und den Bananenpflückern in Lateinamerika reden, die jahrzehntelang von den ihnen ausbezahlten Löhnen (ver)hungerten. Ich soll den Schülern sagen »töte nicht!« – und von Somoza, Videla oder vom Schah schweigen und allen, die diese Massenmörder unterstützt haben und unterstützen?

Ich will hier keine weiteren theologischen oder politischen Begründungen mehr geben. Ein Schüler soll das letzte Wort haben, der zum Thema »Wallraff im Religionsunterricht« folgendes schrieb: »In den Religionsunterricht gehört das Thema, weil 1. in keinem anderen Unterrichtsfach Zeit und Platz dazu ist, 2. ›BILD‹ für eine Reihe von Leuten schon fast eine Religion ist, 3. der Religionsunterricht sich meiner Meinung nach mit Themen wie Unterdrükkung von Menschen durch Diktatur oder Zeitung, erzwungenen Wehrdienst usw. beschäftigen muß, 4. auch Schülern schon die Augen geöffnet werden sollen für das, was in ihrer Umwelt falsch ist. Sie müssen schon lernen, mit den Unterdrückten zu kämpfen, auch wenn es ihnen selbst gut geht.«

Für sehr viele Schüler/innen waren auch noch Monate später die »Zeugen der Anklage« das, was sie am meisten betroffen gemacht und zum Teil auch aktiviert hatte. »BILD – Nein Danke« Aufkleber blieben auf Aktentaschen und Fahrzeugen. Diskussionen zu Hause oder an der Theke liefen noch lange weiter. Kritische Beobachtungen auch gegenüber dem übrigen Medienbereich häuften sich nach dem Motto »fast schon wie bei BILD.« Natürlich blieben Versuche nicht aus, dem Berufsschulpfarrer an der Schule das Handwerk zu legen. Kommunale Autoritäten versuchten Druck auf kirchliche auszuüben. Beide stellten in Frage, daß »das überhaupt zum Lehrplan gehöre«, mußten sich aber sagen lassen – was sie hätten wissen müssen –: daß eben dieser Lehrplan im sozialethischen Zusammenhang Aufdeckung von Rufmord ausdrücklich empfiehlt: »Das den Rufmord anprangernde 8. Gebot (»falsches Zeugnis ablegen . . .«) gegenwartsbezogen interpretieren können –, bereit sein, sich am Kampf gegen die Lüge zu beteiligen, die schleichende Lüge aufdecken. Abbau von Vorurteilen, Verminderung des Informationsrückstandes; Absage an Gerüchte, Klatsch, Rufmord . . . Solidarisierung derer, die sich um Wahrheit bemühen . . .« –

Aus schriftlichen Stellungnahmen von meist 16–18jährigen Schülern/innen, überwiegend der Fachoberschule und der Berufsfachschule stammen die folgenden Zitate:

– *Günter Wallraff war vorher vielen nicht bekannt*

»Erst in unserem Unterricht erfuhr ich, wer Günter Wallraff war (Rainer K. – häufigste Aussage von 16jährigen) ». . . schon vorher den ›Aufmacher‹ und die ›13 unerwünschten Reportagen‹ gelesen«. (Klaus-Dieter A.)

»Ich kannte Günter Wallraff von mitangehörten Gesprächen, in denen er als linker Terrorist und Radikaler bezeichnet wurde.« (Ch. O.)

– *›Bild‹ schon besser*

»Mir war früher schon klar, daß BILD übertreibt. Aber daß den Betroffenen so stark geschadet wird, . . . habe ich nicht für möglich gehalten.« (Sonja E./häufigste Aussage)

– *Ein Beitrag zur Aufklärung*

». . . gut, daß so etwas aufgedeckt wird, damit die Öffentlichkeit erfährt, wen sie unbewußt durch den Kauf dieser Zeitung unterstützt.« (Silvia T.)

»Durch den Unterricht bekam ich plötzlich den Eindruck, daß ziemlich jeder große Unternehmer Dreck am Stecken hat.« (Reiner C.)

»Die Kritik gegen Wallraff zeigt, wie einseitig die Bevölkerung schon ist. Wer kein Blatt vor den Mund nimmt, wird zum Außenseiter . . . Wo kommen wir denn hin, wenn keiner was sagt?« (Gaby)

– *Betroffenheit und Verhaltensänderungen*

»Mich hat meine Unwissenheit am meisten schockiert.« (A. S.)

»Resultat ist, daß ich viel aufmerksamer Zeitung lese (nicht Bild!!).« (Elke F.)

»Wallraffs Arbeit fordert mich auf, auch etwas zu tun. Aber Bildleser sind so festgefahren . . .« (Michaela K.)

». . . hat bei mir nur noch weiteren Ärger ausgelöst. Ich bin auf den Gedanken gekommen, daß die Überhäufung von Nachrichten und Meldungen, die die ganze Negativität unserer Gesellschaft zum Ausdruck bringt, den Menschen lahmlegt und ihn zum Nachdenken über die Gesellschaft nicht ermutigt.« (Jürgen S.)

». . . empfand ich manchmal sehr großen Zorn gegen diese Zeitung, die einfach Menschenleben zerstört, und manchmal bedauerte ich die Reporter, die zum größten Teil nicht mehr sie selbst, sondern ›BILD‹ sind.« (Bärbel S.)

». . . bin froh, daß es Günter Wallraff gibt, der den Mut hat, etwas aufzudecken . . . Habe gern in der Schule darüber gesprochen.« (Lutz G.)

»Habe vorher selten BILD gekauft, heute überhaupt nicht mehr.« (Heinz K.)

»Wenn ich im Januar an der Wallraff-Veranstaltung in der Kreuzkirche teilgenommen habe und mich auch weiterhin mit der Sache beschäftigt habe, dann werde ich in den Kampf gegen BILD ziehen.« (Susanne M.).

– *Viele versuchen's schon*

»Ein BILD-Leser erzählte mir, er sei . . . manchmal entschlossen, BILD nicht mehr zu kaufen. Das gelingt ihm jedoch nicht, weil er jeden Tag ›ganz automatisch‹ zum Kiosk gehe und kaufe . . . Ich persönlich sehe BILD auch als eine Droge an . . .« (Christa B.) ». . . habe das Buch schon öfter verleihen können. Kann sagen, daß die meisten meiner Bekannten nun auch der BILD-Zeitung abgeschworen haben.«

»Das Buch ist sehr gut in meinem Bekanntenkreis aufgenommen worden (etwa 20 Lehrlinge).« (Heinz K.)

»Es gab auch Diskussionen mit Freunden, die erschüttert waren, welche Macht der Springer-Verlag hat. Wir haben auch bei Bekannten weiter für das Buch geworben und auch einige Exemplare verkauft.« (Klaus-Dieter A.)

»Treffe ich einen BILD-Leser, versuche ich ihn davon abzubringen.« (Bärbel S.)

Wir arbeiten nicht für Springer-Zeitungen

Axel Cäsar Springer spricht gern über sich und seine Verdienste und in letzter Zeit verdächtig oft über Gott. Auch gelitten will er schon haben wie der sprichwörtliche Hund und das bei der Frühstückslektüre seiner Bild-Zeitung. Auch wenn er später die Leiden wieder dementieren ließ – seinen Untergebenen hatte er einen gehörigen Schrecken eingejagt. Ein Hauch von Revolution sorgte für kurzfristige Unruhe in den professionellen Fälscherwerkstätten. Sogar mit allen seinen Gegnern reden wollte der Pressezar. Darunter mit jenen, an die man schon seit Jahren ganze Kübel von Druckerschwärze verschwendet hatte. Aber auch diese sentimentale Geste wurde rasch wieder zurückgenommen. Zurück blieben eine verunsicherte Springer-Großfamilie, die stagnierende BILD-Zeitung, eine kränkelnde WELT mit erneutem Chefredakteur und der mehr oder weniger blühende Rest des Imperiums.

Der Schein zurückgenommener äußerer Ruhe trügt indes. Wenn man den potentiellen Überläufern aus der riesigen Schmutzarmee des Hauses Springer Glauben schenken darf, dann ist der Riese angeschlagen. Die Gründe sind vielfältig. Ganz sicher spielt dabei aber eine Kampagne eine Rolle, die im Oktober 1980 von Günter Grass, Peter Rühmkorf und Klaus Staeck unter dem Namen »Wir arbeiten nicht für Springer-Zeitungen« der Öffentlichkeit vorgestellt wurde. Ein Appell, der den Beschluß der Mitglieder der Gruppe 47 von 1967 bestätigt. Aus den 63 Anfangsunterzeichnern sind inzwischen weit über 400 geworden: Schriftsteller, Publizisten, Künstler und Journalisten – kaum ein wichtiger Name aus dem kulturellen Leben unserer Republik fehlt, sieht man von den wenigen Opportunisten ab, die inzwischen ihren Frieden mit dem finanziell großzügigen Presseriesen geschlossen haben. Betrug am Leser, Machtmißbrauch, Diskriminierung und Verhöhung der Demokratie sind die Hauptvorwürfe gegen eine unheilvolle Tätigkeit, die sich nicht mehr mit der Sammelbezeichnung Journalismus umschreiben läßt. Getragen wird die Kampagne von der »Aktion für mehr Demokratie«, unterstützt durch Informationsmaterial und zahlreiche Veranstaltungen.

Inzwischen ist die zweite Phase der Aktion angelaufen. So werden alle Politiker aufgefordert, die Aktion der Schriftsteller zu unterstützen und den Springer-Zeitungen nicht fortwährend durch Interviews und Beiträge zu einer Scheinseriosität und Pseudoglaubwürdigkeit zu verhelfen. Obwohl gerade erst angelaufen, haben sich schon mehr als 150 Abgeordnete der SPD (von Abgeordneten, Bürgermeistern bis zu Landesvorsitzenden) dem Appell angeschlossen.

Dabei geht es für niemanden um die flotte Unterschrift zu einem entlegenen Problem ohne jede persönliche Verpflichtung. Die Opportunisten – auch unter Linken soll es diese Spezies geben – haben den Haken sofort erkannt und ihre ganze klägliche Phantasie in dem Erfinden immer neuer Ausreden verbraucht, bereit, in die von den Unterschreibern aufgegebenen Spalten zu springen. Nicht verschwiegen werden soll aber, daß vielen Kollegen ihre Unterschrift keineswegs so leicht fiel – wie von anderen leichtfertig vermutet – und durchaus mit direktem Verzicht verbunden ist. Wer die Medienlandschaft kennt und von und mit ihr leben muß, bricht nicht mal eben im Vorbeigehen mit einem Giganten dieser Branche. Gerade die Schriftsteller und Künstler gehören zu den wirtschaftlich eher schwachen Gruppen in der Bevölkerung. Sich in dieser Situation mit einem Monopol anzulegen, bedeutet immer ein Risiko – auch für die bekanntesten Leute. Keine Frage, daß es auch für Politiker keine leichte Entscheidung bedeutet, schneiden sie sich doch in vielen Fällen automatisch von ihren Wählern ab, so etwa in Hamburg oder Berlin.

Von Beginn an war klar, daß die ganze Aktion nur dann erfolgreich sein wird, wenn sie als Anstoß für eine umfassende Mediendiskussion genutzt wird. Das bedeutet, noch intensiver auf die Gefahren von Meinungsmonopolen bis in die elektronischen Medien hinein hinzuweisen, eigene Medien aufzubauen und die noch demokratisch funktionierenden zu unterstützen.

Im Kampf gegen Springer ist er selbst gelegentlich hilfreich. So hat er den von den Initiatoren des Appells zunächst ausgenommenen Ullstein-Verlag selbst in den Boykott miteinbezogen. Mancher brave Linke sah sich ob dieser Maßnahme jäh seiner Illusionen beraubt, als sei ausgerechnet im Hause Springer ein liberales Pflänzchen, und sei es nur als Feigenblatt, lebensfähig.

Auf Kritik stieß die Aktion anfangs gelegentlich bei jenen, die im Gefolge der wilden 60er Jahre für kurze Zeit die »Enteignet Springer«-Plakette am Revers getragen hatten. Ihnen schien die neuerliche Kampagne als eine Art Rückfall, ungeachtet der Tatsache, daß der Adressat die kämpferische Parole ohne wesentliche Einbußen überstanden hat. Insoweit ist der Ansatz der neuen Aktion bescheidener. Es gibt indes wichtige Anzeichen dafür, daß Springer das ganz anders sieht.

Klaus Staeck

Diesen Aufruf, der von Prof. Vilmar initiiert wurde, haben inzwischen über 100 Journalisten, Schriftsteller, Professoren, Gewerkschafter, Theologen, Medienwissenschaftler, Bundestagsabgeordnete und Verleger unterschrieben. Unter den Gewerkschaftern befand sich auch der Landesbezirksvorsitzende des DGB von Rheinland-Pfalz, Julius Lehlbach.

Dieter Brumm*

Der Boykott muß verstärkt werden
Gewerkschaftsinitiativen gegen Bild

Die permanente Diffamierung der Studentenbewegung und aller aufkommenden Demokratisierungstendenzen Ende der 60er Jahre durch den Springer-Konzern löste die »Enteignet Springer!«-Kampagne aus. Obwohl diese Forderung rein demonstrativen Charakter hatte, war sie ein wichtiger Schritt zur Entwicklung kritischen Bewußtseins – zumindest bei Studenten und den Beschäftigten der Printmedienindustrie. Aus diesem Bereich kamen denn auch die ersten gewerkschaftlichen Forderungen zur Wiederherstellung und Sicherung der Pressefreiheit; die Deutsche Journalisten-Union verlangte 1970 in ihrem »Springener Papier« Mitbestimmungsrechte bei Veränderungen der publizistischen Grundhaltung, Vetorechte bei Personalveränderungen in Redaktionen und den Schutz journalistischer Meinungsfreiheit.

1971 beauftragte der Gewerkschaftstag der IG Druck und Papier den Hauptvorstand der Gewerkschaft »notfalls unter vollem Einsatz gewerkschaftlicher Kampfmittel« dafür zu sorgen, daß »die publizistische Unabhängigkeit der Redaktionen gesichert wird«. Der im Frühjahr 1970 von der IG Druck und Papier eingeleitete Versuch, tarifvertragliche Regelungen der Inneren Pressefreiheit durchzusetzen, scheiterte an den Unternehmern. Der DGB hatte zwar in seinem Grundsatzprogramm von 1963 unter den »Kulturpolitischen Grundsätzen« auch medienpolitische Forderungen erhoben; den sichtbar gewordenen Bedrohungen der Pressefreiheit stellte er aber nur den Satz entgegen: »Die Informationsfreiheit der Presse sowie die Unabhängigkeit der Journalisten und ihre Meinungsfreiheit sind zu gewährleisten«. Trotz der antigewerkschaftlichen Einstellung der Springer-Presse dauerte es dann noch mehr als zehn Jahre, bis sich beim DGB so etwas wie ein medienpolitisches Bewußtsein zu entwickeln begann.

Dazu trug die zweibändige Analyse »Bild-Verfälschungen« – Thema: die Berichterstattung der BILD-Zeitung über Arbeitskämpfe – wesentlich bei, die Erich Küchenhoff 1972 herausgebracht hatte. Im gleichen Jahr kommentierte »Metall«, das Zentralorgan der IG Metall, die manipulierte Berichterstattung von ›Bild‹ in zwei großen Beiträgen. Fazit: »BILD-Zeitung – Prawda der Unternehmer«. Der Springer-Verlag klagte gegen die Benutzung des BILD-Emblems durch »Metall« und verlor diesen Prozeß schließlich in letzter Instanz sieben Jahre später vor dem Bundesgerichtshof.

Im Wahljahr 1972 beschloß die Gewerkschaft Handel, Banken, Versicherungen (HBV), zum Boykott der Springer-Zeitungen aufzurufen. Dieser

* Dieter Brumm ist Stellv. Bundesvorsitzender der Deutschen Journalisten-Union in der IG Druck und Papier.

wurde im Dezember 1977 nach dem »Aufmacher« mit einer großen Unterschriftenaktion bekräftigt. Darin wurde auch »die Beseitigung der BILD-Zeitungskästen in und vor den Betrieben« gefordert und die Unterstützung der gewerkschaftlichen Forderungen zur Demokratisierung der Presse bekräftigt. Außerdem hieß es: »Ich bin dagegen, daß Gewerkschafter mit Springer-Zeitungen in irgendeiner Form zusammenarbeiten.«

»Der Aufmacher«, der Bericht aus dem Inneren der BILD-Redaktion, löste gerade unter Gewerkschaftern – vor allem an der Basis – eine Welle der Betroffenheit aus. Im Unterschied zur »Enteignet Springer!«-Kampagne wurden die zahlreichen Großveranstaltungen Wallraffs nicht von studentischen Gruppen, sondern in der Regel von örtlichen Gewerkschaften organisiert.

In fünf aufeinanderfolgenden Nummern druckte ›Metall‹ in Millionenauflage 1977 Teile des »Aufmachers« (später auch aus »Zeugen der Anklage«) und schrieb dazu: »Mit einer Zeitung wie BILD kann es keine Solidarität geben. Im Gegenteil: Gerade die Produkte aus dem Hause Springer sind eine tatsächliche Bedrohung der freien Presse – zum einen wegen ihrer vergiftenden Wirkung auf das geistig-politische Klima in diesem Lande, zum anderen wegen ihrer wirtschaftlichen Übermacht, die zu einer Bedrohung der Meinungsvielfalt geworden ist.« Zudem rief die Redaktion zu Beiträgen für den von Wallraff gegründeten Hilfsfonds für BILD-geschädigte Leser auf und erbat Vorschläge zur Verwendung des Geldes, das beim Boykott der BILD-Zeitung erspart werden könnte.

Die Metaller reagierten vielfältig; ihre Ideen reichten von »einer ähnlichen Zeitung«, die die IG Metall herausgeben sollte über Sparbücher für die Kinder bis zu Spenden für den Hilfsfonds oder für caritative Einrichtungen. Aber ›Metall‹ unterstützte die Aufdeckung von Manipulationen der Springer-Presse auch noch durch die Veröffentlichung von Teilergebnissen einer Analyse der Informationspolitik von Springers ›Welt‹ und BILD-München. Darin heißt es: »Zahlreiche Unkorrektheiten, Fehlleistungen und Falschmeldungen konnten nachgewiesen werden.« Die Wissenschaftler stellen fest, »daß die ›Welt‹ und BILD-München Nachrichten in einseitig tendenzieller Weise verkürzten, ganz verschwiegen, den Sinn von Nachrichten verzerrten oder in sein Gegenteil verkehrten, Fakten vermittelten, die nachweislich falsch waren« – und daß dies alles gegen die Bundesregierung und ihre Ostpolitik gerichtet war.

Inzwischen hatte sich auch der DGB-Vorsitzende Vetter, wenn schon nicht gegen die Springer-Presse, so doch für die »Zwangsentflechtung« von Pressemonopolen ausgesprochen. In einem Interview erkannte er 1976: »Nach dem Erlebnis des letzten Wahlkampfes müssen wir als Gewerkschaften uns ernsthafter als bisher mit Medienpolitik befassen.« 1980 wandte er sich in seinem Buch »Gleichberechtigung oder Klassenkampf« gegen den »fortgesetzten Konzentrationsprozeß im Bereich der Presse, der die Meinungsvielfalt immer mehr verschwinden läßt. Bei uneingeschränkter Anwendung des Marktprinzips auf dem Gebiet der Presse wird die parlamentarische Demokratie in entscheidendem Maße gefährdet«.

Die verstärkten Angriffe der Springer Presse auf Wallraff nach dem »Aufmacher« (›Metall‹: »Das Buch soll zerschlagen werden«) führten zu eher verstärkter Solidarisierung von Gewerkschaftern. So forderte 1979 die

Betriebsgruppe Georg Thieme Verlag in der HBV die Geschäftsleitung per Unterschriftensammlung dazu auf, nicht mehr in BILD zu inserieren. Im vergangenen Jahr plante der Betriebsrat der Ulmer Kässbohrer-Fahrzeugwerke für die 5000 Beschäftigten eine Wallraff-Lesung nach Arbeitsende in der Werkskantine. Die Unternehmer lehnten ab: das sei eine politische Veranstaltung. Daraufhin organisierten die Kollegen die Lesung in einem gemieteten Saal. Hunderte kamen.

Andere Betriebsräte, wie zum Beispiel Honeywell, beschlossen Kampagnen, um die Verbreitung von BILD im Betrieb zurückzudrängen, mit Plakaten und dem ›Killt‹-Material der GegenBILDstelle. Wallraff wurde zu Referaten in gewerkschaftliche Bildungszentren eingeladen. Das Berufsfortbildungswerk des DGB in Frankfurt entwickelte eine Unterrichtseinheit zum Thema »Massenmedien und Meinungsbildung« – am Beispiel BILD. Der Arbeitskreis Schule-Gewerkschaft der GEW Köln verwandte Wallraffs Material ebenfalls zur Konzeption einer Unterrichtseinheit: »Tatort Presse oder: Wie frei ist unsere Presse?«

Im Zentrum der zahlreichen Gewerkschaftsinitiativen gegen die Springer-Presse steht nach wie vor der Aufruf zum Boykott von BILD. Der Druck dieses Boykotts muß freilich noch erheblich verstärkt werden, um den Konzern zu einer anderen Informationspolitik zu zwingen – jedenfalls solange keine gesetzlichen Maßnahmen Pressefreiheit auch im Springer-Konzern herstellen. Aber dafür gibt es wenig Aussichten, solange Kanzler Schmidt meint: »In Brüssel genau so wie in Frankfurt, genauso wie in Bonn, aber anders als in Ost-Berlin dürfen die Journalisten Gott sei Dank schreiben, was sie für richtig halten, auch wenn es falsch ist. Sie dürfen sogar etwas schreiben, von dem sie wissen, daß es nicht richtig ist. Das soll auch so bleiben.«

GegenBILDstellen

Im Frühjahr 1980 habe ich zusammen mit Elisabeth Haustein-Abendroth, Klaus Ott und anderen in Frankfurt die erste zentrale GegenBILDstelle gegründet. Hier wurden innerhalb weniger Wochen über 4500 Anschriften von »BILD«-Geschädigten, Redakteuren aus BILD-Redaktionen, aber auch von Aktionsgruppen und Anwälten, die gegen BILD und Springer zu kämpfen bereit sind, gesammelt.

Ein nächtlicher Besucher hat Anfang Mai mit einem Nachschlüssel das kleine Büro geöffnet, die beiden Karteikästen geleert und auch die Portokasse mit 750 Mark gestohlen. Für die Frankfurter Kripo war das ein Routinefall. Die Ermittlungen ergaben nichts. Nur soviel wurde klar: Hier mußte ein Fachmann am Werk gewesen sein, denn Spuren wurden nicht hinterlassen. Kurt Kraus, der Pressesprecher der Frankfurter Polizei kommentierte das Ergebnis.« »Es liegt auf der Hand, wer Interesse an diesen Unterlagen haben kann.«

Für mich ist der Zeitpunkt des Einbruchs auch nicht zufällig, denn für den 24./25. Mai 1980 war in Frankfurt ein Treffen der GegenBILDstellen geplant. Dafür wurden die Adressen natürlich dringend gebraucht.

Wir haben aus dem Einbruch Konsequenzen gezogen. Die GegenBILDzentrale ist heute in 5000 Köln 30 unter Postfach 30 14 43 zu erreichen und da kann – wer auch immer – nicht einbrechen. Hier wird die Arbeit seitdem kontinuierlich fortgesetzt. Köln koordiniert nun die Arbeiten der Gegen-BILDstellen im Lande. Hier einige Kontaktstellen:

- ◆ 1000 Berlin 36, Gegen-BZ/BILD-Stelle c/o FDGÖ, Eisenbahnstr. 4
- ◆ 2800 Bremen, Burkardt Nowak, Ritter-Raschen-Str. 28
- ◆ 4800 Bielefeld, Ulrich Boldt, Finkenstr. 82
- ◆ 6000 Frankfurt/M., Lothar Szameitat, Waldecker Str. 19
- ◆ 2000 Hamburg 6, Axel Braskamp, Marktstr. 1

Über die GegenBILDstellen wird versucht, zusammen mit Schülergruppen, Gewerkschaftsorganisationen bis zu christlichen Jugendorganisationen, eine Gegen-Öffentlichkeit zu BILD und zum Springer-Verlag und seinen Blättern herzustellen. Eine Gegenzeitung KILLT, in der Aufmachung BILD ironisierend, wurde bisher in über 500 000 Exemplaren verbreitet, kostenlos vor und in Betrieben verteilt und in Buchhandlungen und einzelnen Kiosken verkauft. Über die jeweilige Stadtwerbung wurde eine Anti-BILD-Plakataktion in verschiedenen Städten des Ruhrgebiets, in Frankfurt und in Hamburg gestartet. Aber bei der Aufklärung kann es nicht bleiben. Der Kampf gegen BILD und andere Blätter, die die Rechte und Würde des Bürgers verletzen, kann auch offensiv geführt werden. Niemand muß sich gefallen lassen, daß über ihn die

Unwahrheit verbreitet wird, daß er verunglimpft und verleumdet wird. Obwohl unser Recht auch im Pressebereich eben so ist, wie alles Recht in diesem Land, nämlich ein Recht für die wirtschaftlich Stärkeren, kann man sich dennoch mit Aussicht auf Erfolg gegen Presseübergriffe wehren. Man muß nur wissen wie. Unser Presserecht kennt die Gegendarstellung: Hier hat ein Betroffener die Möglichkeit, über ihn oder im Zusammenhang mit ihm verbreitete Unrichtigkeiten seine eigene gegenteilige Meinung – kostenlos – drucken zu lassen.

Der Widerruf ist ein weitergehender rechtlicher Schritt. Hier kann man von der Redaktion erstreiten, selbst eine verbreitete falsche Tatsachenbehauptung zu widerrufen. Drittens kann man Schadensersatz für verschiedene Presseverstöße erstreiten. Dazu gehören unrechtmäßig verbreitete Fotos ebenso wie ein Ausgleich für Beleidigungen, Ehrverletzungen usw.

Bei allen Formen der Erwiderung oder von Schadensersatz müssen Formen und Fristen gewahrt werden, die nach Landesrecht verschieden sind. Deshalb sollte man sich an Rechtsanwälte wenden. Nicht jeder von ihnen streckt gleich die Hand aus, um einen Vorschuß zu verlangen. Hier eine Auswahl von Anwälten, die mit der Problematik des Presserechts vertraut sind.

◆ Berlin: Klaus-Uwe Benneter, Schloßstr. 41, 1000 Berlin 41
◆ München: Jerzy Montag, Hohenzollernstr. 102, 8 000 München 40
◆ München: Hartmut Wächtler, Schellingstr. 52, 8000 München 40
◆ Bremen: Heinrich Hannover, Knochenhauerstr. 11, 2800 Bremen
◆ Hamburg: Helmuth Jipp, Osterstraße 124, 2000 Hamburg 19
◆ Frankfurt: Peter Zimmermann, Bergerstr. 200, 6000 Frankfurt 60
◆ Tübingen: Michael Traut, Am Stadtgraben 19, 7400 Tübingen
◆ Köln: Winfried Seibert, Barbarossaplatz 2, 5000 Köln 1
◆ Stuttgart: Dagmar Driest, Alexanderstr. 104, 7000 Stuttgart

Merke: Nur wer sich wehrt, bekommt sein Recht.

KILLT-Plakataktion über die
Hamburger Außenwerbung.

Bücher über BILD und Springer

Alberts, Jürgen: Massenpresse als Ideologiefabrik. Am Beispiel BILD, Frankfurt 1972

Arens, Karlpeter: Manipulation. Kommunikationspsychologische Untersuchung mit Beispielen aus Zeitungen des Springer-Konzerns, 2. Aufl. Berlin 1973

Bausch, Hans (Hg.): Rundfunk in Deutschland, 5 Bde. München 1980, dtv

BILD – Ideologie als Ware, v. Reinhard Bechmann u. a., Hamburg 1979

Brokmeier, Peter (Hg.): Kapitalismus und Pressefreiheit. Am Beispiel Springer (Referate für das Springer-Hearing 1968), Frankfurt 1969

Farin/Zwingmann: PRESSE-KONZENTRATION, Doku-Verlag 7505 Ettlingen 1980

Grass, Günter: Der Fall Axel C. Springer am Beispiel Arnold Zweig, Berlin 1967

Grossmann, Heinz und Oskar Negt (Hg.): Die Auferstehung der Gewalt. Springerblockade und politische Reaktion in der Bundesrepublik, Frankfurt 1968

Jansen, Bernd und Arno Klönne (Hg.): Imperium Springer, Köln 1968

Jetzt reichts! Nie mehr Bild!!! (Dokumentation), Amsterdam 1978

Knipping, Franz: Jede vierte Zahl an Axel Cäsar. Das Abenteuer des Hauses Springer, Berlin (DDR) 1963

Küchenhoff, Erich u. a.: Bild-Verfälschungen, 2 Bde. Frankfurt 1972

Mittelberg, Ekkehart: Wortschatz und Syntax der BILD-Zeitung, Marburg 1967

Republikanischer Club (Hg.): Springer enteignen? Berlin 1967 (Teilnachdruck in der Dokumentation Jetzt reichts)

Rundfunkanstalten und Tageszeitungen. Eine Materialsammlung, 5 Bde. hg. v. der ARD, Frankfurt 1965–1969

Schüddekopf, Charles (Hg.): Vor den Toren der Wirklichkeit, Deutschland 1946–47 im Spiegel der Nordwestdeutschen Hefte, Bonn 1980

Wallraff, Günter: Der Aufmacher. Der Mann, der bei Bild Hans Esser war, Köln 1977

Wallraff, Günter, Zeugen der Anklage. Die »Bild«-beschreibung wird fortgesetzt, Köln 1979

Zoll, Ralf (Hg.): Manipulation der Meinungsbildung, 4. Aufl., Opladen 1976